REFLEXÕES PSICANALÍTICAS 2009

COMPULSÃO

XXII Congresso Brasileiro de Psicanálise
da Federação Brasileira de Psicanálise

REFLEXÕES PSICANALÍTICAS 2009

COMPULSÃO

XXII Congresso Brasileiro de Psicanálise
da Federação Brasileira de Psicanálise

FEBRA PSI
FEDERAÇÃO BRASILEIRA DE PSICANÁLISE

artes médicas

Copyright© 2010 by Editora Artes Médicas Ltda.

Todos os direitos reservados.
Nenhuma parte desta obra poderá ser publicada sem a autorização expressa desta Editora.

Diretor Editorial: Milton Hecht

Equipe de Produção:
Projeto Gráfico: Tatiana Pessoa
Imagem da capa: Alamy Images
Elaboração da capa: Detail Produções
Revisão de gramática: Karine Fajardo
Diagramação: GraphBox•Caran
Impressão e Acabamento: RR Donnelley

ISBN: 978-85-367-0111-0

Dados Internacionais de Catalogação na Publicação
(Câmara Brasileira do Livro - SP - Brasil)

    Diversos autores,
Reflexões Psicanalíticas 2009.
-- São Paulo : Artes Médicas, 2010.

Bibliografia
Diversos autores
ISBN 978-85-367-0111-0

1. Psicanálise 2. Reflexões Psicanalíticas
3. Compulsão I. Título.

Índices para catálogo sistemático:
1. Obra científica : Psicanálise :
reflexões psicanalíticas

Editora Artes Médicas Ltda.
R. Dr. Cesário Motta Jr, 63 - Vila Buarque - 01221-020 - São Paulo - SP - Brazil
www.artesmedicas.com.br - artesmedicas@artesmedicas.com.br
Tel.: 55 11 3221-9033 - Fax: 55 11 3223-6635

SUMÁRIO

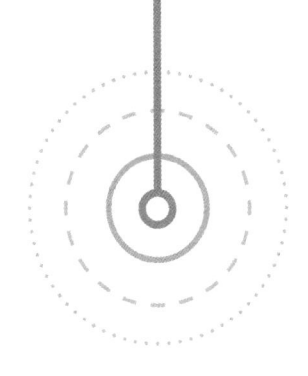

À guisa de Introdução IX
Cláudio Rossi

1   Pulsão, com pulsão, compulsão 1
    Cláudio Laks Eizirik

2   A teoria da transferência e a compulsão à repetição 21
    Ana Maria Andrade de Azevedo

3   Psicossomática psicanalítica:
    Escola Francesa Pierre Marty 35
    Admar Horn

4   O afeto vincular primário como fundante psíquico
    do que é valioso para si-mesmo 55
    Maria Olympia de Azevedo F. França

5   Culpas do ganhador, ganhos do perdedor e
    os impasses psicanalíticos 71
    Carlos Doin

6   Reflexões psicanalíticas sobre tantalização de vínculos ..101
    Antonio Sapienza

7   Turandot e Helena – O apelo do eterno-feminino 111
    Henrique Honigsztejn

8   O processo analítico em relação a certos
    estados mentais gerados por tensão na tríade
    do "amor, ódio e conhecimento" 121
    Maria Aparecida Sidericoudes Polacchini

9   O Ego freudiano e a consciência 137
    Victor Manuel de Andrade

10 Teorias fracas e o cotidiano de um psicanalista 165
    Cecil José Rezze

11 Teoria dos Campos – uma psicanálise brasileira 181
    Leda Hermann

12 A maternidade no século XXI: destino e vicissitudes ...199
    Júlio Campos, Ceres Faracco, Denise Martinez Souza,
    Eluza Nardino Enck, Ester Malque Litvin,
    Nazur Aragonez de Vasconcellos

13 Narrativa e identidade: transtornos da memória
    autobiográfica e patologias narcísicas 213
    Roberto Santoro Almeida

14 Reflexões sobre a reciprocidade estética e
    sua aplicação clínica 237
    Juarez Guedes Cruz

15   A circularidade compulsiva da paixão 247
     Leonardo A. Francischelli

16   "Com que roupa eu vou?" ou decisões éticas sobre
     acontecimentos no encontro psicanalítico, ou, ainda,
     reflexões atuais sobre a técnica da Psicanálise 259
     Celmy de A. Quilelli Correa

17   Corpo e infinito: notas para uma teoria
     da genitalidade 279
     Leopold Nosek

1   A Psicanálise e o sofrimento pós-moderno: a problemática
     do narcisismo no centro da teoria e da clínica 313
     Alirio Dantas Jr.

19   Federação Brasileira de Psicanálise 325
     Diretoria da FEBRAPSI

À GUISA DE INTRODUÇÃO

Nos congressos brasileiros de Psicanálise da Febrapsi, tradicionalmente existe um tema que organiza a construção das mesas oficiais nas quais ele é debatido. Isso permite o aprofundamento do estudo e o debate sobre questões que, embora, importantes correriam o risco de serem deixadas de lado caso não fossem colocadas no foco dos trabalhos. Estimula os profissionais a revisarem o assunto e dá oportunidade para aqueles que já se dedicam a ele divulgarem e expandirem seus conhecimentos. Existem, também, os temas livres nos quais os participantes podem divulgar algum achado, alguma nova teoria que estejam desenvolvendo, propostas de novas abordagens e de novos paradigmas ou simplesmente apresentar seu trabalho e discuti-lo.

As Reflexões Psicanalíticas, objeto desta publicação, que também já fazem parte da tradição de nossos congressos, têm a intenção de permitir que o apresentador faça uma espécie de síntese a respeito de sua maneira de ver a Psicanálise. De mencionar o que para ele é especialmente significativo e que predomina em sua maneira de clinicar e de teorizar. Nas "Reflexões Psicanalíticas", portanto, é a pessoa do colega com sua obra e sua maneira de pensar que estão em foco. Essa atividade, por isso, dá maior destaque à individualidade dos autores e sua maneiras específicas de ser psicanalista.

Se em outros campos do conhecimento é importante que a subjetividade do autor seja separada de sua produção, na Psicanálise acontece o contrário. Nossa principal fonte de conhecimentos é a clínica e nela as qualidades das pessoas do analista e do analisando são fundamentais. Conhecer os autores pessoalmente, ouvi-los a respeito de suas referências afetivas e éticas, de suas vivências, de sua maneira de organizar a experiência ilumina a leitura e a compreensão de seus trabalhos. Por essa razão as sociedades federadas indicam para participar das "Reflexões" aqueles seus membros que pela sua obra, pelas suas contribuições teóricas e clínicas têm importância em seu meio, liderando pesquisas, maneiras de pensar e formas de trabalhar. A interação que acontece no congresso permite que os apresentadores recebam comentários e críticas que ajudam a aperfeiçoar seu trabalho ao mesmo tempo que o difunde em um âmbito nacional.

Com a intenção de permitir uma melhor difusão dos trabalhos apresentados, a Febrapsi resolveu publicar este livro. Com ele as pessoas que participaram do congresso poderão examinar com cuidado aquilo que foi apresentado em poucos minutos. Poderão, ainda, conhecer trabalhos que não puderam assistir na ocasião, pois, como as atividades eram simultâneas ao escolher uma, se perdia as outras. Para os que não puderam ir ao congresso o livro tem o mérito de convocá-los para a discussão e informá-los a respeito de muitas das principais tendências em nossas sociedades componentes.

Nem todos os apresentadores enviaram seus trabalhos para compor este livro, mas, o material que recebemos foi abundante e suficiente para permitir sua publicação. Acreditamos que os leitores sejam estimulados pelas "Reflexões" e se animem a discuti-las e a produzir novas. Esperamos, ainda, que se interessem a participar de nossos próximos congressos nos quais além de poderem, ao vivo, aprofundar os debates terão a oportunidade de conviver com os colegas e usufruir do clima de confraternização que os tem caracterizado.

Nossos agradecimentos a todas as pessoas que colaboram na feitura deste livro e, com ênfase especial, aos autores que prontamente atenderam à nossa solicitação no exíguo tempo de que dispúnhamos, à Suely Gevertz, ao Sergio Nick nosso secretário geral e á nossa diretora científica, Leila Tannous Guimarães que o organizou.

Rio de Janeiro, 2009.
Claudio Rossi
Presidente da Federação Brasileira de Psicanálise

1 PULSÃO, COM PULSÃO, COMPULSÃO[1]

Ao agradecer o amável convite da Diretoria da Federação Brasileira de Psicanálise (Febrapsi), para falar na abertura de seu XXII Congresso Brasileiro de Psicanálise, não posso deixar de ver, nesse ato, a presença das duas possíveis principais acepções que mobilizarão os psicanalistas brasileiros aqui presentes nos próximos dias. Por um lado, uma discreta compulsão à repetição, pois é a terceira vez que me é concedida essa honrosa tarefa e, por outro, a presença de fortes laços afetivos, decorrentes de uma recíproca carga pulsional que não só nos une, à nossa Febrapsi e a mim, como também expressa a intensa teia de relações emocio-

Cláudio Laks Eizirik
Sociedade Psicanalítica de Porto Alegre – SPPA.
Membro Efetivo e Analista Didata do Instituto da Sociedade Psicanalítica de Porto Alegre.
Professor Associado do Departamento de Psiquiatria e Medicina Legal – UFRGS.
ceizirik.ez@terra.com.br

---

[1] Conferência de Abertura do XXII Congresso Brasileiro de Psicanálise, Rio de Janeiro, 29 de abril de 2009.

nais e institucionais que, nos últimos anos, de forma sem precedentes, tem feito a IPA (Associação Psicanalítica Internacional) e a Febrapsi caminharem lado a lado, em defesa das mesmas teses, posturas, iniciativas e de um forte investimento libidinal no nosso objeto compartilhado de amor, que é a psicanálise.

Como já referi numa breve nota sobre o tema, ele pode ser lido de várias formas, entre as quais: como uma visão de nosso momento cultural, de certa maneira dominado pela pulsão, ou uma alusão aos comportamentos compulsivos que marcam muitas das chamadas patologias atuais, ou ainda um convite a refletirmos sobre o trajeto irrecusável da pulsão e seu primado na vida psíquica. O título, portanto, é suficientemente aberto e convida à leitura de cada psicanalista que participará desse congresso.

O que fazer, por exemplo, na clínica psicanalítica com a pulsão? Quais os limites, a extensão, a profundidade com que iremos acompanhar seu trajeto na vida mental e no campo analítico? E como fica a questão ao longo do ciclo vital de cada analista? Como recebemos, reagimos, interpretamos, toleramos as distintas expressões pulsionais quando somos jovens, maduros ou velhos analistas? Como acompanhamos as distintas expressões da sexualidade humana e as infindáveis tramas da paixão que nos são dadas testemunhar e participar em nossa prática clínica? (Eizirik, 2008).

Penso que uma das áreas mais interessantes e potencialmente capazes de estabelecer diferenças entre as distintas maneiras de abordar o fato clínico está justamente na forma como nos posicionamos face à presença da pulsão no campo analítico e na vida do paciente. Se adotarmos uma posição em que se privilegia um olhar mais freudiano e francês contemporâneo, teremos de responder à pergunta de Green sobre a presença da sexualidade na psicanálise de forma afirmativa. Se nos posicionarmos a partir de uma perspectiva na linha kleiniana-bionianameltzeriana, estaremos mais atentos aos estados sexuais da mente, e se seguirmos as sugestões mais recentes de Ferro, atentaremos ao acasalamento mental entre analista e paciente. E se, ainda, estivermos atentos a essas duas versões e suas possíveis gradações intermediárias, poderemos encontrar distintas formas de abordar a questão da pulsão no trabalho clínico, inclusive com inclusões de aspectos parciais de cada abordagem, o que, talvez, seja um traço prevalente na clínica psicanalítica praticada no Brasil.

Feitas essas observações preliminares, seguirei três etapas durante esta apresentação: a primeira, revisando os conceitos com uma certa pretensão metapsicológica; a segunda, mais ligada à clínica; e, a terceira, com um breve olhar sobre nossa vida institucional. Nesses três momentos, procurarei olhar para as duas acepções que destaquei no início: a dimensão da compulsão e aquela que pretende pensar com pulsão.

Revisando o percurso desse conceito central, num texto que utilizarei como referência, Roudinesco e Plon (1998) destacam que a noção de pulsão (*Trieb*) já está presente nas concepções da doença mental e de seu tratamento pela psiquiatria alemã do século XIX, preocupada com a questão da sexualidade.

O conceito de pulsão está estreitamente ligado aos de libido e narcisismo, bem como as transformações destes, constituindo tais conceitos os três grandes eixos da teoria freudiana da sexualidade.

Em sua correspondência com Fliess e no "Projeto para uma psicologia científica" (1895), Freud desenvolveu a idéia de uma libido psíquica, forma de energia que situou na origem da atividade humana. Já, nessa época, fazia uma distinção entre esse "impulso", cuja origem interna seria irrefreável pelo indivíduo, e as excitações externas, das quais ele podia fugir ou se esquivar. Freud atribuía a histeria a uma causa sexual traumática, conseqüência de uma sedução sofrida na infância.

A partir de 1897, quando abandonou essa teoria, Freud empenhou-se em reformular sua visão da sexualidade, mas manteve a idéia de que a sua repressão era a causa de um conflito psíquico que conduzia à neurose. A idéia de uma sexualidade infantil tornou-se explícita em 1898. "A sexualidade na etiologia das neuroses" deu-lhe oportunidade para a refutação da tese de uma predisposição neuropática particular, baseada na indicação de uma degenerescência geral, e Freud insistiu no fato de que a etiologia da neurose não podia residir, senão, nas experiências vividas na infância e, com caráter exclusivo, nas impressões concernentes à vida sexual. Considerou um erro desprezar a vida sexual das crianças, que, segundo ele, são capazes de todas as realizações sexuais psíquicas e de numerosas realizações somáticas. Depois de assinalar que essas experiências sexuais infantis só desenvolviam a essência de sua ação em períodos posteriores da maturação, Freud esclareceu que, no intervalo entre a experiência dessas impressões e sua reprodução, não só o aparelho sexual somático, mas também o aparelho psíquico passam por um desenvolvimento considerável, e é por isso que da influência dessas experiências sexuais precoces resulta uma reação psíquica anormal, e aparecem formações psicopatológicas.

Baseado no material clínico de suas análises, Freud constatou que a sexualidade nem sempre aparecia explicitamente nos sonhos e nas fantasias, surgindo, muitas vezes, sob disfarces os quais era preciso saber decifrar. Por isso ele foi levado a estudar as aberrações, as perversões sexuais e as origens da sexualidade, isto é, a sexualidade infantil.

Foi na versão inicial dos "Três ensaios sobre a teoria da sexualidade" que Freud recorreu pela primeira vez à palavra pulsão. Num trecho acrescentado em 1910, forneceu uma definição geral que, em sua essência, não sofreria nenhuma modificação: considerou *pulsão* a representação psíquica de uma fonte endossomática de estimulações que fluem continuamente, em contraste com a estimulação produzida por excitações esporádicas e externas. A pulsão, portanto, seria um dos conceitos da demarcação entre o psíquico e o somático. Desde a primeira edição dos "Três ensaios sobre a teoria da sexualidade", o que está em questão é essencialmente a *pulsão sexual*, cuja caracterização ilustra a revolução que Freud impôs à concepção dominante da sexualidade, fosse ela a do senso comum ou da sexologia. Para ele, a pulsão sexual, diferente do instinto sexual, não se reduz às simples atividades sexuais que costumam ser descritas com seus objetivos e seus objetos, mas é um impulso do qual a libido constitui energia.

A pulsão sexual não existe como tal, mas assume a forma de um conjunto de pulsões parciais; é importante não confundi-las com as pulsões classificadas por categoria.

A natureza sexual das pulsões parciais, cuja soma constitui a base da sexualidade infantil, define-se, num primeiro momento, por um processo de apoio em outras atividades somáticas, ligadas a zonas específicas do corpo, as quais, dessa maneira, adquirem estatuto de zonas erógenas. Dessa forma, a satisfação da necessidade de nutrição, obtida por meio do sugar, é uma fonte de prazer, e os lábios constituem uma zona erógena, origem de uma pulsão parcial. Num segundo momento, essa pulsão parcial, cujo caráter sexual é ligado ao processo de erotização da zona corporal considerada, separa-se de seu objeto de apoio para se tornar autônoma. Passa a funcionar de maneira auto-erótica. Essa referência do auto-erotismo constitui a fase preparatória do que Freud chamaria, alguns anos depois, de narcisismo primário, resultante da convergência das pulsões parciais para o ego inteiro, e não mais para uma zona corporal específica. Posteriormente, a pulsão sexual encontra sua unidade por meio da satisfação genital e da função da procriação.

Nos "Três ensaios sobre a teoria da sexualidade", Freud estabelece uma distinção entre as pulsões sexuais e as outras, ligadas à satisfação de necessidades primárias. Cinco anos depois, em "A concepção psicanalítica psicogênica da visão", formula seu primeiro dualismo pulsional, opondo as pulsões sexuais – cuja energia é de ordem libidinal – às pulsões de auto-conservação, que têm por objetivo a conservação do indivíduo.

Num texto de 1911, "Formulações sobre os dois princípios do funcionamento psíquico", Freud distribui esses dois grupos pulsionais de acordo com as modalidades de funcionamento do aparelho psíquico: as pulsões sexuais encontram-se sob o domínio do princípio do prazer, enquanto as de auto-conservação ficam a serviço do desenvolvimento psíquico determinado pelo princípio da realidade.

Em 1914, o conceito de narcisismo subverteu esse dualismo. A partir de suas próprias observações sobre as psicoses e da leitura dos trabalhos de Bleuler, Abraham e Kraepelin, Freud constatou que, nessas expressões patológicas, estamos na presença de uma retirada da libido dos objetos externos e de uma reversão dessa libido para o ego, que, assim, se transforma, ele próprio, em objeto de amor. Essa reformulação, portanto, consistiu numa redistribuição das pulsões sexuais, por um lado colocadas no ego – daí a denominação libido do ego (ou libido narcísica) – e, por outro, nos objetos externos, portanto a denominação libido objetal.

Aos poucos, essa nova concepção se impôs. Freud manifestou explicitamente, em "Sobre o narcisismo: uma introdução", que a distinção, na libido, de uma parte que é específica do ego e outra que se liga aos objetos constitui a conseqüência irrecusável de uma primeira hipótese que separava as pulsões sexuais e as pulsões do ego.

Em 1915, Freud apresentou em "As pulsões e suas vicissitudes", uma recapitulação dos conhecimentos adquiridos a propósito do conceito de pulsão, o qual ele esclareceu que, apesar de ser "ainda bastante confuso", nem por isso deixaria de ser indispensável. Freud recordou, inicialmente, o caráter limítrofe (entre o psíquico e o somático) da pulsão, representante psíquico das excitações provenientes do corpo e que chegam ao psiquismo. Em seguida, descreveu as quatro características da pulsão: a "força" ou "pressão", o "alvo", o "objeto" e a "fonte".

O referido texto de 1915, porém, deu também oportunidade a uma nova elaboração sobre o "devir das pulsões sexuais". Freud conservou o dispositivo teórico baseado no dualismo, mas ainda não avaliava a dimensão da mudança que estava realizando e que levaria à oposição entre libido do ego e libido do objeto. Por isso, supôs que um estudo aprofundado das psiconeuroses narcísicas, como as esquizofrenias, levasse a modificar essa formulação e, ao mesmo tempo, a agrupar de outra maneira as pulsões originárias.

As pulsões sexuais, como se sabe, podem ter quatro destinos: a inversão, a reversão para a própria pessoa, a repressão e a sublimação. Nesse contexto, Freud abordou os dois primeiros destinos e deixou de lado a sublimação. Quanto à repressão, dedicou-lhe um texto específico em sua coletânea sobre a metapsicologia.

Analisando a inversão da pulsão em seu contrário, ele distinguiu dois casos ilustrativos. No primeiro, exemplificado pela oposição sadismo/masoquismo e voyeurismo/exibicionismo, a inversão se efetua quanto ao alvo. O segundo, ilustrado pela transformação do amor em ódio, diz respeito à inversão do conteúdo. Este último exemplo dá origem à observação de que o ódio pode ser reduzido à imagem invertida do amor. Sem dúvida, há que se postular, a esse respeito, a existência de uma configuração mais antiga do que o amor, o que viria a ser, alguns anos depois, a pulsão de morte. A análise da reversão da pulsão para a própria pessoa permite a Freud discernir a relação entre o sadismo e o masoquismo, este último, então, visto como a reversão de um sadismo originário.

Em 1920, em "Além do princípio de prazer", Freud instaurou um novo dualismo pulsional, opondo as pulsões de vida às pulsões de morte. A repercussão foi imensa, tanto por seus efeitos no pensamento filosófico do século XX, quanto pelas polêmicas e pelas rejeições que essa tese provocaria no movimento psicanalítico. Essa nova elaboração conceitual tinha um caráter especulativo, freqüentemente denunciado como uma falha por seus adversários. De minha parte, penso que uma tendência à marcha da insensatez na espécie humana. (A historiadora Barbara Tuchman oferece abundante material ilustrativo para a presença da pulsão de morte, o que podemos observar também nos dias de hoje.) Mas, foi a partir da observação da compulsão à repetição que Freud pensou em teorizar aquilo a que chamou pulsão de morte. De origem inconsciente, e, portanto, difícil de controlar, essa compulsão leva a pessoa a se colocar repetitivamente em situações dolorosas, repetições de experiências antigas. Mesmo que não se possa eliminar qualquer vestígio de satisfação libidinal desse processo, o que contribui para torná-lo difícil de observar em estado puro, o simples princípio de prazer não pode explicá-lo.

Assim, Freud reconheceu um caráter "demoníaco" nessa compulsão à repetição, que comparou à tendência à agressão reconhecida por Adler, em 1908. Naquela época, entretanto, ele se recusava a levá-la em conta, embora a análise do Pequeno Hans lhe houvesse demonstrado sua existência. Freud relacionou-a igualmente à tendência destrutiva que havia identificado em seus estudos sobre o masoquismo. O estabelecimento de uma relação entre essas observações e a constatação de ordem filosófica de que a vida é inevitavelmente precedida por um estado de não-vida conduziu Freud à hipótese de que existe uma pulsão cuja finalidade, como ele a exprimiu no *Esboço de psicanálise*, é reconduzir o que está vivo ao estado inorgânico. A pulsão de morte tornou-se, assim, o protótipo da pulsão, na medida em que a especificidade pulsional reside nesse movimento regressivo de retorno a um estado anterior. Mas a pulsão de morte não poderia ser localizada ou sequer isolada, com exceção, talvez, como é esclarecido em *O ego e o id*, da experiência da melancolia. Por outro lado, Freud sublinhou, em 1933, nas "Novas conferências introdutórias sobre psicanálise", que a pulsão de morte não pode estar ausente de nenhum processo de vida: ela se confronta permanentemente com Eros, as pulsões da vida, reunião das pulsões sexuais e das pulsões antes agrupadas sob o rótulo de pulsões do ego. Da ação conjunta e oposta desses dois grupos de pulsões, pulsões de morte e pulsões de vida, provêm as manifestações da vida, às quais a morte vem pôr termo.

Apesar das objeções e da oposição, Freud nunca se deixou impressionar. Afirmou, em 1926, que a "doutrina das pulsões é um campo obscuro, até mesmo para a psicanálise", e reivindicou essa opacidade como uma característica da pulsão. "A teoria das pulsões é, por assim dizer, nossa mitologia", afirmou, em 1933. "As pulsões são seres míticos, magníficos em sua imprecisão." É compreensível, portanto, que os críticos que alegavam em particular a falta de provas empíricas para validar a existência de uma pulsão de morte, tenham parecido incoerentes e o tenham levado a afirmar, em "O mal-estar na cultura": "já não compreendo que possamos continuar cegos para a ubiqüidade da agressão e da destruição não-erotizadas, deixando de lhes conceder o lugar que elas merecem na interpretação dos fenômenos da vida." Em 1937, Freud tornou a afirmar, em "Análise terminável e interminável", que à simples evocação do masoquismo, das resistências terapêuticas ou da culpa neurótica, bastava afirmar "a existência de um poder na vida anímica ao qual, com base em seus objetivos, chamamos pulsão de agressão ou de destruição, e que derivamos da originária pulsão de morte da matéria animada".

Os autores posteriores não foram unânimes em sua rejeição da última elaboração da teoria das pulsões. Assim, Melanie Klein efetuou uma inversão do segundo dualismo pulsional, considerando que as pulsões de morte participam da origem da vida, tanto na vertente da relação de objeto quanto na do organismo. No que concerne ao organismo, as pulsões de morte contribuem, por intermédio da angústia, para instalar o sujeito na posição depressiva.

Conforme descrevem Roudinesco e Plon (1998), Lacan considerou a pulsão como um dos quatro conceitos fundamentais da psicanálise, separou a elaboração freudiana de suas bases biológicas e insistiu no caráter constante do movimento da pulsão, um movimento arrítmico que a distingue de todas as concepções funcionais. A abordagem lacaniana da pulsão, assim, inscreve-se numa abordagem do inconsciente em termos de manifestação da falta e do não realizado. Nessas condições, a pulsão é considerada na categoria do real.

Lacan desenvolveu a idéia de que a pulsão é sempre parcial. Esse termo deve ser entendido, aqui, num sentido mais geral do que o encontrado por Freud. Adotando o termo objeto parcial, proveniente de Abraham e de Melanie Klein, Lacan introduziu dois novos objetos pulsionais, além das fezes e do seio, a voz e o olhar, e deu-lhes um nome: "objetos do desejo".

Numa obra recente, Green (2007) revisa e ilustra a ubiqüidade e a relevância da pulsão de morte para entender não só as psicopatologias como as violências da cultura contemporânea.

No que se refere à compulsão à repetição, seguindo a revisão de Roudinesco e Plon, desde 1893, em sua "Comunicação preliminar", Freud e Breuer frisaram a importância da repetição em sua abordagem da histeria, ao falarem da rememoração de um sofrimento moral ligado a um antigo trauma, e concluíram com o célebre aforismo: "É sobretudo de reminiscências que sofrem os histéricos."

O termo compulsão foi empregado por Freud numa carta a Fliess de 7 de fevereiro de 1894, na qual ele menciona sua dificuldade de ligar a neurose obsessiva à sexualidade, ilustrando-a com um caso clínico a propósito do qual falou em "micção compulsiva".

Em seu "Projeto para uma psicologia científica", Freud desenvolveu a idéia de facilitação, na qual podemos discernir os primórdios da compulsão à repetição: algumas quantidades de energia conseguem transpor as barreiras de contato e, com isso ocasionam dor, mas também abrem uma passagem que tenderá a se tornar permanente e, como tal, fonte de prazer, apesar da dor sistematicamente reavivada.

Quando em sua carta a Fliess de 6 de dezembro de 1896, Freud definiu pela primeira vez sua concepção do aparelho psíquico e descreveu as superestruturas das "neuropsicoses sexuais", ele constatou a necessidade de ir mais longe e "explicar por que incidentes sexuais, geradores de prazer no momento de sua produção, provocam desprazer em certos sujeitos quando de seu posterior reaparecimento sob a forma de lembranças, ao passo que, em outros, dão origem a compulsões".

A idéia de uma repetição inexorável, passível de ser assimilada à do destino, foi contemporânea da descoberta do Édipo, que ele participou a Fliess, na carta de 15 de outubro de 1897.

Freud começou a fazer da compulsão à repetição um objeto autônomo de sua reflexão, em 1914, em "Recordar, repetir e elaborar". De uma análise para outra, identificou a permanência dessa compulsão à repetição: ela estaria ligada à transferência, mesmo não constituindo a totalidade da transferência. Ela é uma maneira de o paciente se lembrar, maneira ainda mais insistente na medida em que ele resiste a uma rememoração cuja conotação sexual lhe desperta vergonha.

Em "Além do princípio de prazer", observando fatos do cotidiano, como seu neto brincando incansavelmente de atirar um carretel por cima da grade do berço e, em seguida, apanhá-lo de volta, puxando-o pelo barbante e pontuando seus gestos com duas exclamações, *Fort* (*saiu*) e *Da* (*voltou*), e também observando as neuroses de guerra, nas quais os pacientes não cessam de reviver episódios dolorosos, Freud aprofundou sua reflexão. Se essas formas de compulsão à repetição eram realmente o aspecto assumido pelo retorno do reprimido, era impossível sustentar que obedecessem unicamente à busca do prazer: com efeito, restava uma espécie de resíduo que escapava a essa determinação, um "mais-além do princípio de prazer". Assim, Freud foi levado a desenvolver o que ele mesmo reconheceu ser uma especulação, porém uma especulação a que jamais renunciaria. Essa compulsão, essa força pulsional que produz a repetição da dor, traduz a impossibilidade de escapar de um movimento de regressão, quer seu conteúdo seja desprazeroso ou não. Esse movimento regressivo levou, por recorrência, a postular a existência de uma tendência para um retorno à origem, ao estado de repouso absoluto, ao estado de não-vida, àquele estado anterior à vida que pressupõe a passagem pela morte.

De acordo com a postura que adotaram diante do conceito de pulsão de morte, os analistas freudianos atribuíram maior ou menor importância à idéia de compulsão à repetição, que constitui as premissas daquele.

Lacan fez da repetição um dos "quatro conceitos fundamentais da psicanálise" (1964) e observou que a repetição inconsciente nunca é uma repetição no sentido habitual de reprodução do idêntico: a repetição é o movimento, ou melhor, a pulsação que subjaz à busca de um objeto, de uma coisa sempre situada além dessa ou daquela coisa particular e, por isso mesmo, impossível de atingir. Por exemplo, é impossível reviver uma impressão vivida por ocasião de uma primeira experiência.

Conforme destacam Roudinesco e Plon (1998), Lacan distingue duas ordens de repetição, as quais analisa numa perspectiva aristotélica: por um lado, a *tiquê*, encontro dominado pelo acaso – de certo modo, ela é o contrário do *kairos*, o encontro que ocorre no "momento oportuno" – e que podemos assimilar ao *trauma*, ao choque imprevisível e incontrolável. Esse encontro só pode ser simbolizado, esvaziado ou domesticado por meio da fala, e sua repetição traduz a busca dessa simbolização. Isso porque, se esta permite escapar à lembrança do trauma, ela só pode consumar-se ao revivê-lo ininterruptamente, como um pesadelo, na fantasia ou no sonho.

Mais recentemente, numa bela conferência proferida no Congresso de Berlim, André Green (2007) examinou a relação entre compulsão à repetição e o princípio do prazer, procurando demonstrar que a compulsão à repetição pode ser encontrada também em material distante da atuação. Utilizando um exemplo clínico, Green salienta a qualidade alucinatória do ato de relembrar como efeito da negação e não da repressão. Revisa suas contribuições às noções de ligação e desligamento e mostra como difere de Freud quanto a essas noções. Diz Green que, para Freud, o processo primário é uma expressão de desligamento. Visto de uma perspectiva mais moderna, contudo, na qual as pulsões são consideradas menos elementares e a organização pulsional está presente desde o início, o próprio conceito de ligação pulsional também está presente nesse estágio. Portanto, é uma forma de atividade primitiva intensificada pela organização pulsional, antes mesmo da passagem do processo primário a secundário. Em outras palavras, o desligamento está relacionado a mecanismos muito primitivos e é uma das expressões da falha que impedem o acesso ao princípio do prazer-desprazer.

Green destaca, ainda, uma nova maneira de visualizar a organização pulsional, decorrente do contato que hoje temos com pacientes que apresentam transtornos de personalidade *borderline* e constelações psicossomáticas, o que nos permite considerar a atividade pulsional como mais organizada do que Freud podia perceber. Examinando, a seguir, a relação da compulsão à repetição com o princípio do prazer, Green sugere que este não é, de modo algum, um princípio básico. Antes, é frágil, delicado, como destacara Freud em "Mais além" Parece que, mudando para o modelo da segunda tópica, Freud estava interessado não só na descrição de uma atividade mais primitiva que o inconsciente, mas numa espécie de modo indomado de funcionamento. E, acrescenta, se o princípio do prazer é inexorável, as pulsões destrutivas parecem sê-lo ainda mais quando não estão fusionadas com a pulsão de vida. É como se a organização psíquica mais antiga, aquela que nunca pode ser domada, fosse a das pulsões destrutivas. Em suma, para Green, se a compulsão à repetição é demoníaca, isso parece decorrer de sua natureza narcísica, que está fadada a se repetir infinitamente. O princípio do prazer se origina de uma evolução na resposta do objeto e pode, afinal, se tornar inexorável, perdendo sua qualidade de nos salvaguardar, de agir como guardião da nossa sobrevivência, e acabar se tornando um aliado da compulsão à repetição. Mas, em geral, ele age do lado de Eros para preservar nossa vida e lutar contra as pulsões destrutivas, que ocorrem, em sua maior parte, do lado da repetição.

Assim sendo, temos de um lado o trajeto da pulsão no aparelho psíquico, e de outro a compulsão à repetição, que responde por uma série de patologias sobre as quais não me deterei nesse momento, pois o programa desse congresso evidencia uma pletora de trabalhos sobre cada uma delas.

Referi-me antes à presença desses dois seres, a pulsão e a compulsão à repetição, na clínica analítica.

Um dos temas que sempre me fascina é a presença da compulsão à repetição na mente e no trabalho clínico de analistas de distintas latitudes. Se lermos, por exemplo, sucessivos trabalhos de nossos principais autores, ou se acompanharmos o trabalho clínico de colegas com uma certa tendência teórica que se mantém, poderemos observar o trabalho da compulsão à repetição, que muitas vezes é capaz de estabelecer baluartes que militam contra o progresso da construção conjunta que se supõe deva existir em cada campo analítico. O elemento surpresa, que deve permitir ao analista não ser sempre previsível, pode estar ausente de uma análise que siga determinada linha teórica que pode se tornar conhecida e controlável pelo paciente. Por outro lado, estudar e aprofundar um conhecimento analítico pode ser tarefa exaustiva, que desanima mentes mais novidadeiras, afeitas muitas vezes aos autores de ocasião, aos modismos, ou até mesmo a uma necessidade de agradar ou emular autores que possam ser vistos como a bola da vez. Difícil é a posição do analista, e de sua mente, face à pletora de idéias e teorias que se mostram fascinantes ou plausíveis. Deve mover-se, para usar uma metáfora que os mais jovens talvez estranhem, entre a Scylla das teorias consagradas e seguras e o Carybdys dos novos "freuds" de ocasião, que parecem tudo explicar com aparentes novos e inesperados *insights*. E, no entanto, se ficarmos, por exemplo, fixados ao conceito de transferência como apenas a clássica formulação do pós-escrito do caso Dora, correremos o risco de não percebermos que, na análise, como na vida, não há só repetição, e cada dia de trabalho ou cada sessão analítica pode nos surpreender com um novo fato clínico, uma nova versão, um novo sonho ou algo que emergiu da repressão, ou ainda que foi construído conjuntamente com o analista. Ainda no caso Dora, citando o segredo que o paciente quer e não quer revelar, Freud diz que ele deseja sair por todos os poros, seja falado ou expresso por atos, mas para ser percebido é preciso ter olhos e ouvidos para ver e escutar. Curiosamente, isso ecoa uma linha de um ilustre habitante da paisagem carioca de outras épocas, Olavo Bilac, ao dizer que só quem ama pode ter ouvidos capazes de ouvir e entender estrelas.

Estamos, pois, novamente, entre uma posição com pulsão e outra dominada pela compulsão à repetição. A quem ou ao que ama o analista? Alguns dirão que se espera que ame a verdade, mas afinal em que consiste a verdade? Como identificá-la? Qual versão a expressa melhor? E quantas possíveis verdades podem existir? Talvez seja mais prudente dizer que o analista ama o método analítico, e por meio dele pode desenvolver certo amor ao paciente, e ao trabalho conjunto que com ele desenvolve.

Na medida em que se encontre excessivamente comprometido com uma teoria, uma escola, uma instituição, uma posição de suposto saber, o risco que corre (ou seja, o risco que corremos) é o de buscar uma certa verdade que siga por essas linhas, por esse caminho já percorrido, pelas jogadas já jogadas em jogos anteriores.

Nesse sentido, estará ao lado da compulsão à repetição, muitas vezes, o sentimento de monotonia, a falta de movimento, a coisa parada, o desânimo e a desesperança que constituem baluartes construídos no campo analítico e que, às vezes, são atribuídos à ação silenciosa da pulsão de morte podendo contar com a poderosa contribuição de uma mente analítica que não ousa sair do conhecido.

Por outro lado, se é capaz de ouvir outras vozes além das já conhecidas, por exemplo, poderá buscar "esse passo que vai sem esmagar as plantas no campo de batalha, à procura de sítios, segredos, episódios não contados em livro, de que apenas o vento, as folhas, a formiga reconhecem o talhe", como sugere aquele formidável mineiro que está sentado para sempre de bronze de frente ao mar em Copacabana. E com isso poderá (poderemos) aspirar àquela misteriosa função da criatividade, como descreve Meltzer. Nesse caso, estaremos mais ao lado da pulsão de vida e de suas tramas e construções que podem assumir formas e expressões surpreendentes e inesperadas.

No que se refere às instituições psicanalíticas, estas oferecem um fascinante campo de observação, desde seus primórdios, como podemos acompanhar estudando a história do movimento psicanalítico. Entre os inúmeros relatos, o livro de Phillis Grosskurt, *O círculo secreto* é um eloqüente testemunho das tortuosas relações e dos movimentos pessoais e institucionais dos pioneiros e de como a transferência desempenha um poderoso papel em todos os níveis. Recentemente, estive no congresso europeu de psicanálise, em Bruxelas, e em sua abertura, Serge Frisch, presidente da Sociedade Belga, apresentou um interessante relato da história de sua sociedade, mostrando como situações traumáticas se repetiram ao longo do tempo e motivaram os rumos científicos e as relações com a sociedade-mãe. Destacou que, como analistas, estamos impregnados pelo inconsciente, estruturados pelo inconsciente da instituição à qual pertencemos e que existe bem antes de nós. Podemos, então, tornar-nos depositários de elementos de um inconsciente grupal, em que determinados aspectos não foram adequadamente elaborados e metabolizados pelo grupo e permanecem enquistados como objetos brutos que são passados de uma geração à outra. Retrospectivamente, cabe a cada um de nós, a cada geração pensar, revisitar e tentar modificar essas impregnações inconscientes e reconstruir a ordem geracional. Ficou evidente a presença da compulsão à repetição, o que penso poder ser identificado se olharmos para a evolução de cada instituição em particular. Em que medida estamos condenados a repetir o que foi um dia vivido por nossos antecessores, e em que medida somos capazes de criar novas formas de convivência?

Em que medida poderemos estimular e impulsionar as novas gerações de analistas a assumir posições de liderança e ocupar mais espaços científicos e com que freqüência teremos de repetir fórmulas e pessoas?

Sendo impossível generalizar, face à complexidade de cada história, podemos, no entanto, observar muitas vezes movimentos pendulares, em que tendências à renovação, à criação de novos espaços e a um diálogo mais aberto e fluido com a cultura e outros saberes se alterna com movimentos regressivos, de volta a fórmulas antigas, numa compulsão à repetição do conhecido, do sabido, do já vivido, do já sentido.

Dessa forma, também no nível institucional oscilamos entre a compulsão à repetição e uma possível vida com pulsão.

Entre tantas maneiras de expressar essas complexas tramas, talvez de novo encontremos na arte sua melhor formulação. Graças a Fernando Rocha, cheguei a essas palavras de Guimarães Rosa:

Todo caminho da gente é resvaloso
Mas também, cair não prejudica – nada demais – a gente levanta, a gente sobe, a gente volta!...
O correr da vida embrulha tudo, a vida é assim: esquenta e esfria, aperta e daí
Afrouxa, sossega e depois desinquieta
O que ela quer da gente é coragem.

Referências bibliográficas

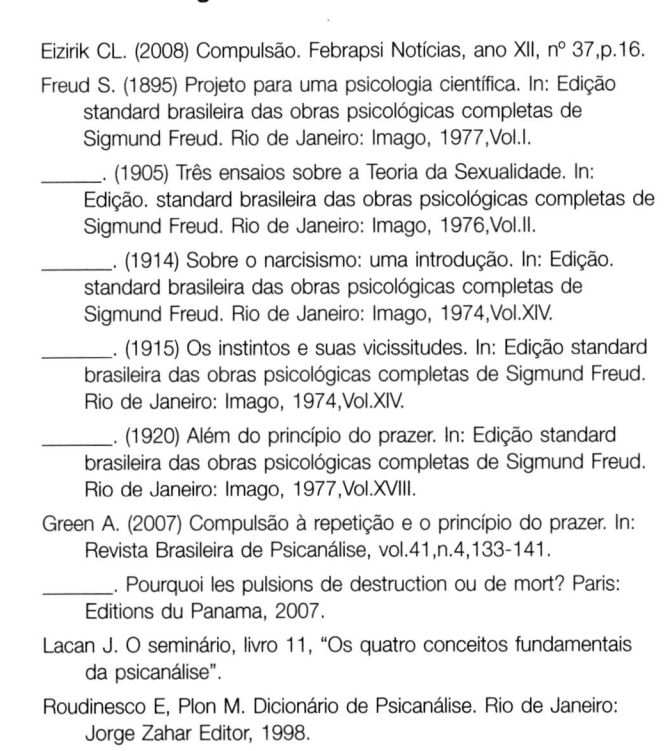

Eizirik CL. (2008) Compulsão. Febrapsi Notícias, ano XII, n° 37,p.16.

Freud S. (1895) Projeto para uma psicologia científica. In: Edição standard brasileira das obras psicológicas completas de Sigmund Freud. Rio de Janeiro: Imago, 1977,Vol.I.

_____. (1905) Três ensaios sobre a Teoria da Sexualidade. In: Edição. standard brasileira das obras psicológicas completas de Sigmund Freud. Rio de Janeiro: Imago, 1976,Vol.II.

_____. (1914) Sobre o narcisismo: uma introdução. In: Edição. standard brasileira das obras psicológicas completas de Sigmund Freud. Rio de Janeiro: Imago, 1974,Vol.XIV.

_____. (1915) Os instintos e suas vicissitudes. In: Edição standard brasileira das obras psicológicas completas de Sigmund Freud. Rio de Janeiro: Imago, 1974,Vol.XIV.

_____. (1920) Além do princípio do prazer. In: Edição standard brasileira das obras psicológicas completas de Sigmund Freud. Rio de Janeiro: Imago, 1977,Vol.XVIII.

Green A. (2007) Compulsão à repetição e o princípio do prazer. In: Revista Brasileira de Psicanálise, vol.41,n.4,133-141.

_____. Pourquoi les pulsions de destruction ou de mort? Paris: Editions du Panama, 2007.

Lacan J. O seminário, livro 11, "Os quatro conceitos fundamentais da psicanálise".

Roudinesco E, Plon M. Dicionário de Psicanálise. Rio de Janeiro: Jorge Zahar Editor, 1998.

2 A TEORIA DA TRANSFERÊNCIA E A COMPULSÃO À REPETIÇÃO

Em seus primeiros trabalhos sobre técnica, Freud preocupa-se em definir e considerar a relação analítica desenvolvida pela dupla analista-analisando, como um aspecto importante a ser observado e pesquisado, na relação analítica. Para Freud, em todas as relações terapêuticas, e a psicanálise é uma delas, desenrola-se o que ele denominará de transferência positiva, em relação à figura do médico, que se constituirá num elemento importante no processo de cura (Freud, 1903, 1905, 1910, 1913 e 1914).

Aos poucos, conforme evolui em suas elaborações, principalmente ao observar o "amor de transferência", Freud é levado a considerar que, além da presença da transferência positiva, também se desenvolve, na relação analítica, a possibilidade de uma transferência negativa, a serviço da resistência, dificultadora e impedidora do processo de cura psicanalítica (Freud, 1915).

Ana Maria Andrade de Azevedo

Sociedade Brasileira de Psicanálise de São Paulo.
Analista Didata do Instituto de Psicanálise da SBPSP e Analista de Criança.
Ex-vice Presidente da Associação Psicanalítica Internacional (IPA).
Ex-Secretária Geral da Associação Psicanalítica Internacional (IPA).
Ex- Presidente da Sociedade Brasileira de Psicanálise de São Paulo (SBPSP).
amaaz@osite.com.br

A transferência é por ele definida, nesse momento, como uma situação paradoxal, que tanto pode funcionar contribuindo com o trabalho e com o desenvolvimento da cura analítica, como, muitas vezes, pode vir a se constituir numa projeção de elementos e aspectos indesejáveis do analisando sobre o analista, dificultando a elaboração e agindo como resistência ao trabalho analítico (Freud, 1914 e 1915).

De veículo facilitador do sucesso analítico à resistência ao trabalho de análise, a transferência é incluída por Freud, a partir de 1914, no trabalho "Recordar, repetir e elaborar", como um elemento importante a ser observado e investigado na situação clínica e também como um aspecto fundamental da técnica psicanalítica.

"... a transferência não é outra coisa senão repetição, e a repetição é a transferência do pretérito esquecido, não apenas sobre o médico, mas também sobre todos os demais setores da situação presente... também não é difícil reconhecer a participação da repetição na resistência. Quanto mais esta é intensa, mais amplamente ficará a recordação substituída pela ação (*acting*) (Freud, 1914, p.1.685)". Com esse trabalho, Freud inicia uma nova reflexão na psicanálise, oferecendo a noção de "*acting-out*" aproximando-a de alguns aspectos do processo onírico e da rememoração. O "*acting-out*" assim como em muitos momentos o processo onírico, busca o alcance de um estado de alívio e de satisfação, descarregando por meio da atuação, seja ela interna ou externa, os elementos indesejáveis e traumáticos. Nesse movimento, que tanto pode estar dirigido para fora, para o mundo externo, como para o próprio psiquismo e para o somático, elementos da memória são utilizados, numa tentativa de busca de satisfação pelo alívio e pela descarga, a exemplo do processo onírico, sem que, no *acting-out*, haja o reconhecimento do que está em jogo, o que faz com que a situação seja muito diferente do que se conhece como recordar ou elaborar.

"... aqueles atos que os analisandos executam, fora do campo de ação da transferência, podem acarretar danos passageiros ou serem a forma pela qual se anula totalmente o valor da saúde que o tratamento busca restabelecer... sucede também que não temos, muitas vezes, tempo para impor o freio da transferência aos impulsos impetuosos e o paciente irrompe num ato de repetição, muitas vezes encerrando o tratamento (Freud, 1914, p.1.686)".

Dentro de um extenso desenvolvimento levado a cabo por Freud sobre o tema "transferência" e sobre a "repetição, a recordação e o *acting-out*, gostaríamos de chamar a atenção para um aspecto particular, que, no atual momento, parece-nos merecedor de mais destaque.

Referimo-nos à relação entre a teoria da transferência e o fenômeno da "compulsão à repetição", relação esta que, sob nosso ponto de vista, constitui num aspecto a ser mais pensado e elaborado.

Enquanto a transferência se apóia em elementos do passado distante da vida do analisando (memória), e este relembra ou revive as situações e os relacionamentos passados na relação com o analista, a compulsão à repetição, pelo menos considerada a partir de uma determinada óptica, propõe que em decorrência de uma dificuldade na elaboração dos aspectos traumáticos e no processo de armazenamento de elementos na memória, esses serão repetidos sem passar pela transferência e sem que o analisando tenha contato com seus significados e sentidos inconscientes.

Ambos, de certa maneira, vinculam-se à memória, seja ela traumática ou não, consciente ou inconsciente, e trazem à cena presente elementos geradores de angústia e/ou conflito no passado, ou como menciona Freud, "impulsos instintivos situados em estratos profundos que não haviam emergido ainda (Freud, 1914, p.1.686)".

Freud nos propõe que o que não puder ser lembrado deverá ser revivido na relação de transferência. Obviamente, refere-se ao reprimido, (memória reprimida), ao traumático, que ressurgirá como revivência no processo analítico, projetado dentro ou fora deste, não se convertendo em transferência, portanto, não alcançando a inscrição como memória representável, sendo seu sentido ignorado pelo analisando. Ao serem consideradas pelo analista, essas projeções e revivências, que não podem ser recordadas, precisarão passar pela transferência, para serem utilizadas no processo de reconstrução ou construção analítica, pois só então poderão ser interpretadas.

"Vejo, portanto, a transferência, como uma espécie de realidade intermediária entre a doença e a vida real, através da qual a viagem entre uma e outra precisa ser feita (Freud, 1914, p. 1.687)".

A teoria da transferência relacionada à compulsão à repetição, proposta por nós nesta apresentação, nos remete a um modelo teórico-técnico que supõe algumas reflexões e pressupostos importantes. Só para citar alguns, lembramos a necessidade de retomar a noção de reconstrução histórica, de tempo cronológico e desenvolvimento linear, de interpretação como elemento revelador e decodificador do passado, e o papel da convicção. Na medida em que essas questões puderem ser pensadas e esses conceitos, questionados, uma nova reflexão sobre a memória, em suas relações com a percepção e a alucinação, poderá ser desenvolvida. A discriminação entre tais fenômenos, muitas vezes, não parece ser suficientemente clara e nem sempre é tão evidente, pois embora estejamos o tempo todo lidando com os elementos estocados e arquivados na memória, o que irá determinar as diferenças será o uso e a função que esses fenômenos desempenharão no indivíduo.

A questão do *status* consciente ou inconsciente da memória, principalmente da memória afetiva, no uso corrente da noção de transferência e na distinção entre os fenômenos perceptivos e alucinatórios, é pouco enfatizada na psicanálise. Na verdade, existe no indivíduo uma disposição anterior à repetição de um mesmo fenômeno psíquico, isto é, de uma representação já conhecida. Freud fala de representação latente inconsciente, contida, porém não percebida, e chama nossa atenção para o dinamismo desses processos.

Para Green, por exemplo, que se dedica a um estudo da obra freudiana, a leitura de alguns trabalhos de Freud leva a considerar a memória como um elemento inconsciente que, dependendo das condições psíquicas, pode vir a se tornar consciente, adquirindo representação, ao passo que a percepção faz parte dos fenômenos conscientes, associada à linguagem e à relação com o mundo exterior (sistemas de consciência e sistemas de percepção). A alucinação, como fenômeno muito mais freqüente do que a maioria das pessoas imagina, consegue recriar a presença das representações (armazenadas na memória), nos sistemas de percepção, sendo estas, então, confirmadas pela convicção.

Como se dá a estimulação da memória e como os elementos inconscientes serão percebidos e se tornarão capazes de alcançar a consciência, satisfazendo as condições necessárias para tal, superando a repressão e a resistência, é, para Green, um ponto muito importante, porém também muito enigmático. Green chega a propor uma mudança na concepção de localização (pensando no modelo neurológico), para um modelo de estratificação, isto é, de grupos organizados, dinâmicos, em lugar de uma referência a elementos fixos isolados.

"Há, atualmente, entre os autores um certo acordo em relação ao reconhecimento de que a percepção não é um fenômeno passivo e simples (Green, p. 42, 1995)". Parece haver uma série de subsistemas que agem concomitantemente para que a percepção aconteça de acordo com a situação. Assim como a memória que nunca está isolada das vivências afetivas, e que só existe no contexto de um presente que lhe dá um sentido, a percepção também precisa recorrer ao contexto, às situações já vivenciadas, que serão, então, re-organizadas e presentificadas.

Na verdade, tanto o que conhecemos como percepção e como alucinação, assim como os dados da memória, oferecem sempre elementos pouco confiáveis, tanto do ponto de vista da exatidão, como da objetividade, pois é bastante evidente o papel que a imaginação, a vida emocional e a convicção exercem sobre estas (Green, 1995 e 2000; Botella, 2001).

Quando percebemos algo, é porque imediatamente nossos sistemas de percepção e de memória foram ativados, isto é, a percepção se dá, estabelecendo sempre uma referência ao já assimilado anteriormente. É sempre uma reapresentação, uma apreensão subjetiva, gerada no interior do psíquico (Soussomi, 2001; Green, 2000).

Nesse momento, estamos interessados em levantar pontos para abrir uma discussão entre as relações da transferência com a repetição (sistemas de memórias e de percepção), propondo também algumas correlações destas com a compulsão à repetição (elementos não ligados, Green, 2008).

No "Projeto para uma psicologia científica" (1895), ao tratar a questão dos traumas infantis relacionando-os à memória, Freud diz que apenas um pequeno efeito é produzido na época em que o trauma é vivido, continuando a propor que o importante será o efeito posterior, que surgirá já numa outra etapa do desenvolvimento, quando uma nova e mais intensa relação terá lugar. (Freud, 1895.)

Essa nova relação, originada nos traços mnêmicos anteriores, já esquecidos e deixados de lado (experiências e teorias sexuais infantis), quando reativados produzirão reações psíquicas intensas e muitas vezes anormais. Green considera que a transferência, além de se constituir numa repetição, caracteriza um fenômeno novo que ele denomina "rememoração amnésica", exterior ao campo da memória, caracterizando um fenômeno mais de atualização que de rememoração (p. 116, 2000).

No referido artigo de 1895, Freud já afirmava a hipótese de que os mecanismos psíquicos sofrem um processo de estratificação, portanto, o que inicialmente eram caracterizados como traços de memória sofreria de tempos em tempos um rearranjo e uma remodelação, de acordo com as circunstâncias mais recentes. Daí, talvez, a proposta de Green de atualização em lugar de rememoração.

A referência feita por Freud a essa remodelação e a esse rearranjo, segundo alguns autores (Modell, 1990), captura melhor o sentido da palavra alemã por ele utilizada, "*nachträglich*", que foi traduzida para o inglês, por Strachey, como ação postergada (*deffered action*).

Embora estejamos sempre lidando com reconhecimentos e rearranjos, estamos constantemente frente a fenômenos que nos confrontam com o novo, com a transformação única do momento. Nesse sentido, não se trata de uma ação postergada e sim de uma retranscrição e esta reapresentação caracteriza o aspecto novo e criativo presente na experiência emocional, sempre que vivenciada e elaborada.

"Você não me procuraria se já não tivesse me encontrado", diz a famosa frase de Pascal, em "Pensamentos" e, como enfatiza Botella, "... o drama da percepção é que o homem não pode perceber, a não ser quando perturbado pela ausência de seu objeto de satisfação (Botella, 2001, p. 244)."

A redescoberta, a retranscrição, o rearranjo partem do fenômeno perceptivo e estão presentes no processo de uma "busca incansável do objeto de satisfação perdido". Esta percepção constrói algo novo, porém criado a partir do anterior (memória), do qual só é possível alcançar uma marca, um traço na busca do reencontro. E como é fácil que essa marca recuperada pela percepção seja sentida como um dado de realidade e, seja alucinatoriamente confirmada pela convicção!

A mente, como se sabe, preenche o mundo de intencionalidade, de subjetividade e de afetividade, de significados, intenções, denotações, conotações, relações variadas e flutuantes; cria representações e soluções imprevistas, alternativas ambíguas a serem discriminadas e selecionadas, com maior ou menor sucesso, pelas faculdades mais sofisticadas.

É óbvio que nessa busca de reencontro com o objeto, nessa tentativa de afirmar sua existência pelos sistemas de percepção/memória/alucinação, a temporalidade sofre alterações, o desenvolvimento de um espaço/tempo não corresponde mais à realidade externa do sujeito. Passamos a lidar com construções e com um tempo, na verdade, subjetivo.

As questões poderiam se estender indefinidamente, no entanto parece-nos que foi, a partir de 1920, com a publicação de "Mais além do Princípio do Prazer" que Freud, propondo algumas das mais criativas idéias da psicanálise, ajudou-nos a continuar na reflexão desses temas.

Não teremos nem tempo nem espaço para expor a maior parte delas, mas pretendemos mencionar aqui apenas alguns pontos que se referem a nossa proposta sobre a relação da teoria da transferência com a compulsão à repetição.

Em 1920, Freud menciona como a repetição pode minar a transferência. Falando de pulsões cada vez mais violentas, Freud propõe que a compulsão a repetir, característica de toda pulsão, pode vir a ser muito difícil de ser contida, e esta, a pulsão se caracterizará por seu aspecto, "indomável".

A pulsão pode vir a ser mais forte que o desejo de se comunicar via transferência, estando a serviço tanto da vida como da morte. Para elaborar, para transformar e para evoluir, é necessário ligar. (*binding* em inglês, Green, 2008). Ligar, automaticamente, faz parte das funções de vida (Eros) e da busca do prazer. A repetição estará ao lado da pulsão de morte, do inorgânico, da tendência à homeostase, embora sua finalidade, seu objetivo, seja também o alcance do prazer, numa tentativa de ligar o anteriormente não ligado (*binding-unbinding*, Green, 2008).

Parece ser a natureza do prazer, o que torna possível distinguir essas duas formas diferentes de ligação, embora ambas estejam vinculadas à busca do prazer pela descarga e pela diminuição de tensão. Na compulsão, a repetição da busca, o objetivo, é esvaziar o interior do aparelho psíquico, descarregar o desconforto, anular o tempo. Essa descarga pode ser muscular, atuada nas relações externas, no próprio soma, ou pode acontecer internamente sob forma de ataques aos conteúdos psíquicos e aos vínculos entre eles. É o modelo do ato, a impossibilidade de elaboração decorrente das quantidades excessivas de angústia, a intolerância aos conteúdos e às conseqüências, é o que estará em jogo. Freud fala de impulsos nunca antes vivenciados, violentos e incontroláveis. Botella introduz a idéia do irrepresentável, enquanto Green nos propõe a idéia de elementos não ligados, nunca representados, portanto, sem inscrição na memória.

Acreditamos que esses autores concordam com a idéia de que o "repetir é formado por um conjunto de elementos vinculados entre si de forma inconsciente", constituindo-se num bloco sem elaboração e numa tentativa de anular toda evolução.

A compulsão à repetição pode também ser vista como uma tentativa de objetalização, bloqueada, pois, na tentativa de alcançar uma ligação (*binding*), esses elementos não conseguem atingir o psíquico, portanto, não são representáveis. Há um fracasso na possibilidade de se estabelecer a ligação e também qualquer transferência (positiva, mobilizada por Eros), com prevalência da anulação do tempo e do desinvestimento.

Bion (1992) salientou sempre que o dilema fundamental da psique constituía em conservar os restos mnêmicos e as marcas da experiência psíquica, para poder elaborá-las; caso contrário, estas só poderiam ser evacuadas em direção ao exterior sob a forma de "angústia sem nome."

Livrar-se da angústia, evadir-se da frustração, no dizer de Bion, corresponderá à impossibilidade de desenvolver a função denominada por ele de função alpha, responsável pela transformação de todo material psíquico, para que este possa vir a se constituir em elementos do sonho, dos mitos e do pensamento (elementos alpha).

Para Bion, a origem e o desenvolvimento do psíquico irão depender da possibilidade de tolerância à ausência e à frustração, para que, então, as funções que podem levar ao conhecimento e não à eliminação por descarga muscular, ou mental, possam ser desenvolvidas. A intolerância a essas experiências determinará precariedades psíquicas, que irão impedir a assimilação e o apreender com a experiência. Os elementos beta são inadequados para que o trabalho psíquico possa se desenvolver e alcançar o nível do conhecimento que impedirá o crescimento, e a identificação projetiva irá prevalecer. O apreender com a experiência irá depender da capacidade de contenção e de transformação de elementos beta em elementos alpha, produzindo elementos alpha possíveis de serem pensados. A presença, nese cenário de uma mãe capaz de reverie, ou seja, de um objeto capaz de desempenhar a função alpha, em lugar de um bebê, que ainda não pode fazê-lo, será fundamental nesse processo.

Até esse momento, havíamos feito uso do referencial freudiano, acrescido das contribuições de André Green e Cesar Botella, para expor nossa concordância com as relações e idéias destes autores sobre a transferência e a compulsão à repetição. Certamente Bion, pertencente à outra tradição psicanalítica, a das relações objetais, desenvolve idéias diferentes em relação a esses aspectos, porém, sob a nossa perspectiva, com inúmeros pontos em comum.

Acreditamos ser interessante e importante, dentro do possível, estabelecer aproximações entre autores, principalmente entre autores do porte de Bion e Green, que ofereceram contribuições tão fundamentais à psicanálise.

A transferência no contexto de Bion faz parte dos fenômenos de movimento rígido, ou seja, movimentos de sentimentos, idéias e fantasias, transladados de um lugar para o outro, com pouca deformação, fazendo parte dos movimentos rígidos, e da invariância (Bion, 1965, p.19).

Já a compulsão à repetição, praticamente não mencionada por Bion como tal, para nós, corresponderia ao uso de uma tela beta, com a função de impedir a evolução na sessão e na vida, por meio da tentativa de anular o tempo e paralisar o movimento psíquico. Bion também se refere aos ataques ao vínculo, aos ataques ao pensamento e ao *acting out*, expressões, na verdade, que se aproximam das propostas de Green sobre a compulsão à repetição.

Esta, a compulsão à repetição, vem sendo constantemente relacionada e compreendida como uma manifestação do impulso de morte. Acreditamos que talvez essa pudesse ser uma perspectiva que Bion desenvolveria, caso a questão tivesse sido objeto de suas reflexões.

Green, em alguns aspectos se aproxima de Bion, em outros tem uma posição bem diferente (2008, p. 89). Para ele, a compulsão à repetição, por exemplo, sendo uma das características de todas as pulsões, sejam elas eróticas ou destrutivas, busca incansavelmente o prazer pela descarga, e o alcance no nível do psíquico para ser representada (ligada). Portanto, a descarga ou a transformação em representação psíquica são as possibilidades presentes na compulsão à repetição. No entanto, Green acredita que o *acting-out* seja ele motor, somático ou psíquico, não é a única forma de descarga. A alucinação se constitui também numa descarga e caracteriza uma forma importante de processo psíquico durante a vida. Essas tornam possível à pulsão (Green irá utilizar aqui o termo "impulsos instintivos") aceder ao ego e talvez alcançar alguma forma de representação de objeto, mesmo que precária.

A denominação "impulso instintivo" tenta aproximar o fenômeno sensorial ao psíquico, caracterizando o movimento de um pólo ao outro; no entanto, é necessário considerar que para aceder ao psíquico, uma ligação (*binding*) precisa ser estabelecida, para que o dado da experiência seja inscrito no psíquico, se constituindo em elemento da rede mnêmica, possível de ser representado posteriormente. O modelo da rede proposto por Green fala na verdade desse enorme e complexo sistema a que chamamos psíquico, no qual inscrições, experiências, denotações e conotações se interligam num vasto e complexo universo (Green, 2007).

Em Nice, no congresso da Associação Psicanalítica Internacional (IPA), J. L. Donnet (2001) contribuiu com algumas das idéias interessantes que aqui endossamos, afirmando que "transferência não é pura repetição. Ela desloca, investe, introjeta e projeta, de uma forma discriminadora e transformadora. É exemplo de trabalho psíquico simbólico ou virtualmente simbolizante. A transferência introduz diferença na repetição, criando um novo acontecimento" (Donnet, 2001, p. 235). Na verdade, a compulsão à repetição aponta para uma luta desenvolvida entre a busca de uma ligação, sua representação e seu fracasso. Decorrente de situações em que e quando o excesso de angústia alcança o nível do traumático, a luta prossegue desde que é intolerável permanecer em tais condições.

Como diz Green, são tentativas desesperadas, que correspondem ao modelo do aborto de uma experiência, enquanto, na transferência, a repetição alcança certo êxito, pois comunica, relaciona e discrimina. As realidades a serem consideradas na compulsão à repetição são as da ausência do objeto e da ausência de sua representação. A proposta de "memória amnésica" reforça a idéia inicial da primeira tópica, em que a satisfação alucinatória de desejos continua a ser o modelo preponderante de prazer pela descarga, numa tentativa incansável e quase sempre frustrada da pulsão de aceder ao psíquico e alcançar a representação.

"Assim, pois, a verdade poderia ser deduzida da relação entre um efeito atual, compulsivo que deforma o que se perdeu para sempre, num passado também necessariamente deformado e não rememorável, inscrito, no entanto, com força suficiente para induzir à repetição, em contraste com os traços e lembranças significativas, passíveis de serem recordadas e relembradas. Essa verdade, inserida misteriosamente nessa relação, somente poderá ser construída, nunca descoberta. Na falta de rememoração, esta será fundada pela convicção" (Green, 2000).

Referências bibliográficas

Azevedo AM. Comentário sobre o trabalho "A posição fóbica central", de André Green, não publicada, parte da videoconferência apresentada na SBPSP, em maio de 2006.

Comentario ao trabalho Compulsão à repetição e principio do prazer. In: Revista Brasileira de Psicanálise, volume 42, 2008.

Bion W. (1965). Transformations. "Mares field Reprints", Londres: William Heinemann medical books ltda. 1984

_____.(1958-1979) Cogitations. Londres: Karnack Books, 1992.

Botella CS. La figurabilidad psíquica. Buenos Aires: Amorrortu Editores, 2001.

Donnet JL. A regra fundamental e a situação da análise. Revista Brasileira de Psicanálise, Vol.35,(2),2001,p.227.

Freud S. (1895). Projeto para uma psicologia científica. In: Obras completas. Madri: Biblioteca Nueva, Tomo I, 1995.

_____. (1896). As neuropsicoses de defesa. In: Obras completas. Madri: Biblioteca Nueva, Tomo I, 1995.

_____. (1900). A interpretação dos sonhos. In: Obras completas. Madri: Biblioteca Nueva, Tomo I, 1995.

_____. (1912). Recomendações aos médicos que praticam a psicanálise. In: Obras completas. Madri: Biblioteca Nueva, 1995.

_____. (1912). A dinâmica da transferência. In: Obras completas. Madri: Biblioteca Nueva, Tomo II, 1995.

_____. (1913). Novas recomendações sobre a técnica da psicanálise. O começo do tratamento. A questão das primeiras comunicações. A dinâmica da cura. In: Obras completas. Madri: Biblioteca Nueva, Tomo II, 1995.

_____. (1914). Recordar, repetir, elaborar. In: Obras completas. Madri: Biblioteca Nueva, Tomo II, 1995.

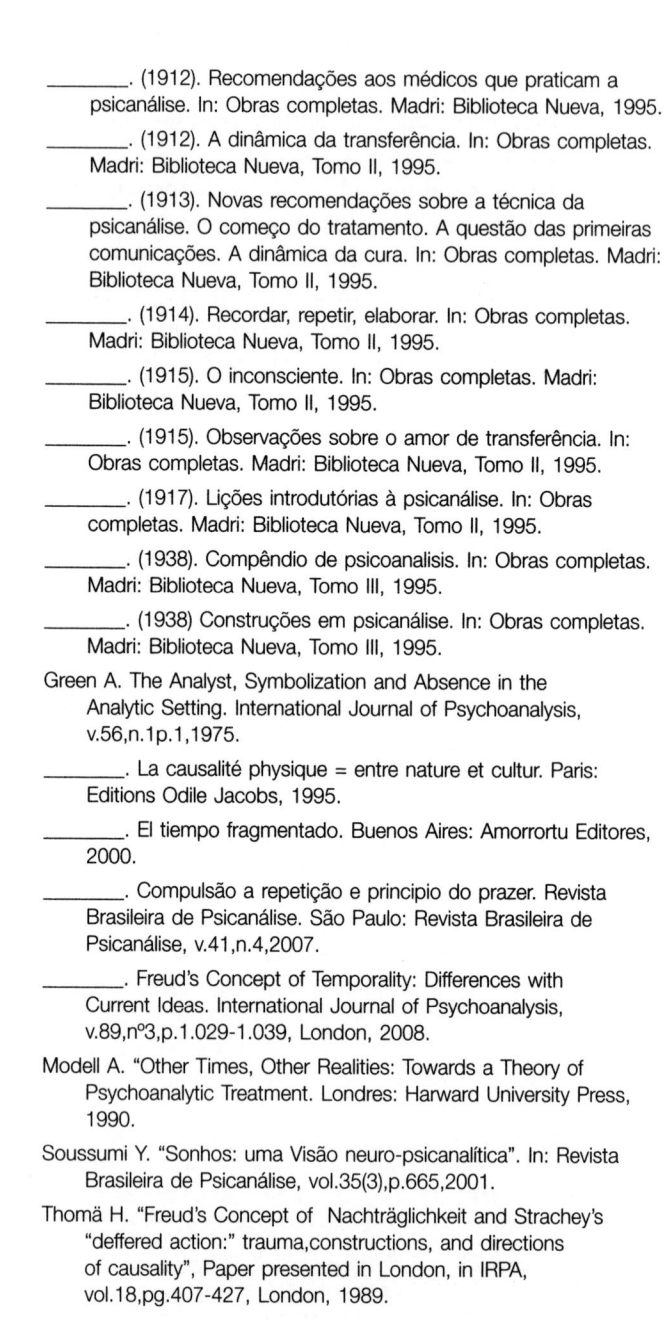

_____. (1915). O inconsciente. In: Obras completas. Madri: Biblioteca Nueva, Tomo II, 1995.

_____. (1915). Observações sobre o amor de transferência. In: Obras completas. Madri: Biblioteca Nueva, Tomo II, 1995.

_____. (1917). Lições introdutórias à psicanálise. In: Obras completas. Madri: Biblioteca Nueva, Tomo II, 1995.

_____. (1938). Compêndio de psicoanalisis. In: Obras completas. Madri: Biblioteca Nueva, Tomo III, 1995.

_____. (1938) Construções em psicanálise. In: Obras completas. Madri: Biblioteca Nueva, Tomo III, 1995.

Green A. The Analyst, Symbolization and Absence in the Analytic Setting. International Journal of Psychoanalysis, v.56,n.1p.1,1975.

_____. La causalité physique = entre nature et cultur. Paris: Editions Odile Jacobs, 1995.

_____. El tiempo fragmentado. Buenos Aires: Amorrortu Editores, 2000.

_____. Compulsão a repetição e principio do prazer. Revista Brasileira de Psicanálise. São Paulo: Revista Brasileira de Psicanálise, v.41,n.4,2007.

_____. Freud's Concept of Temporality: Differences with Current Ideas. International Journal of Psychoanalysis, v.89,n°3,p.1.029-1.039, London, 2008.

Modell A. "Other Times, Other Realities: Towards a Theory of Psychoanalytic Treatment. Londres: Harward University Press, 1990.

Soussumi Y. "Sonhos: uma Visão neuro-psicanalítica". In: Revista Brasileira de Psicanálise, vol.35(3),p.665,2001.

Thomä H. "Freud's Concept of Nachträglichkeit and Strachey's "deffered action:" trauma,constructions, and directions of causality", Paper presented in London, in IRPA, vol.18,pg.407-427, London, 1989.

3 PSICOSSOMÁTICA PSICANALÍTICA: ESCOLA FRANCESA PIERRE MARTY

> "Levando-se em conta que a alegria não é uma das principais características de minha vida, uma comparação bastante atenta, leva-me a concluir que depois que eu me tornei doente, estou muito melhor do que outrora, antes de ficar doente."
>
> Fritz Zorn, Mars

Durante essa apresentação, falarei da vida operatória e também da depressão essencial e dos procedimentos auto-calmantes, peças-chave na compreensão da psicossomática psicanalítica. Por meio de exemplos clínicos, abordarei a metapsicologia desses conceitos, evidenciando a semiologia e técnica utilizadas nos pacientes psicossomáticos.

Admar Horn
Membro da Sociedade Brasileira de Psicanálise do Rio de Janeiro – SBPRJ.
Membro da Sociedade de Psicanálise de Paris – SPP.
Membro do Instituto de Psicossomática Pierre Marty – IPSO.
horn@osite.com.br

A vida operatória é uma das grandes descobertas da psicanálise, constituindo-se numa verdadeira invenção clínica e conceitual no campo da psicopatologia. Pierre Marty, Michel de M'Uzan, Christian David e Michel Fain foram verdadeiros aventureiros na perspectiva psicanalítica de sujeitos portadores de doenças somáticas. Esses autores, conhecidos internacionalmente como "os psicossomaticistas da Escola de Paris", desenvolveram, junto a uma plêiade de colaboradores, um campo de conhecimento bastante vasto, abrindo o entendimento das relações entre a vida do psiquismo e o surgimento de diferentes doenças somáticas.

Recentemente, Claude Smadja, a partir de sua experiência clínica de psicanalista psicossomático, desenvolveu e aprofundou o estudo dos "estados operatórios" num contexto metapsicológico. Essa tarefa o conduziu a sublinhar a importância do território psíquico situado "para além do princípio do prazer sob o signo do instinto de morte, local de procedência dos mecanismos que levam a uma distorção da evolução do indivíduo e de sua vida pulsional.

É importante destacar a diferença entre neurose atual e estado operatório: na primeira, o mau uso é preciso e atual, como no coito interrompido; na segunda, o mau uso afeta as funções. Desse modo, ao longo do curso da vida operatória, o desaparecimento ou a alteração de tudo o que é histérico, até por meio dos afetos, testemunha uma alteração global do dinamismo mental. Esse mau uso encontra seu lugar na seguinte fórmula de Pierre Marty: "O inconsciente recebe, mas não emite mais". Essa fórmula associa a relação do paciente psicossomático com o terapeuta, singularizando tal procedimento como reduplicação subjetiva: o objeto é percebido apenas como o duplo do sujeito; o objeto não emite nada além do duplo. Dito de outro modo, há um impedimento da contratransferência. Ora, se a realidade reinante é muito mais suportada do que criada, a capacidade de sonhar é excluída.

As concepções teóricas de P. Marty se estendem sobre a existência de uma vitalidade para além da economia estritamente psicanalítica clinicamente detectável. C.Smadja tem mostrado que a teorização martiniana, apesar de sua singularidade, não difere dos pontos de vista freudianos. É pouco provável que um analista interessado pela psicossomática não se interesse pelas opções martinianas, mesmo que privilegie um ponto de vista oriundo da segunda tópica. Podemos conceber este como condição de lhe emprestar um pensamento operatório.

Claude Smadja diz que o apagamento dos traços do passado e a magnitude de um comportamento presente são designados como uma perda narcísica do Ego como objeto erótico do Id, uma "perda da faculdade de ressexualizar", o que implicaria a existência de um tempo passado em que o prazer do Id é que prevalecia.

Smadja nos lembra que, num primeiro momento, o psiquismo humano é mobilizado pelo princípio do prazer – ao menos é desejável que isso aconteça –, e que desse avanço, o Ego guarda uma afeição pela alucinação e pelo reencontro de um objeto erótico que a torne possível. O Ego guarda em si uma aptidão a seduzir eroticamente o Id, ficando, assim, afastado o purgatório da vida operatória, local de pura fadiga, que arruína o corpo.

Pierre Marty tinha uma concepção da psicossomática baseada em normas evolucionistas, enquanto Smadja é ligado à metapsicologia, razão pela qual Smadja tem preferência pelas teorias de André Green relativas à negatividade. As concepções de Marty estão baseadas na existência de uma vitalidade que vai além da economia estritamente psicanalítica clinicamente detectável.

Para Freud, as neuroses atuais (advindas do factual) não trariam nada de novo à psicanálise. Sem dúvida nenhuma, esta afirmação sublinhava que o atual não mergulha necessariamente no passado. Nos dias atuais, parece-nos que a percepção dos efeitos de uma falta estaria na origem das neuroses atuais.

Em relação à pulsão, Claude Smadja tem a seguinte visão: vinda do interior do Ego, sob um relativo abrigo da realidade, a pulsão é de natureza conservadora. Aliando-se à compulsão de repetição para se satisfazer, ela não está espontaneamente ao lado da evolução. Sua sublimação é fruto de um trabalho complexo que respeita o princípio do prazer. Finalmente, ela provém, sobretudo, de uma intricação de pulsões de vida e de morte, intricação esta que dá ao sadomasoquismo um lugar privilegiado na repartição das pulsões parciais.

As contribuições teóricas de Pierre Marty e Claude Smadja continuam permitindo um considerável avanço na compreensão da psicossomática psicanalítica, bem como na ampliação do entendimento das patologias narcísicas.

Entrevista de investigação psicossomática

Exemplo clínico

Uma mulher, com cerca de 40 anos de idade, a conselho de seu médico clínico, em razão da descoberta recente de um câncer de mama, procura o Instituto de Psicossomática, em Paris. Descreve com detalhes os acontecimentos da sua vida atual e também história de seu passado. Seu câncer foi descoberto por acaso e ela não parece estar assustada com esse acontecimento, que inaugura uma nova fase em sua vida. Vemos, de imediato, que algo essencial está faltando no discurso da paciente, o que aparece no sentimento contratransferencial do analista. O que está faltando, mesmo que imperceptível, refere-se ao afeto. Falta, na fala da paciente, um sentimento de angústia ou de dor física que atestaria a gravidade do acontecimento vivido e a ameaça que ele representa para sua unidade psicossomática. A estranheza experimentada pelo analista no lugar da paciente é um sinal de grande valor clínico no espaço do *setting*, na relação transfero-contratransferencial. A atenção dada a essa ordem de sinal é produto da pesquisa psicossomática psicanalítica inaugurada pelas observações e pelos trabalhos da Escola de Psicossomática de Paris. Essa semiologia, pela falta ou no negativo, fundamenta a clínica psicossomática psicanalítica.

Retornemos à paciente. Do ano precedente ao aparecimento de seu câncer, ela não relata nada de particular. Cuidava de seus filhos e trabalhava muito. Contudo, sentia-se muito cansada, estressada, tensa. Certamente tinha responsabilidades importantes no seu trabalho e sofria, mas o cansaço era além do normal. Ela conta também sobre a morte brutal, por suicídio, há um ano e meio, de uma irmã mais jovem, doente mental. Outra vez, os acontecimentos são relatados muito mais de modo biográfico do que histórico. Falta uma densidade representativa, habitualmente presente na rede significante de uma história individual. "Depois que adoeci, recuperei a minha alegria." Este enunciado paradoxal suscita, naquele a quem se dirige, um efeito surpresa. Como é que o aparecimento de uma doença grave pode levar ao desenvolvimento de um estado afetivo que qualificamos de elação narcísica, exatamente onde era esperado um estado de ansiedade ou desamparo? Esta situação é qualificada de paradoxo psicossomático. Precisamos insistir sobre o fato de que essa situação é paradoxal em relação à distância, à diferença entre o funcionamento psíquico singular da paciente somatizante e o do analista com seus plenos recursos.

Essa breve vinheta clínica de uma investigação psicossomática comum tem como objetivo introduzir um estudo a propósito do paradoxo psicossomático, local conceitual dos movimentos de báscula entre duas ordens – a psíquica e a somática –, a unidade psicossomática do ser humano. Numerosas observações oriundas da clínica psicossomática nos permitem reconhecer a constância desse fenômeno clínico. Pesquisas estão sendo feitas, a fim de aprofundar a significação metapsicológica do paradoxo psicossomático.

Em Psicossomática, quando evocamos a noção de paradoxo, sabemos que a dimensão masoquista deve estar em jogo. Podemos até mesmo pensar que ela é o fator determinante, que constitui a base inconsciente. O texto de Freud sobre "O problema econômico do masoquismo", escrito em 1924, se inicia pela constatação de uma situação enigmática da mesma ordem. "Estamos no direito de achar enigmática, do ponto de vista econômico, a existência da tendência masoquista na vida pulsional dos seres humanos. Com efeito, se o princípio do prazer domina os processos psíquicos de tal modo que o alvo imediato é o de evitar o desprazer e obter o prazer, o masoquismo é, então, incompreensível. Se a dor e o desprazer podem ser eles próprios alvos e não mais advertências (sinais de alarme), o princípio do prazer está paralisado, o guardião de nossa vida psíquica está como se estivesse sob o efeito de narcótico." Sabemos que Freud resolveu esse paradoxo, com um luminoso desenvolvimento teórico, ligando o masoquismo à destrutividade e à intricação pulsional, e mostrando as diferentes figuras pelas quais o masoquismo se revela ao longo do desenvolvimento pulsional do ser humano. É, nesse sentido, que podemos pensar em abordar o paradoxo psicossomático. A hipótese levantada tem a ver com a existência de uma outra figura do masoquismo: o patomasoquismo ou o masoquismo da doença, que podemos considerar como economicamente necessário para mostrar os movimentos de báscula no seio da situação enigmática do paradoxo psicossomático. O patomasoquismo deve ser compreendido como um investimento masoquista do órgão doente e, como tal, um investimento psíquico regressivo.

Parece-me que podemos encontrar certa coerência interna, de ordem metapsicológica, entre os diferentes tempos do processo que culmina nesse fenômeno paradoxal. Com efeito, o que se revela tanto ao sujeito doente como ao terapeuta é a figura de um anel, de um ciclo que parte da depressão essencial e que a ela retorna a partir da somatização, com um ganho psíquico. Na constituição desse ciclo, dois termos são necessários: por um lado, a ausência da expressividade dolorosa; por outro, a regressão masoquista sob a forma de patomasoquismo. O ganho psíquico obtido por este ciclo não é uma aquisição definitiva e sua perenidade depende tanto de fatores internos e individuais, quanto de fatores humanos e psicoterapêuticos.

A depressão essencial situa-se entre as depressões chamadas sem expressão. Corresponde a uma banalização da semiologia. A clínica torna-se uma clínica do comum. O sinal pelo qual o paciente se revelaria deprimido, ao olhar ou à escuta do psiquiatra ou psicanalista, está desprovido de sua densidade enigmática, que faria apelo à sedução daquela escuta a quem se dirige. Assim, o sinal torna-se comum, trivial, deixando de exercer qualquer sedução. A depressão sem expressão se revela também por meio de um estado de tensão, que os pacientes denominam, algumas vezes, de estresse. Trata-se de um estado em que os pacientes podem dizer algo a respeito de sua incapacidade, submetem-se, não encontram um relaxamento no seu interior. Algumas vezes essa depressão se revela por meio de um mal-estar vago, mas persistente, análogo aos estados de angústia difusa. Os psiquiatras relatam algumas vezes, acerca desses diferentes estados depressivos, queixas corporais diversas, o corpo se impondo desse modo, ao contrário do psiquismo, como um objeto de expressão dolorosa.

A carteira de identidade clínica das depressões essenciais repousa sobre dois conjuntos de sinais, eles próprios enigmáticos na sua formulação, segundo Marty: "a existência (a presença) de uma grande sintomatologia negativa e a falta (ausência) de uma sintomatologia positiva". Marty designa este fenômeno como sendo uma desorganização mental no primeiro caso, e, no segundo, uma reorganização mental.

A depressão essencial tem a ver com a negatividade. Green fala de diversos graus no campo do negativo. Quando escutamos um paciente deprimido essencial, é verdade, como já dizia Marty, que somos sensíveis ao seu aspecto atônico. A transmissão da atonia se opera, habitualmente, pela transferência de algo sentido pelo paciente ao psicanalista. O psicanalista se vê, então, tomado por alguma coisa de ordem afetiva, que é precisamente o que está faltando ao paciente. Podemos dizer que esse tipo de transmissão transfero-contratransferencial é habitual em quase todos os pacientes na prática psicanalítica. Entretanto, existe uma grande diferença entre aquilo que experimentamos face a um paciente neurótico, cuja "falta" nos faz pensar, e aquilo que experimentamos face a um paciente deprimido essencial (ou operatório), no qual esta "falta" não nos faz pensar. Estamos, então, em presença de duas categorias de negatividade: uma, de uma defesa dinâmica que mantém a funcionalidade dos objetos; e outra mais radical, agindo por supressão e tornando indisponível isso que o funcionamento psíquico possui como potencialidade ou capacidade objetal. Poderíamos dizer de outro modo: num caso, algo existe, mas está faltando, ao passo que, no outro, falta porque não existe.

Um dado axiomático se observa com regularidade e pode ser enunciado da seguinte maneira: aconteceu algo de ordem traumática num tempo precoce do desenvolvimento pulsional e psíquico, tempo no curso do qual o processo de defusão entre o Ego e o não Ego, entre sujeito e objeto, não tinha ainda acabado. O corolário desse enunciado é que toda perda objetal nessa conjuntura precoce se inscreve necessariamente como uma perda narcísica.

Desde A investigação psicossomática, todos os psicanalistas interessados pelo tema insistem sobre o ponto de vista econômico. A compreensão do paradoxo psicossomático não foge a essa regra. O ciclo processual que citei, há pouco, parte, de agora em diante, desse dado axiomático da perda narcísica, subjacente à depressão essencial.

Desenvolvimento processual da doença operatória

A doença operatória é concebida como uma doença do Ego. Isso quer dizer que o Ego, em sua funcionalidade de instância psíquica, foi tocado nas suas bases constitutivas, aquelas mesmas que o fundaram. O desenvolvimento de uma doença obedece esquematicamente a um plano processual. O primeiro plano passa habitualmente despercebido, como lembra Freud. No caso da doença operatória, corresponderia a um desinvestimento do Ego como objeto psíquico, sua desqualificação libidinal o submetendo, então, a uma força desobejctalisante da pulsão de morte. A depressão essencial seria a única testemunha clínica. Esse primeiro tempo é traumático. O segundo tempo é um tempo de cura. Ele corresponde àquilo que observamos imediatamente na clínica: pensamento operatório, comportamentos autocalmantes, conformidade aos ideais coletivos e à realidade do social (*socius*). É um tempo de cura, em que toda a polarização do Ego, em relação à realidade, permite a ele recuperar um sentimento de auto-estima perdido no curso do primeiro tempo. Mas é também um tempo de cura no qual a realidade operatória permite ao Ego a melhor adaptação possível às condições traumáticas às quais ele está confrontado. A passagem à doença operatória é muito sensível, clinicamente falando. Vemos muito bem como o barulho das angústias e do mal-estar, nas suas mais variadas formas, cedem lugar à calma e ao apagamento das produções psíquicas. Temos, então, o sentimento de que o Ego não pode mais ir além de um certo grau de deformação para salvar a sua coerência. Ele é obrigado a abandonar partes de si próprio. O trabalho da sessão revela dados metapsicológicos que singularizam o funcionamento operatório. No discurso do paciente, não aparece nenhuma representação recalcada, clivada ou forcluída. A não-disponibilidade de formações intermediárias parece se impor. O acesso à interpretação está, na maior parte dos casos, barrado. Estamos em presença de mecanismos de negativação e neutralização que afetam o conjunto do trabalho das representações.

Na prática clínica, o que especifica bem a relação operatória é a procura de receitas. Cedo ou tarde, no curso de um processo psicoterápico, surge, inevitavelmente, a seguinte questão endereçada ao analista: como devo fazer? Tal demanda corresponde à necessidade de se desembaraçar pelas vias curtas e mais rápidas, do que é vivido como uma tensão interna ameaçadora. Cabe à competência do psicanalista transformar a urgência dessa demanda atuada pelo paciente, num espaço de jogo dividido, no interior do qual o paciente é convidado a se identificar ao prazer do seu próprio funcionamento mental, segundo o modelo de seu analista. Na realidade, o que falta ao paciente operatório é a capacidade de ausentar seu analista na situação da relação analítica. Esse procedimento de alucinação negativa do *setting* é necessário para a regressão do pensamento. É isso que falta, muitas vezes, nos pacientes operatórios.

O desinvestimento do Ego como objeto do Id inicia o processo de desobejctalização sob o efeito da pulsão de morte. Sob esse ponto de vista, o estado operatório representa uma forma radical do trabalho do negativo. Em qual nível se situa a barragem à expressão dos investimentos pulsionais eróticos e em quais configurações conflitivas com os objetos? É uma questão que permanece em aberto. Devemos, todavia, lembrar que a negativação do representante afeto (*quantum d'affects*) da pulsão ocupa um lugar de destaque nesse trabalho do negativo.

O pensamento operatório é um produto da pesquisa psicossomática moderna. Resultou dos estudos feitos pela Escola de Psicossomática de Paris, entre 1958 e 1962, e que culminaram com a publicação do livro *A investigação psicossomática*, em 1963, de autoria de P. Marty, M. de M'Uzan e Ch. David. Ele foi apresentado no XXIII Congresso de Psicanálise dos países de língua francesa em 1982, em Barcelona, por Marty e M. de M'Uzan. Essa descoberta clínica tem todas as características de uma descoberta científica. Com efeito, ela representa, no campo da clínica, a emergência de uma nova entidade original, cuja definição foi colocada em evidência, a partir de um novo método de investigação e de uma nova compreensão. Como a maioria das descobertas científicas, o pensamento operatório em si mesmo não é novo, não é absoluto; é provavelmente tão velho quanto a humanidade. Sua novidade reside na sua ascensão ao estatuto de objeto de estudo científico.

Foi no retorno ao estudo do complexo desenvolvimento do pensamento de Freud que a psicossomática pôde encontrar sua fecundidade. O núcleo central reside na concepção das organizações psicossomáticas como organizações narcísicas, isto é, como doenças do Ego.

A partir do trabalho psicanalítico com os pacientes que apresentam um funcionamento operatório, de modo crônico ou passageiro, tornou-se interessante ampliar tal abordagem: o vetor traumático e a construção da realidade original, que é o real operatório; o vetor do afeto e os processos de transformação abarcando o valor funcional do Superego e os destinos da culpabilidade; o papel dos ideais e a "psicologia coletiva" na organização psíquica falha nesses pacientes. Finalmente, ainda que o funcionamento operatório não seja exclusivo dos pacientes com afecções somáticas, suas relações com a somaticidade, pela sua importância histórica e pela sua freqüência, nos levam a questionarmos sobre a natureza profunda dos problemas psicossomáticos, engajando o dualismo pulsional na sua formulação definitiva após 1920.

O monismo de Freud é uma aquisição de suas descobertas psicanalíticas fundamentado na sexualidade, na atividade das pulsões. Efetivamente, as pulsões, tanto em sua primeira versão quanto em sua versão definitiva exercem sua atividade nas funções psíquicas e nas somáticas. Eis aí, então, a nova idéia que funda um monismo decorrente da experiência clínica da psicanálise. A partir desse momento, o dualismo soma-psyché não tem mais pertinência, pois a linha de clivagem foi deslocada para o dualismo pulsional. Assim sendo, podemos considerar o fato psicossomático como um produto da construção ou da desconstrução do jogo pulsional.

Nos pacientes operatórios, é importante estimularmos ativamente o diálogo, para encontrar o paciente e retirá-lo do seu retraimento. A importância da dimensão relacional vivida, do lado do analista, da sua contratransferência e do seu processo de identificação com o paciente, permite o aparecimento, no *setting*, de um dado semiológico original e fundamental, um modo de relação específica: a reduplicação subjetiva.

Resumindo, as constelações psíquicas, as mais evidentes e significativas na organização mental dos pacientes operatórios, são: a ausência de liberdade fantasmática, as barreiras entre os diferentes locais psíquicos, o pensamento operatório e a reduplicação subjetiva. Assim sendo, essa síntese aponta para os três pontos de vista da metapsicologia freudiana. A este conjunto integra-se outro dado psíquico de extrema importância: a depressão essencial.

Portanto, o funcionamento operatório é o conjunto dos dados metapsicológicos da organização mental do paciente operatório.

Tanto no plano histórico quanto no plano teórico, é fundamental, para a compreensão metapsicológica do pensamento operatório, concebê-lo como um dos elementos constitutivos de um conjunto significante que agrega em torno de si o modo de relação duplicativa e a depressão essencial.

Segundo Freud, a regressão narcísica que a doença orgânica favorece parece estar acompanhada de uma alteração do Ego. Esta especificidade da regressão narcísica é fundamental para os psicossomaticistas. Em seus dois escritos sobre a depressão, o *Manuscrito G* e *Luto e Melancolia* Freud evoca uma alteração similar do Ego. Nesses dois textos, ele descreve o complexo melancólico como uma ferida aberta atraindo para si contra-investimentos formidáveis, alterando e empobrecendo o Ego. A associação que Freud faz entre a representação metapsicológica da doença orgânica e aquela da melancolia é de singular importância. Para o analista, o que importa é traduzir na linguagem da teoria das pulsões o que quer dizer alteração do Ego; trata-se de uma alteração das pulsões do Ego. Mais precisamente ainda, alteração do narcisismo.

A doença orgânica tem uma ligação indissociável da libido do Ego. É uma ligação necessária, mas não suficiente. Por outro lado, os trabalhos posteriores de Freud, particularmente aqueles que estabelecem e revisam a teoria pulsional, atestam que o narcisismo não deve ser simplesmente concebido como positivo, mas também como negativo.

De fato, a noção de libido do Ego pertence ao segundo tempo da elaboração da teoria das pulsões e guarda a marca da primeira dualidade pulsional (pulsões do Ego/pulsões sexuais dirigidas aos objetos). Na perspectiva do Ego – segunda tópica – a dualidade pulsional (pulsões de amor/pulsões de destruição), a noção de libido do Ego não tem mais sentido. A libido, que tem sua fonte no Id, investe tanto no Ego quanto nos objetos do Ego. Se o Ego é o "reservatório" essencial da libido, ele não é a fonte. Permanece como objeto de investimento erótico e objeto mais importante para o Id. Resulta dessa nova situação teórica que não podemos mais separar o Ego de seus objetos, do ponto de vista do investimento erótico, e que toda alteração desse investimento em relação aos objetos (representações inconscientes) refletirá sobre o investimento do Ego e vice-versa. A nova linha divisória se situará daqui para frente, entre os investimentos eróticos e a destrutividade. É nesse contexto que o valor funcional do objeto toma um lugar capital na economia pulsional. Com efeito, assim como disse Green, o objeto está potencialmente contido na pulsão e a revela; ele é, ao mesmo tempo e fundamentalmente, o agente intrincador e aquele por meio do qual o Ego encontra um modo de se defender das forças de desligamento da pulsão de destruição. Desse modo, a noção de narcisismo negativo, nuclear na problemática das somatoses, está ligada economicamente à alteração do valor funcional do objeto.

Marty, em *A investigação psicossomática* (1962), relata entrevistas com pacientes portadores de afecções somáticas. Tentava revelar novas formas de funcionamento mental nas quais a ligação à somatização não era pura contigüidade, mas estava postulada como necessariamente fundamentada. É, então, o processo econômico que permite à somatização o valor de uma solução, de uma via possível às conjunturas de conflito do indivíduo.

O tratamento dos pacientes psicossomáticos impõe aos psicanalistas um manejo extremamente delicado da ferramenta psicanalítica. Marty nos ensinou que na relação do psicoterapeuta com seu paciente deprimido essencial temos: "Uma relação a ser aberta... e um limite a não ser ultrapassado".

Em seu livro *A ordem psicossomática* (1980), Marty define a vida operatória como "uma etapa de relativa cronicidade, de relativa estabilidade, que se instala no curso de uma desorganização lenta, após ter afetado em caráter progressivo, durante o qual nenhuma reorganização espontânea se produziu".

Nos estados operatórios da vida cotidiana, o sujeito se coloca em repouso, em convalescença de ser. Trata-se de alguma forma de realimentação narcísica, similar ao estado de sono-sonho. Aqui se impõe, segundo a bela fórmula de M. Fain, "o imperativo do desinvestimento do Ego". Contudo, uma concepção do conjunto do funcionamento operatório pode dar conta de toda a gama dos estados operatórios, desde os mais enquistados na patologia até os mais passageiros na vida normal.

O processo que se instala no tratamento dos pacientes operatórios permite que surja, após certo tempo aguardado, acontecimentos psíquicos variados com a marca incontestável de uma qualidade libidinal.

Procedimentos auto-calmantes do Ego

A psicanálise se estabeleceu e se desenvolveu a partir de uma clínica que reagrupava figuras variadas da mentalização. A clínica psicossomática impôs as figuras da desmentalização nos seus mais variados graus.

M. Fain sempre insistiu sobre um fato enigmático: nos doentes graves, o barulho de sua desorganização somática corre junto com o silêncio do seu psiquismo.

O funcionamento mental edípico opera como um verdadeiro organizador sobre a unidade psicossomática de cada ser humano. Freud, em 1895, redige o texto sobre a neurose de angústia e nos apresenta, então, suas conclusões quase que definitivas sobre sua concepção das neuroses atuais.

Em 1920, Freud escreve *Para além do "Princípio do Prazer"*, obra em que formula a segunda teoria das pulsões e a demonstra pela introdução do ponto de vista econômico no funcionamento mental. Isso o conduz a dar um lugar mais importante às experiências traumáticas e às desorganizações mentais que as acompanham.

O retorno da neurose atual, dessa vez ligada à neurose traumática, será objeto do terceiro tempo de Freud, em 1926, quando ele reformula sua teoria da angústia em inibição, sintoma e angústia. A célebre proposição freudiana, que indica que em toda psiconeurose de defesa existe um núcleo de neurose atual, reúne, dessa maneira, na sua complexidade, os elementos de uma realidade psíquica que pareciam ser estranhos, opostos, estranhos uns aos outros. Portanto, da neurose atual à neurose traumática, da excitação à pulsão de morte, a dimensão da quantidade está constantemente presente na obra de Freud.

A excitação, como nos dizia André Green, parte do corpo e vai ao corpo. Ela não tem nem história, nem projeto, nem memória. Logo ela não pode ter um sentido, pois é a antivida psíquica. Ao contrário, a pulsão tem uma história, um projeto de história. Ela tem um sentido que pode ser progrediente ou regrediente. É portadora de investimentos e desinvestimentos, de contra-investimentos, de sobreinvestimentos. Ela é aquilo que a excitação se torna, quando as condições de um trabalho psíquico estão presentes e operantes, tais condições sendo representadas pela qualidade da estrutura edípica colocada em cena no seio da família humana, na qual a mãe tem um papel determinante. Ela é o objeto mesmo do trabalho psíquico. É isso que Marty chama de espessura do pré-consciente, e M. Fain, de regressão formal. O modelo de referência de tal trabalho psíquico é o trabalho do sonho. A utilização do conceito de excitação na visão econômica da psicossomática deve estar submetida à dialética pulsão-excitação, vale dizer, à apreciação da qualidade do trabalho psíquico e à evolução das suas falhas.

Num certo número de pacientes, o Ego coloca em ação medidas particulares para abaixar o nível de tensão psíquica, sentido como algo extremamente penoso. Essas medidas, administradas pelo próprio Ego, trazem, ainda que momentaneamente, a calma ao seio do aparelho psíquico. É por essa razão que podemos qualificá-los de procedimentos autocalmantes. Os trabalhos iniciais nessa área conferem com os procedimentos autocalmantes maternos descritos por M. Fain.

O qualificativo de calmante deve ser entendido em oposição àquele de satisfatório. Os estudos de M. Fain mostram que aquilo que acalma não traz necessariamente satisfação. Essa oposição qualitativa cobre uma oposição fundamental de registro econômico e é pesada em termos de conseqüências quanto à qualidade dos processos psíquicos engajados. O termo autocalmante indica que o Ego é, ao mesmo tempo, sujeito e objeto das técnicas que visam fazer voltar a calma e se opõe àquela em que a fonte calmante tem sua origem num objeto externo; por exemplo, mãe/filho, certas condições observadas na dupla terapeuta/paciente, ou então o social para o conjunto dos indivíduos. Esses procedimentos autocalmantes têm uma característica clínica habitual: fazem apelo à motricidade e à percepção. Outras vezes, apelam à realidade desprovida de toda carga simbólica, bruta, factual, operatória. Outras, no decorrer do tratamento de pacientes adultos, quando surgem por meio de um investimento sensório-motor do terapeuta.

Em 1984, Michel de M'Uzan chamou aos pacientes operatórios de "escravos da quantidade", para sublinhar a obrigação de descarga à qual estão sujeitos pela quantidade de excitação que os habita. Exemplifica clinicamente os grandes perversos e os somáticos. M. de M'Uzan mostra um aspecto particular da repetição à qual estão submetidos: a repetição do idêntico. Do ponto de vista econômico, M. de M'Uzan pensa na intervenção de um fator traumático na vida do sujeito para explicar os aspectos clínicos. Outro ponto de vista sublinhado é o fator de fragilidade narcísica na situação traumática: "quando os deslocamentos naturais dos investimentos narcísicos estão intoleráveis, o aparelho psíquico não está em condições de fazer face à excitação. Parece, então, que se estabelece nesses pacientes a seguinte seqüência infernal: doença do narcisismo, desorganização traumática do funcionamento mental, atividades sensório-motoras repetitivas e desagradáveis."

Segundo os autores contemporâneos, os procedimentos autocalmantes do Ego estão regularmente relacionados a situações traumáticas precoces que retornam no presente. Essas situações têm como conseqüência essencial desorganizar o funcionamento mental do sujeito. As perturbações da economia narcísica representam um segundo fator importante, sem desconsiderar ainda a importância da angústia.

Podemos formular a seguinte hipótese: os procedimentos autocalmantes do Ego são, para a angústia de sofrimento, aquilo que os sintomas neuróticos são para a angústia de castração.

Nos pacientes com procedimentos autocalmantes em ação, a proximidade de uma vivência de depressão essencial está muito próxima. Provavelmente é quando se apagam esses procedimentos autocalmantes, no decorrer de uma desorganização grave, que aparece a depressão essencial, que testemunha, então, o início de um processo de morte psíquica.

À guisa de conclusão, acredito que a teoria da escola psicossomática de psicanálise francesa, desde seu fundador Pierre Marty, atesta que os acontecimentos de ordem psicossomática podem ter acesso à psicanálise, ou seja, à cura tipo.

Referências bibliográficas

Aisenstein M. Quatre questions à propos du fonctionnement opératoire. Revue Française de Psychanalyse, 1998,n°5,t.LXII.

Fain M. Spéculations métapsychologiques hasardeuses à partir des procédés autocalmants. Revue Française de Psychosomatique, 1993, n° 4.

Freud S. (1887-1902). La naissance de la psychanalyse. Trad. franç. par A. Berman. Paris: PUF, 1956. Ed. Révue en 1976.

_____. (1895). Esquisse d'une psychologie scientifique. Trad. par A. Bermann dans La naissance de la psychanalyse. Paris: PUF, 1956.

_____. (1905). Trois Essais sur la théorie de sexualité. Trad. franç. par R. Reverchon. Paris: Gallimard, 1923, nouv ; Trad. fran. par P. Koeppel. Paris: Gallimard, 1987.

_____. (1914). Pour introduire le narcisisme, nouv ; Trad. par J. Laplanche dans La vie sexuelle. Paris: PUF, 1969.

_____. (1915). Pulsions et destins des pulsions. Trad. français. dans Métapsychologie par M. Bonaparte et A. Berman. Paris: Gallimard, 1940.

_____. (1917). Deuils et mélancolie. Trad. franç. par M. Bonaparte et A. Berman, dans Métapsychologie. Paris: Gallimard, 1940.

Green A. Narcisisme de vie, narcisisme de mort. Paris: Éd. de Minuit, 1980.

_____. La folie privée. Paris: Galimard, 1990.

_____. Le travail du négatif. Paris: Éd. de Minuit, 1993.

Marty P, M'uzan M, David C. L'investigation psychosomatique. Sept observations cliniques. Paris: PUF, 1963.

Marty P. Les mouvements individuels de vie et de mort, Éssai d'économie psychosomatique, t.II. Paris: Payot, 1980.

M'Uzan M. La pensée opératoire. Revue française de psychanalyse, t. XXVII, vol.27, numéro spécial, 1963, XXIII Congrès des psychanalystes de langues romanes, Barcelona, 8-11 juin 1962.

_____. La dépression essentielle. Revue Française de Psychanalyse, t. XXXII, n° 3,1968.

_____. La psychosomatique de l'adulte, Paris : PUF, Que sais-je?, 1990.

M'uzan M, David C. Préliminaires critiques à la recherche psychosomatique. Revue Française de Psychanalyse, t. XXIV, n° 1. 1960.

M'uzan M. Les esclaves de la quantité, dans N.R.P, n 30, Le Destin, 1984.

4
O AFETO VINCULAR PRIMÁRIO COMO FUNDANTE PSÍQUICO DO QUE É VALIOSO PARA SI-MESMO
A indiferença afetiva como defesa no estabelecimento de vínculos afetivos

A impotência original do ser humano torna-se
a fonte primeira de todos os motivos (valores) morais.
Freud, 1895 [1952]

É realmente assombroso que o inconsciente de um homem
possa reagir ao inconsciente de outro homem,
contornando o consciente.
Freud, 1915

A marca de desamparo e de uma natureza inacabada que o homem tem ao nascer oferece-lhe, talvez como recompensa, a satisfação de coparticipar com seus objetos constituintes da conquista de sua sobrevivência e de seu desenvolvimento, mas

Maria Olympia Azevedo F. Franca
Sociedade Brasileira de Psicanálise de São Paulo – SBPSP.
Analista Didata do Instituto de Psicanálise da SBPSP.
Analista de Criança da SBPSP.
mofranc@terra.com.br

também o ônus dessa coparticipação, isto é, compartilhar de algo tão complexo como o constituir de sua consciência, de sua inteligência, de seu mundo afetivo, de seu auto e heterorrespeito, repletos de paradoxos, dúvidas, ambivalências, frustrações e limitações. Esses aspectos, que fazem parte tanto de sua força como de sua fragilidade e impotência, são, ao mesmo tempo, os estímulos para saber do desafio e da arte de viver. O psicanalista em sua clínica tange o conhecimento desses fenômenos alojados no foro íntimo de cada indivíduo-paciente.

Os achados clínicos, que constantemente atualizam o conhecimento da psicanálise, permitem acolher a diversidade subjetiva e o relativismo efêmero dos fenômenos psíquicos, assim como sua universalidade. A psicanálise evita, ao mesmo tempo em que evidencia a falácia da dicotomia sujeito-objeto, do privado-público e do concreto-simbólico. Como disciplina, é a que está mais instrumentada para perceber o esvaziamento da fonte afetiva que também conduz à perda da bússola de nossos valores éticos e sociais, seja pelo descaso com o sofrimento humano, seja pela ausência de tolerância e de acolhimento das diferenças entre os povos.

Por sua condição de observação neutra e gestáltica dos fenômenos psíquicos, a psicanálise clinica dá suporte e resguarda a integração da identidade do Ego subjetivo. Nesse contexto, contrapõe-se a uma inteligência cega, desumanizadora, se unicamente intelectiva e, então, enrijecida por valores impostos *a priori* por racionalizações, preconceitos ou desvios advindos da avidez de conhecimentos que cobiçam a onisciência e a onipotência a qualquer custo. Estas configuram as antiemoções e o antipensar do homem, o que irá afetar não somente sua estrutura e constituição psíquicas, mas também a noção e o reconhecimento subjetivo.

Obviamente, a psicanálise não elimina o conflito humano, seja de sentimentos seja de valores, mas, ao contrário, a partir de seu desamparo inicial, ajuda a instalar essa marca afetiva-intelectiva, única e original do homem. A instalação de conflitos ajuda-o a não se deixar seduzir defensivamente pelo automatismo ou pelo viver no ilusório, levando-o a se conscientizar desses perigos e a se conduzir por um maior respeito ético à autonomia subjetiva de sua participação na construção do social.

Nós nos perguntamos:

Tem a Psicanálise pressupostos "do que seja o humano" e um vislumbre dos possíveis percursos de sua essência? Poderá ela passar sem tê-los? (não estou, aqui, me referindo a uma *Weltanschauung*). Se a psicanálise se dedica à tarefa de ajudar nascer a(s) face(s) do psíquico e do simbólico nas relações intersubjetivas, como não se debruçar sobre o conhecimento da essência da mente e das operações que as constituem[1]?

Freud foi um teórico humanista. Deixou-nos como legado seus entendimentos sobre a vida e sobre a morte; sobre um Eros que une e um instinto que desfaz conexões, levando o vivo a um estado inorgânico; trouxe à tona o vislumbre da multiplicidade do eu; apontou para nossas conquistas de identidade tanto quanto mostrou o caminho das pedras para enfrentar a desvalia e suas respectivas defesas; mostrou o limite de nossa razão quando ameaçada pelo desamparo, inexoravelmente humano.

Com o passar do tempo, o exame do fenômeno psíquico, com base na teoria freudiana das pulsões e da teoria das relações objetais, por si sós, não deu conta dos novos achados clínicos. Estes ampliaram a teoria freudiana sem exclusão de seus conceitos essenciais, que, por sua vez, foram base para essas novas observações.

---

[1] Ocorre-me que, na utilização dos conhecimentos teóricos (*a priori*) e de seus quase axiomas de fé que a Psicanálise apresenta, encontramos um paradoxo e uma ambiguidade de propósitos que podem custar caro a nós analistas: deixarmo-nos seduzir pelas teorias em nossos encontros clínicos. Outro perigo é relativo ao uso aleatório de conhecimentos analíticos, para servir a generalizações e racionalizações inadequadas, como fazem os incautos.

Freud não nos deixou uma teoria dos afetos, mas, ao longo de toda sua obra, sempre procurou categorizá-los em sua essência, natureza e função. Desde "Projeto para uma Psicologia Científica" (1895), lançou uma luz sobre eles ao ponderar a respeito do que cunhou de "ação específica". Esta se refere à (afetiva) ajuda alheia, na medida em que:

> através da eliminação, pelo caminho da alteração interna, um indivíduo experiente atenta para o estado (necessitado) da criança. Esta via passa a ter, assim, uma função secundária, da mais alta importância de comunicação, e o desamparo inicial do ser humano é a fonte originária de todos os motivos morais (Freud, 1952).

Essa ação específica é, então, fundante do protótipo da ajuda sensório-psíquica da qual necessitamos desde o nascimento. O ato de se alimentar sem o registro de seu componente afetivo levará a uma noção de relação puramente mecânica, gerando uma estrutura ou defesas prenhes de indiferença afetiva.

Freud postula ainda:

> Dado que o ser humano é incapaz de por si só ocasionar a ação específica, ele é auxiliado pelo Outro. A motivação deste só pode ser a de impedir a morte que, na ausência de sua intervenção, seria inevitável (Freud, 1985[1952]).

E, acrescente-se, impedir ou minorar o sofrimento do semelhante. Esta afirmação contém a pedra fundamental da aquisição ou não, pelo bebê, da noção da qualidade afetiva do objeto e, conseqüentemente, do que é valioso para si mesmo, isto é, do que seja um valor. Percebo, então, o afeto, seja ele positivo de amor ou negativo de ódio, como o movimento psíquico que leva o indivíduo a afetar-se ou sensibilizar-se com o estado do semelhante.

Há muito que refletir sobre esse pressuposto quase filosófico de Freud no qual ele introduz a crença em um naturalismo ético relativo ao significado do sensório-erótico-psíquico para a compreensão "do como se torna humano" e de seu posterior desenvolvimento. É nessa tríade que a noção "do valioso para si mesmo" encontrará sustento.

Também podemos pensar que Freud considerava a possibilidade da existência e instalação da intersubjetividade desde os primórdios da vida, pela via da interferência do "objeto externo", impregnado de sua própria qualidade corpórea-afetiva, ou seja, de perceber ou de ajudar o desamparo alheio, evitando sua morte.

O fenômeno da transferência iluminou e foi iluminado por esses achados.

Todos os pensadores pós-freudianos mantiveram e ampliaram a concepção de que, para o desenvolvimento das emoções, sentimentos e razão, é necessária a vivencia intersubjetiva, isto é, a experiência interativa das realidades interna-externas entre sujeito e objeto[2]. Quanto mais essa troca for percebida à luz das qualidades afetivas do objeto interno e/ou real, mais ela será eficaz para a formação afetiva e simbólica da mente do bebê. Esses estudos fizeram da psicanálise uma "teoria da comunicação".

A complexidade e a sutileza encontradas nos fatos clínicos indicaram que falhas no intercâmbio afetivo primário levam o homem a não estabelecer vínculos estáveis, permanecendo escravo da organização de sua mente inicial regida pela concretude e pela leitura onipotente e radical dos fatos. Nessa fase não há lugar para o pensamento simbólico, apenas para o ilusório, o que limita o contato do homem com a realidade, tanto externa quanto interna, e o impede de desenvolver a instrumentação adequada para lidar com suas realidades, sobretudo, quanto à intencionalidade e às prioridades de seus valores (desejos e necessidades). A condição humana natural de potência e de controle torna-se debilitada provavelmente pela carência de reconhecer e, sobretudo, de ser reconhecido pelo parceiro.

Na incapacidade de simbolizar, o indivíduo somente pode lidar com seus vínculos de duas maneiras: passiva, ficando à mercê dos desejos imediatos (pulsões), das ilusões ou das falsas promessas e do controle dos mais espertos.. Na maneira ativa, porém compulsiva e à mercê das pulsões, é atraído pelo "fascínio do poder e do controle", uma vez que os poderes oferecidos por sua própria natureza – o da inteligência e do contato íntimo consigo e com o outro - lhes são impedidos pela parca conquista de desenvolvimento afetivo-emocional-intelectual. Torna-se um alienado.

Do percurso do ato do nascimento à capacidade de simbolizar, ainda que de forma sucinta, chegamos agora à questão da fundação e do nascimento do psíquico. Seu ponto de partida é ultrapassar a situação ilusória de simbiose com o objeto também sentido como onipotente, seja ele interno ou real, e sofrer a dor dessa separação. Estruturam-se, assim, a organização narcísica e suas defesas, favoráveis ou não ao estabelecimento de vínculos genuínos.

Freud, com a sensibilidade que só um poeta sabe expressar, falou-nos dessa dor do nascimento, narcísica ou não, não importa, situando-a como básica para a formação da identidade e da identificação sexual. Utilizou-se para tanto da estrutura do mito de Édipo e a correspondente dor da castração, que podemos ler como a perda da onipotência primária.

O aprofundamento do estudo do narcisismo foi contemplado com muitas outras valiosas contribuições posteriores, tanto da escola inglesa como da francesa. Essas, na maioria das vezes, dizem respeito a fraturas de dor imponderáveis que alimentam defensivamente a não-integração entre a matéria e o simbólico, entre o sujeito e o objeto.

Caso não seja interrompido o processo defensivo de negação e dissociação em face desses sentimentos dolorosos, a tendência é deixar-se levar pelo afastamento ou pela eliminação da consciência deles. Os estados de devaneios e desamparo permanecem inalterados pela falta de continência suficiente à adequação interna e/ou externa. A busca de novas roupagens encobridoras das limitações vai ampliando cada vez mais as dificuldades e os sofrimentos na separação do objeto original, obedecendo-se à imposição muito freqüente de "valer por suas aparências". Materiais, no caso.

Perguntamo-nos então: haveria defesa mais eficaz para fazer face às emoções e aos sentimentos de desvalia e de desamparo do que procurar se manter em uma indiferença afetiva, na qual as cordas do coração já não mais tangeriam nem mesmo junto ao mais precioso, como amar e ser amado?

Esta conversa é longa, mas registro meu ponto de vista de que a grande violência de nossos tempos não é tanto aquela gerada pelo ódio, mas a que resulta da indiferença afetiva e/ou racional. Essa indiferença perverte os vínculos estáveis que alimentam os valores psicossociais humanos ao torná-los ausentes da dinâmica da vida psíquica, desfigurando-os em algo de natureza material.

Exemplos dessa ausência encontram-se no isolamento e na solidão, nas ditas psicopatologias "atuais", nos assassinatos, nas guerras, no desrespeito às culturas e à qualidade de vida dos miseráveis. Uso o conceito de perversão no sentido em que Chasseguet-Smirgel (1992) se refere a ele, "como uma estratégia para a manutenção das ilusões narcísicas", o que me leva a pensar que mesmo o afeto que por acaso houver nessas situações permanece apenas com qualidades também narcísicas desobjetalizantes, usando uma terminologia de André Green (1983).

É nesse contexto que sugiro que a indiferença afetiva, em dupla via, conduz também a uma indiferença ética. Corroboro a idéia de Gabriel Cohn para quem "a responsabilidade como instância de civilização representa, sobretudo, a oposição a indiferença" e "a indiferença é a forma contemporânea da barbárie" (2004, p.81).

Expressões fenomenológicas da indiferença afetiva

A indiferença afetiva propriamente dita pode ser tanto uma falha estrutural no desenvolvimento das emoções e dos afetos, como também uma defesa dinâmica contra sofrimentos insuportáveis. Ambas não se excluem e originam-se da mesma fonte: inexistência ou profunda insuficiência primária de maternagem afetiva adequada e, ainda, de natureza traumática mais tardia.

A falha estrutural revela-se pela forte incapacidade de sentir afetos ou angústia. As psicopatias são seus claros exemplos. Quando defesa dinâmica, seja de qualidade emocional ou racional, produzida por distúrbios menos graves, a afetividade permanece ativa, porém incompleta para seus fins. Na maioria das vezes, a insuficiência afetiva é fonte de muita culpa em relação a si mesmo e ao objeto, ainda que não percebida pelo sujeito. A afetividade, clinicamente, surge muitas vezes em forma de "tentativas" de reparação não passíveis de transformação, visto que nem sempre são oriundas de um afeto natural, e sim de uma "compreensão" via racionalizações. É usada principalmente como defesa pelo fato de que seus afetos genuínos e sintônicos com o ego são afetos frágeis e inconsistentes, ainda que ativos.

Outra alternativa dinâmica para lidar com afetos e sentimentos insuportáveis "de sentir" é manter-se simbioticamente ligado ao objeto, em moldes primários de narcisismo, evitando, assim, o sofrimento que a consciência das diferenças afetivas e a não-posse do objeto causariam com o processo de separação-individuação. Esse aspecto simbiótico está presente, em maior ou menor grau, em todas as dinâmicas de indiferença afetiva por ser um derivado da não aceitação por parte do homem imaturo de realizar e elaborar "as diferenças" de qualquer natureza, elaboração esta que exigiria entrar em contato com valores de qualquer natureza. A organização dessa dinâmica psíquica é sustentada por identificações projetivas, maciças ou não.

A essas configurações de indiferenças defensivas, acrescenta-se aquela oriunda de *claustrums* (Meltzer, 1994) que, ao ser acionados pela aproximação de partes cindidas, irrompem num profundo sofrimento. Do ponto de vista do observador (analista), esse sofrimento pode parecer aleatório, mas seus significados afetivos são profundos e recorrentes, e nem sempre próximos das expressões da expressividade nas quais despontaram.

Todas as constelações citadas podem surgir isoladas ou, concomitantemente, fugazes ou constantes. Essa complexidade nas expressões fenomenológicas dificulta sua compreensão e, conseqüentemente, o acesso profundo a elas. Acredito que nosso maior aliado para lidar com tais redes afetivas é a escuta, verbalizada ou não, do vínculo transferencial, por se tratar do instrumento que mais facilita a elaboração de falhas primárias, como por exemplo, aquelas relativas à "ação específica".

Vejamos: os fatores que tecem a qualidade afetiva do trabalho analítico são da ordem tanto simbólica como sensorial (sua materialidade). Ressalto entre todos os seus fatores a ética do analista em sua captação e respeito à originalidade das dores e das alegrias de seu paciente. Nossa experiência clínica nos autoriza a essa constatação. No contexto defensivo narcísico, que requer do analista muita habilidade para se aproximar do paciente, destacamos as defesas cuja dor é justamente necessitar da ajuda de alguém, necessidade considerada como de pessoas cuja vida não lhes pertence e que se sentem impotentes por não serem onipotentes. As sensações e percepções de sua fragilidade e desamparo, ainda que não conscientes, transformam-se em anulação de si mesmos e/ou submissão ao analista.

Do meu ponto de vista, esse sofrimento está entre os mais dolorosos e assim mais escamoteados, na medida em que é alimentado pela crença não desmistificada do "nascer sabendo", retida seja pelos próprios desejos, seja pelas imposições superegóicas. Dentro dessa crença ilusória, perceber que isso não lhes foi oferecido e/ou o quanto foram enganados por aqueles que lhes transmitiram ou alimentaram essa crença gera sentimentos profundos de ódio, humilhação e vergonha.

Essa crença onipotente é bem mais comum do que se supõe no nível manifesto. Um exemplo trivial é o desespero das mães no início da amamentação por suporem que toda mãe e todo bebê deveriam "nascer sabendo" amamentar e ser amamentado.

Adendo ao estudo presente:
alguns desenvolvimentos e contribuições pós-freudianas

Embora estejam profundamente interligadas, agrupamos, para efeito didático, as contribuições pós-freudianas em: "processos e funções mentais e mecanismos e leis" que regem a dinâmica psíquica, conforme exposto a seguir:

No processo da formação da identidade do eu, subjetivo e coletivo

- Observações sobre a função materna percebida como primordial para o desenvolvimento dos potenciais humanos, dado que estes, de fato, só nascem em solo fértil de afetividade;
- Aprofundamento do conhecimento do inconsciente que deixou transparecer ainda mais a complexidade paradoxal dos "não-eu" que acompanham o eu realístico;
- Estudo sobre as intersubjetividades: a interação do interno/externo tanto do eu como do objeto;
- Destinos da auto-estima e da heteroestima; e
- Aprofundamento do conhecimento da relação da cultura com o eu capaz de reprimir ou não seus impulsos mais selvagens para manter os aspectos civilizatórios ou se afastar deles.

Quanto ao processo de desenvolvimento da função de simbolizar e pensar

- A aquisição da capacidade de pensar racional ou "afetivamente", sobretudo, com a teoria de pensar de W. Bion (1984);
- A aquisição da linguagem e da comunicação em geral e sua decorrente interferência na qualidade da captação e da percepção do mundo com seus matizes globais;
- Os meandros da capacidade criativa (embora, às vezes, se expressem de forma concreta);
- A própria afetividade enquanto necessita de um mínimo de pensamento simbólico para se libertar dos desejos e interesses puramente individuais;
- Os interesses e as curiosidades científicos e culturais que necessitam de um eu ainda que minimamente simbólico; e
- A clínica do narcisismo.

Não podemos deixar de assinalar a valiosa contribuição de W. Bion com sua teoria do pensar pensamentos ao tratarmos das novas aquisições da psicanálise, utilizando-se como base dos conhecimentos freudianos e kleinianos.

Quanto à função de *phantasiar*

- O poder da fantasia como elemento fundamental para a sobrevivência do homem e para auxiliá-lo na expansão do seu hábitat tanto mental quanto real;
- A natureza da fantasia que, pelos estudos psicanalíticos, pode ser diferenciada do "divino" e do "bruxo", e ser vista como parte integrante do funcionamento mental; e
- A *phantasia* percebida com qualidade de realidade externa.

Em todos esses "processos" e funções relatados encontram-se mecanismos mentais profundamente descritos e sistematizados. Eis alguns deles:

a) Conceito de *recalcamento, repressão, cisão, negação* e todos os fenômenos que os circundam (trabalho do negativo). Observado e conceituado por Freud (1915), o mecanismo de recalcamento, um dos conceitos fundantes da psicanálise, é de extremo valor para garantir a existência e a permanência das funções conscientes e éticas do homem ou a eliminação das mesmas. Pela aquisição da possibilidade de recalcamento é que o homem se torna, um pouco mais, "agente" de si mesmo e de sua participação social. André Green, talvez seja dos seguidores de Freud que mais atenção deu à constelação dinâmica ao redor desse mecanismo cunhando-a de "O trabalho do negativo", apesar de não ter sido o primeiro autor a se referir a ele. Esses complexos mecanismos são de fundamental importância para o foco de nossas reflexões, sobretudo para aquelas nas quais é recorrente o movimentar-se dentro de um campo ilusório, o que faz parte da estagnação do homem. Faço uma conjectura de que no uso e na intensidade desses mecanismos, mais do que em outros, há interferências de características culturais.

b) *Identificação Projetiva e Projeção*. Esses conceitos tornaram-se fundamentais para a compreensão de fenômenos profundos que permeiam toda comunicação humana, desde aqueles iniciais na relação mãe-bebê. Melanie Klein e seu grupo aprofundaram e ampliaram bastante o conceito freudiano de projeção e de cisão, chegando ao que chamou de "identificação projetiva", revolucionando quase toda leitura dos fenômenos psíquicos (Klein, 1946). Bion, em vários estudos, estendeu a compreensão desse conceito, tomando-o o mais primitivo elemento da comunicação.

No contexto de estudo da identificação projetiva, destacamos o aprofundamento feito pela escola kleiniana do poder das *phantasias* que substituem constantemente a realidade a partir do fato que a identificação projetiva é, ela mesma, uma *phantasia*.

Freud formulou e sistematizou o inconsciente percebendo neste, leis e lógicas e princípios próprios revelando para a humanidade que não somente a Razão as tem. O estudo aprofundado desses dois princípios abriu muitos horizontes para a captação de fenômenos da conduta humana. Os achados contemporâneos confirmam essas idéias.

c) Junto aos *princípio do prazer* e *princípio da realidade:* Confirma-se que o poder social terá de atender às necessidades básicas de sobrevivência para evitar a violência generalizada, pois somente com a descarga de sofrimentos insuportáveis (de desvalia, por exemplo) ou a possibilidade de transformá-los ou sublimá-los é que o homem será capaz de criar, pensar e participar do processo cultural e civilizatório. Em "Além do princípio do prazer" e em "Mal estar na civilização", entre outros textos, encontram-se fundamentos para muitas das atrocidades humanas regidas pelo princípio do prazer.

d) *Processo primário* e *processo secundário*. Embora esses processos tenham sido descritos ou usados por outras disciplinas de saber (Sociologia, Filosofia, etc.), a complexidade de sua interligação é construída por Freud e desenvolvida por seus seguidores. As relações humanas e todas as suas implicações, quando regidas por um ou outro ângulo (primário e secundário), são organizadas e podem ser compreendidas de maneira diversa. A ética é um ótimo exemplo dessa complexidade de diferentes leituras de aproximação quando seus elementos organizadores se acharem ligados às relações primárias (afetivas) e/ou secundárias (racionais).

Pelos resultados positivos que as descobertas da psicanálise têm apresentado, ainda que para uma porcentagem mínima da população, pensamos que as marcas específicas do humano – capacidade de pensar, criar, categorizar valores, comandar e se solidarizar – podem ser revigoradas, não deixando o homem pós-moderno sucumbir em uma ideologia anti-afeto e antipensar e da desesperança de acreditar em si mesmo, ainda que precariamente. Por outro ângulo, perguntamo-nos se, apesar de o conhecimento da psicanálise já estar assimilado universalmente, ela sobreviverá, visto que, de certa forma, rema contra a maré que carrega mar adentro a afetividade dos valores.

Muitas vezes, tem-se a impressão de que a pós-modernidade valoriza o caos e o engano. Onde não há conflitos, há a onipotência e a onisciência que eliminam a dúvida e a ambivalência. O caos é a materialização do conflito afetivo e valorativo, materialização que, como tal, facilita que aquele seja negado e/ou disfarçado sob a égide do desejo e do comando ilusórios, da indiferença afetiva.

O desafio da psicanálise está na mesa: mostrar o caminho de felicidade possível, o valor do uso da afetividade, amálgama dos valores humanísticos.

Referências bibliográficas

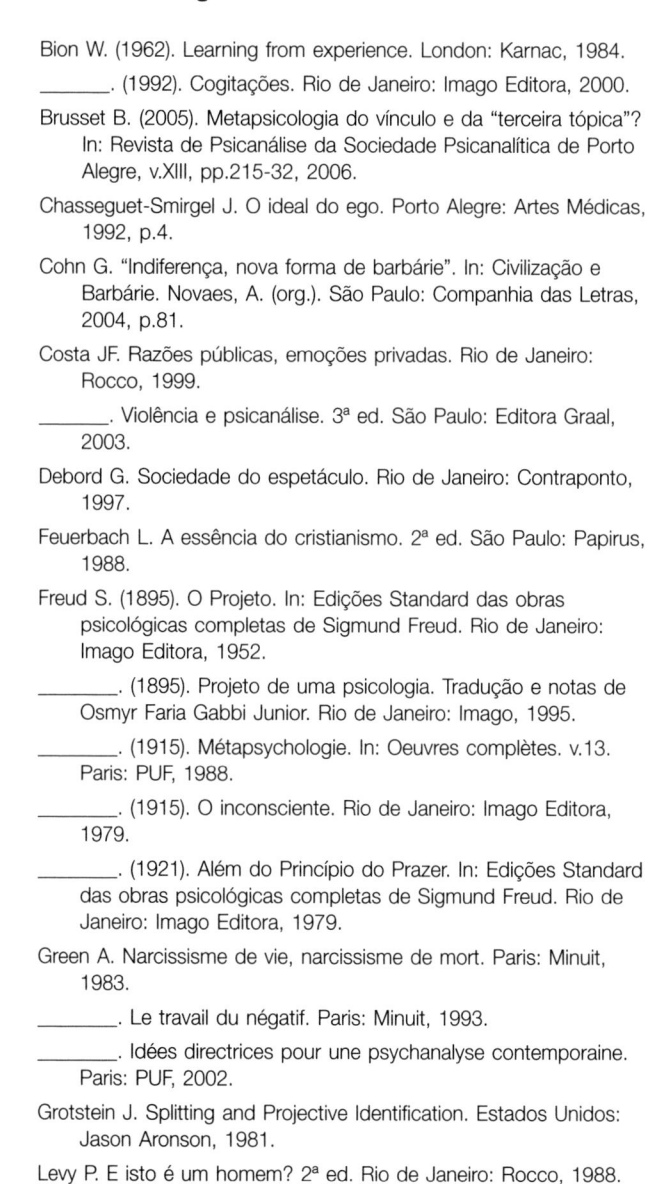

Bion W. (1962). Learning from experience. London: Karnac, 1984.

_____. (1992). Cogitações. Rio de Janeiro: Imago Editora, 2000.

Brusset B. (2005). Metapsicologia do vínculo e da "terceira tópica"? In: Revista de Psicanálise da Sociedade Psicanalítica de Porto Alegre, v.XIII, pp.215-32, 2006.

Chasseguet-Smirgel J. O ideal do ego. Porto Alegre: Artes Médicas, 1992, p.4.

Cohn G. "Indiferença, nova forma de barbárie". In: Civilização e Barbárie. Novaes, A. (org.). São Paulo: Companhia das Letras, 2004, p.81.

Costa JF. Razões públicas, emoções privadas. Rio de Janeiro: Rocco, 1999.

_____. Violência e psicanálise. 3ª ed. São Paulo: Editora Graal, 2003.

Debord G. Sociedade do espetáculo. Rio de Janeiro: Contraponto, 1997.

Feuerbach L. A essência do cristianismo. 2ª ed. São Paulo: Papirus, 1988.

Freud S. (1895). O Projeto. In: Edições Standard das obras psicológicas completas de Sigmund Freud. Rio de Janeiro: Imago Editora, 1952.

_____. (1895). Projeto de uma psicologia. Tradução e notas de Osmyr Faria Gabbi Junior. Rio de Janeiro: Imago, 1995.

_____. (1915). Métapsychologie. In: Oeuvres complètes. v.13. Paris: PUF, 1988.

_____. (1915). O inconsciente. Rio de Janeiro: Imago Editora, 1979.

_____. (1921). Além do Princípio do Prazer. In: Edições Standard das obras psicológicas completas de Sigmund Freud. Rio de Janeiro: Imago Editora, 1979.

Green A. Narcissisme de vie, narcissisme de mort. Paris: Minuit, 1983.

_____. Le travail du négatif. Paris: Minuit, 1993.

_____. Idées directrices pour une psychanalyse contemporaine. Paris: PUF, 2002.

Grotstein J. Splitting and Projective Identification. Estados Unidos: Jason Aronson, 1981.

Levy P. E isto é um homem? 2ª ed. Rio de Janeiro: Rocco, 1988.

Klein M, Heimann P, Isaacs S, Riviere J. Os progressos da psicanálise. Rio de Janeiro: Zahar Editores, cap.III, p.79, 1969.

Klein M. The Writings of Melanie Klein. London: The Hogarth Press, 1985.

Meltzer D. (1992). Claustrum. Buenos Aires: Spatia Editorial, 1994.

Novaes A. (org.). Civilização e barbárie. São Paulo: Companhia das Letras, 2004.

Ogden TH. La matriz de la mente. Las relaciones de objeto y de diálogo psicoanalítico. Madri: Julián Yébenes S.A. Editores, 1986.

Rosenfeld H. (1965). Os estados psicóticos. Rio de Janeiro: Zahar Editores, 1968.

Rouanet SP. Mal-estar na Modernidade. São Paulo: Companhia das Letras, 1993.

Steuerman E. Os limites da razão: Habermas, Lyotard, Melanie Klein e a racionalidade. Rio de Janeiro: Imago Editora, 2003.

Tustin F. Autistic Barriers in Neurotic Patients. Londres: Karnac, 1986.

5. CULPAS DO GANHADOR, GANHOS DO PERDEDOR E OS IMPASSES PSICANALÍTICOS[1]

A primeira referência no título expressa o paradoxo criado pelo embate de lógicas conscientes e inconscientes, que faz muitas pessoas considerarem mau negócio ganhar e bom negócio perder. Esse conflito consta, quase sempre, da constelação de motivações que origina e mantém os impasses psicanalíticos. Dela fazem parte, como componentes principais, as problemáticas da culpa (masoquismo culposo e seu derivados) e do perdão; a patologia do narcisismo (vergonha, humilhação, medo, defesas, retiradas esquizo-narcisicas, compulsão aos ataques invejosos e vingativos); os funcionamentos *borderline* nas fronteiras das posições esquizo-paranóide e depressiva, da doença e da saúde *lato sensu*; além dos ganhos secundários da chamada patologia e da condição de vítima (traumatofílicos, estruturantes, narcísicos,

Carlos Doin
Sociedade Brasileira de Psicanálise do Rio de Janeiro – SBPRJ.
Membro Efetivo da SBPRJ e Analista Didata do Instituto de Psicanálise da SBPRJ.
carlosdoin@uol.com.br

---

[1] Versão condensada do texto apresentado em uma Mesa de Reflexão, no XXII Congresso Brasileiro de Psicanálise, Rio de Janeiro, abril-maio de 2009.

libidinosos, relacionais, defensivos) (Doin, 2005). Junto desses fatores, destaca-se, nos impasses, a patologia da relação analista-analisando.

O presente trabalho, dentro dos seus limites, abordará os mencionados componentes e suas interligações; as temáticas da culpa e do perdão vão receber algum destaque, sem detrimento das outras.

A definição de ganhador e perdedor varia segundo pontos de vista subjetivos, no meio das lógicas paradoxais do perder-ganhando e do ganhar-perdendo.

Em qualquer caso, a discussão começa pela verificação de condições mínimas de analisabilidade do paciente e de competência do analista. Por isso, ressalta-se a relevância das análises pessoais dos psicanalistas, já que os pontos cegos contratransferenciais costumam se compor estreitamente com os transtornos estruturais e funcionais dos analisandos na produção da patologia crônica do vínculo e dos impasses terapêuticos, na perpetuação dos pactos perversos; estes visam manter os problemas como estão, pelas vantagens inconscientes que acarretam para ambos, a despeito dos propósitos conscientes em contrário.

Entre as dificuldades, de lado a lado, se incluem: problemas do psiquismo primitivo (principalmente falhas graves da maternagem primária), abusos edipianos e do convívio, pedofilia e perversões diversas, traumas e violências de todos os tipos e fases.

O empuxo para a dita normalidade, para o verdadeiro *self*, o desejo de saúde, "primazia" genital, progresso em todo sentido, o anseio por decência e honestidade, constituem poderosas forças filogenéticas e ontogenéticas; mas elas se defrontam permanentemente com disposições adversas, a compulsão à repetição e os ganhos secundários da patologia repetitiva, nem sempre levados em conta da maneira como deveriam. Considero uma ingenuidade, se não uma cegueira afetivo-cognitiva, a de tantos psicanalistas que, esquecendo-se de Freud, ignoram a dialética Eros-Tânatos, os conflitos dos determinismos e as motivações dos humanos. Polarizando-se nos aspectos mais louváveis e nos sofrimentos manifestos dos pacientes, empenham-se apenas em lhes dar apoio e alívio e os privam das efetivas chances de mudança e libertação.

Mais que tudo, acredito que, acima dos referenciais e percursos do terapeuta, o que decide o resultado de um tratamento psicanalítico, junto com as possibilidades do paciente, é a qualidade da relação humana especialíssima que se estabelece entre analista e analisando, o grau de afetos positivos nela vigentes e florescentes, de preferência aqueles verdadeiros desde o início, que o terapeuta logo conscientiza e aproveita, como receptáculo de todas as vicissitudes que hão de vir.

Verifico sempre mais, na base de incontáveis desgraças crônicas e da maioria dos impasses psicanalíticos, uma renitente incapacidade de perdoar, principalmente aos pais, aos analistas e a si mesmos (DOIN, 2005). Fazer e fazer-se justiça constituem uma das metas culminantes dos bons tratamentos psicanalíticos. Penso, a essa altura, na mãe de um jovem drogado-contraventor, martirizada entre agressões sofridas, lamentos, auto-acusações e inúmeros fracassos terapêuticos acumulados por ambos. Um dos analistas em questão me confidenciou o quanto se sentia culpado por não ter feito mais pela paciente. Cobrando-se apenas a obrigação de mitigar os sofrimentos (sintomáticos e defensivos) da senhora, o colega não conseguiu reconhecer a complexidade dos problemas interligados, a loucura a dois "mãe-filho" (tragédia de todo dia, nas famílias e nos consultórios), as responsabilidades e culpas de ambos, inclusive pelo propósito inconsciente de manterem o *status quo*, conveniente para os dois, em oposição aos tratamentos.

Ainda bem que o novo analista da mãe se inteirou da patologia interativa. O fio da meada, que soube segurar, foi-lhe dado na sessão em que se flagrou falando muito áspero com a paciente acerca de sua passividade e acomodação diante do filho. Percebeu logo que ela reinstalava um equivalente do jogo sadomasoquista/masoquista-sádico na relação analítica, com participação contratransferencial, e que a passividade dela era, também ali, sua arma de agressão, triunfo e castigo. Novas associações, então, fluíram.

Ela sofria violências físicas nas mãos do filho (além das psicológicas), à semelhança do que acontecia com sua própria mãe, espancada seguidamente pelo marido e sempre tentando justificar os maus ("bons") tratos a que se submetia em nome de um suposto grande amor, pois ele "só" a agredia quando estava bêbado – enquanto a paciente tentava desculpar o filho, que "só" a atacava quando drogado. Abriu-se caminho para a análise dessa patologia transgeracional, seus componentes edípicos, os paradoxais ganhos traumatofílicos, eróticos, sádicos e masoquista-culposos. Só então a paciente entendeu o fracasso do casamento com o pai do seu filho, e de suas tentativas com outros analistas. Seu fraco (forte) era apanhar (bater).

Problemática da culpa

Estudada inicialmente por Freud, por exemplo, com seu próprio mal-estar masoquista-culposo na Acrópole – a problemática da culpa ainda causa espanto pelos absurdos da justiça-injustiça do superego, encontrados em quase todos nós, propensos que somos a considerar imerecidos nossos ganhos mais meritórios. Freud viu os que fracassam diante dos sucessos, os criminosos por sentimento inconsciente de culpa e os que assumem crimes que não cometeram, na tentativa de se livrar das sentenças condenatórias lavradas pelo superego em outros processos, mais injustas e cruéis que as da justiça externa.

Freud, generalizando, considerou haver um componente culposo nos sofrimentos neuróticos em geral (1930). E, diante dos contra-sensos da problemática da culpa e da necessidade inconsciente de castigo, postulou, como fator básico, a compulsão à repetição ligada ao instinto de morte (1920, 1925).

Em termos amplos, as culpas podem ter origem na história pessoal, e ser pré-edípicas ou edípicas, ou podem ter raízes na história suprapessoal, da família, da cultura próxima ou da humanidade em geral. Na linha desenvolvida por Grinberg (1963), as culpas são persecutórias (medo de vinganças e castigos), melancólicas (autocondenações sem perdão nem remissão) ou depressivas reparadoras (autocríticas penosas que promovem os consertos e as reconstruções possíveis). Encontra-se aí, implícita, a conceituação kleiniana de posições, esquizo-paranóide e depressiva. Penso que, na primeira, cabe a patologia do narcisismo e, na segunda, se inclui a capacidade de perdão.

No plano individual, é possível considerar que, mesmo nas famílias bem constituídas, as crianças começam desde cedo a vivenciar sentimentos contraditórios decorrentes da intensidade de suas pulsões e de sua dependência absoluta em relação ao meio. Em decorrência da constituição individual daquele bebê e da maneira como a mãe e a família lidam com ele, sua existência tomará rumos diferentes, às vezes definitivos. Na melhor das hipóteses, a criança perceberá que é bem amada e acolhida, que traz felicidade para todos, além de desconfortos, que consegue retribuir de algum jeito o muito de bom que recebeu e recebe, especialmente, dos pais e irmãos. Primórdios de gratidão e capacidade de recompensar os benefícios, de reparar os males, sofrimentos e sacrifícios que causa ou julga causar, de perdoar e perdoar-se – propiciam-lhe as melhores condições de desenvolvimento.

Não é o que acontece com a maioria dos que recorrem aos psicanalistas com as seqüelas de um psiquismo primitivo trágico, carregados de revoltas, angústias, vergonhas, cobranças, vinganças, culpas multifárias, punições intermináveis.

A perplexidade de Freud continua sendo também nossa: por que é tão difícil para tanta gente aproveitar, o máximo possível, aquilo que conquista, mesmo que por meio de meios justos e honestos? Por que será que, em grande número, os que se submetem a um tratamento psicanalítico não se concedem os mais ricos e legítimos resultados de um empreendimento que lhes custa tanto esforço, sacrifício, sofrimento, tempo e dinheiro? Por que se dão mal quando começam a se dar bem? Será exatamente por isso?

Outros se dão péssimo com uma premiação. O drama de Guimarães Rosa foi acompanhado de público. Ele anunciou que não sobreviveria à posse como titular da Academia Brasileira de Letras, por isso a retardou além do razoável. Finalmente empossado, morreu dias depois.

Há sofredores que não suportam agrados, elogios, não se permitem a felicidade, não a esperam, nem acreditam em boa notícia, por causa de traumas sofridos, mas também por um pessimismo culposo difuso.

Em "O ego e o id" (1923), Freud aprofunda a questão: "Qualquer solução parcial que deveria resultar – e em outras pessoas de fato resultam – numa melhora ou numa suspensão temporária dos sintomas, nelas produz exacerbação da doença [..] (reação terapêutica negativa). [...] Alguma coisa nelas se volta contra a cura, [...] o mais poderoso de todos os obstáculos [...], mais que a inacessibilidade narcísica, a atitude negativa em relação ao médico e a fixação nos ganhos da doença, [...] um sentimento de culpa que encontra satisfação na doença e recusa abrir mão do castigo, do sofrimento."

Os mais desastrosos são os sentimentos inconscientes de culpa gerados pelos crimes e pecados, assassinatos e assaltos perpetrados nos porões da mente pela onipotência fantástica, municiada por desejos reprovados, com ou sem repercussão nos atos e comportamentos. Mesmo diante de ações agressivas, seus significados inconscientes e as intenções malignas agravam as culpas. Nos arcanos do inconsciente, em que tantas vidas e análises se decidem, o que ganha algo bom se considera ladrão ou vencedor de uma guerra suja, triunfador que oprime, despreza e pisoteia os perdedores, ou o vencedor de um duelo de vida ou morte, como numa gangorra macabra na qual, para um subir, é imperioso que outro se afunde.

Parece culposo até o uso de defesas inconscientes; em narcisistas extremados, aparentemente despidos de escrúpulos e culpas na luta pela sobrevivência de um *self* tão precário, vai se ver depois que o superego registrou como culposas todas as estratégias úteis ao sujeito, porém lesivas a outros.

Freud (1923) nos legou ainda uma pista para mais outro enigma: "A culpa tomada emprestado (*borrowed guilt*) é produto da identificação com alguma outra pessoa que foi, outrora, objeto de uma catexe libidinal. O sentimento de culpa assim adotado é muitas vezes o único traço remanescente da relação amorosa abandonada, e nada fácil de ser reconhecido como tal."

Guntrip (1968) explicita: essa culpa patológica pode servir para manter as relações objetais como fonte de vida, barreira contra as angústias de morte, de desintegração do ego. Vale tudo para continuar vivo, para segurar do seu lado a mãe ou os cuidadores, o analista, inclusive assumindo suas culpas. Todos nós conhecemos o analisando que é benevolente demais conosco.

Muitos impasses psicanalíticos são compreendidos com essa noção de patologia como vínculo (único ou principal) entre a pessoa e seus objetos humanos fundamentais (veja-se, também, Freud, 1917). Amoldar-se aos pais e tentar conceder toda a razão a eles, para continuar vivo, inclui a rendição do próprio eu, a formação de um verdadeiro falso-*self*. Rendição ou morte.

O reconhecimento dessas soluções paradoxais me ajudou a lidar com a depressão de uma analisanda, permanentemente desvitalizada, cuja identidade, fraca e difusa, era contaminada pela identificação com a mãe deprimida crônica, culpada pela morte de um bebê malcuidado por ela. A paciente se julgava também culpada pela morte desse irmãozinho, ocorrida quando ela tinha poucos meses, e, igualmente pelos distúrbios de conduta do seu próprio filho. O vínculo complexo que a prendia à mãe incluía a identificação primária "salvadora" com a "mãe assassina", que também se desleixara dela, mergulhada no luto pelo bebê morto. Esse novelo de identificações se complicou mais ainda com o luto patológico (carências, mágoas e culpas) da paciente pela mãe, falecida há pouco tempo.

Guntrip (1968) conceitua uma culpa defensiva contra as vivências de perplexidade e impotência diante de desgraças da vida, como as catástrofes da natureza e das guerras. Para muitos, assumir toda a responsabilidade sobre elas, parece mais suportável do que nada poder. "Choveu no meu aniversário porque fui bagunceiro, malcriado", tentava explicar o menino. A pequena Gucia, presa no campo de concentração de Auschwitz-Birkenau, atribuía a seus ingênuos pecados os horrores do Holocausto que a engolfavam (Doin, 2003).

Mas, afinal, as raízes da culpa se encontram a partir do Édipo ou aquém do Édipo, na pessoa ou na cultura? Embora Freud tenha se firmado na etiologia da culpa edipiana individual, não deixou de considerar elementos precoces, pré-edipicos, transgeracionais e culturais, na determinação das vivências culposas. Numa perspectiva antropológica, apontou o patricídio e o banquete totêmico, as fantasias orais de engolir o corpo com as qualidades da grande figura (1912), e ainda abriu espaço para a compreensão de experiências mais primitivas, canibalísticas, destrutivas, em relação ao corpo e à pessoa da mãe, já figuradas na etnografia e no folclore; estas vieram a ser confirmadas em detalhes por outros psicanalistas, de adultos e de crianças.

Nos mitos e nas escrituras, consta a transmissão transgeracional de culpas ancestrais, por meio de um inconsciente coletivo que todos herdamos – talvez "através do id", pensou Freud. Na versão bíblica, o casal fundador,

Adão e Eva, ao comer o fruto proibido (por gula, lascívia, arrogância e/ou excessiva ambição de saber e poder) perdeu o paraíso e desgraçou toda a sua progênie, ainda por nascer. Entretanto, o sacrifício de Cristo na cruz redimiria a humanidade da queda primeva e seu corpo seria digerido pelos séculos afora sob as formas eucarísticas de pão-hóstia (carne) e vinho (sangue).

No fantástico coletivo, a morte raramente é natural e individual, resulta de um assassinato, quase sempre imaginário; no dizer do povo, "não tem morte morrida, toda morte é matada". Ou, então, a morte significa um tributo a ser pago por alguns, como aqueles que a tribo sacrificava aos deuses. A idéia da humanidade sendo salva pelo martírio de um ou de poucos pertence às experiências e crenças multimilenares, sendo o Crucificado do Calvário apenas um exemplo. "Morreu, morreu, antes ele do que eu." Acontece que os supostos sobreviventes por força de tais espertezas acabam pagando caro.

Na luta pela vida, a seleção natural favoreceu aqueles que são mais aptos a se adaptar às circunstancias ambientais, a competir com os rivais e derrotá-los (Darwin, 1859).

Alguns partidários radicais da afirmativa de que toda propriedade é furto encontram mais um reforço para seus escrúpulos inculpantes e emperramentos masoquistas, inclusive nos tratamentos psicanalíticos.

Nas trajetórias individuais, não são nada esporádicos os eventos em que, de fato, um ganha porque outro perde, um sobrevive porque outro morre em seu lugar. Como foi, literalmente, o caso do tripulante de avião que pediu a outro que o substituísse no próximo vôo – que terminou sendo o da morte. O sobrevivente culpado se martirizou, a vida toda, com a filha do colega.

A culpa dos sobreviventes do Holocausto da Segunda Guerra tem sido bastante estudada. De certa maneira, ela encontra similar em todos nós, que continuamos vivos enquanto muitos dos nossos se foram (Doin, 2003).

O drama do que ganha nova vida por conta de outro que perde a sua se manifesta bastante nítido em alguns receptores de órgãos de mortos. Creio que seria produtiva uma linha de pesquisa sobre a participação dos conflitos de consciência na rejeição de enxertos. Em um caso, pelo menos, o analista e o supervisor acompanharam, de maneira clara e consciente, os conflitos de uma analisanda que não suportou ganhar o coração de uma jovem, suicida – por lamentável coincidência, a receptora a tinha conhecido. O desfecho foi fatal.

Na mesma casa, uns são mais bem dotados de certos atributos, conseguem maior sucesso em determinadas áreas, dão mais sorte ou empregam mais esforços, e conseguem maiores êxitos, de modo fortuito, involuntário ou justo – mas, o julgamento inconsciente tende a enveredar por um atalho culpabilizante. E o afortunado se condena por supostamente desfalcar os outros, por apossar-se totalmente de um imaginário estoque coletivo de benesses, digamos, de saúde, ou de beleza, como se o mais forte ou a mais atraente relegasse os outros ou outras à doença ou ao celibato (pior se a realidade familiar der algum reforço à versão). Do seu lado, os que não possuem iguais qualidades e vantagens podem ficar na posição de "roubados", acumulando ressentimentos e inveja contra o ganhador, um suposto criminoso.

Os lucros e sucessos de todo tipo, especificamente os resultados favoráveis dos tratamentos psicanalíticos, ficam condicionados, em grau mais ou menos acentuado, aos sentimentos e às intenções que o indivíduo vincula a seus ganhos. Eles ficarão entravados se as vantagens obtidas em relação aos pais e irmãos (principalmente os familiares muito lesados ou já falecidos), e a todos os seres próximos (cônjuge e analista pessoal em destaque), forem consideradas conquistas prejudiciais a esses – ainda mais se elas vierem imbuídas de intenções e significados maldosos, como o triunfo narcísico sobre os outros, o intuito de menosprezá-los de modo revanchista, vingativo, invejoso, no fundo, com o objetivo de destruí-los. Os avanços podem ser embargados pelas angústias paranóicas ou culposas daí decorrentes.

Afinal, pelos cálculos irracionais do inconsciente, os preços das soluções masoquista-sádicas costumam parecer razoáveis por muito tempo, em comparação aos sofrimentos narcísicos e depressivos do seu próprio "retrato de Dorian Grey", escancarada pelo trabalho analítico eficaz. Para evitar tais *insights* penosos, podem ocorrer ataques aos processos mentais que conduziriam a eles, conforme a noção estabelecida por Bion (1958).

Além disso, os ônus da vida mais normal, adulta e responsável, fruto de uma psicanálise inovadora, podem ser sentidos como pouco convidativos.

Problemática do perdão

Culpa e perdão são questões estreitamente ligadas. No entanto, a focalização direta da problemática do perdão só se expandiu recentemente, na literatura psicanalítica. Antes, parecia que a questão era apenas religiosa, filosófica ou ética, embora estivesse implícita no pensamento de nossos autores, notadamente no conceito kleiniano de posição depressiva.

Já Freud (1930) cuidou da questão e achava incompreensível o amor aos inimigos da lei cristã. Variadas polêmicas prosseguem sobre o assunto; contudo, tende a firmar-se a noção de que a capacidade de perdoar é condição de acesso à felicidade (Marchon, 2004).

Percebe-se, cada vez mais, a vinculação das capacidades de perdoar-se e de perdoar as pessoas importantes na vida de cada um, e que essas possibilidades se baseiam na relativização dos erros próprios e alheios, no reconhecimento de que eles raramente resultam de uma decisão maligna de todo voluntária, mas decorrem, quase sempre, de vários fatores, constitucionais, biográficos, culturais e muitos outros, mais ou menos, independentes da escolha individual. Dessa maneira, é possível atenuar, gradativamente, o peso dos defeitos e erros próprios e alheios, consignar as razões e os méritos das partes em julgamento, abrandar as representações maternas e paternas e suas funções superegóicas, que, então, se tornam menos carrascas e mais benfazejas.

Fazer e fazer-se justiça constituem uma das metas culminantes dos bons tratamentos psicanalíticos. Diria, mesmo, que o direito a um bom tratamento, em toda a sua magnitude, depende muito da capacidade de perdoar-se e perdoar os pais e analistas, à medida que, no foro íntimo de cada analisando, de acordo com seus critérios individuais, as culpas forem sendo amainadas, e as razões e os méritos realçados.

No entanto, essa chance não parece bastante atraente para os muitos que consideram imperdoáveis os danos sofridos (ou causados), e encontram mais justiça e gratificações, mais dignidade e afirmação pessoal, na eterna punição (vingança ou castigo). O resultado de suas análises fica condicionado à decisão do dilema sobre o que lhes parece mais lucrativo e menos oneroso, perdoar ou vingar-se.

Por tais motivos, diversos pacientes condenam-se ao fracasso ou se bastam com semi-sucessos, quase-vitórias, vice-campeonatos às dúzias.

São interessantes as múltiplas tentativas inconscientes de barganhar com o superego para permitir-se um pouco do que parece transgressão ou privilégio indevido. Os sacrifícios propiciatórios continuam comuns na cultura cristã: doações e esmolas, renúncia a certas comidas e bebidas, votos, promessas e penitências, para conseguir uma graça ou evitar uma desgraça. Na tradição judaica se pratica o *kapará*, ou expiação, que consiste em considerar que um prejuízo sofrido pode servir para amortizar um pecado cometido ou evitar males maiores ainda por vir.

Muitas pessoas fazem um "carnê crime-castigo", mantêm uma suposta "conta corrente" com o superego, pagam "no escuro", em sofrimento difuso, sem discutir.

Para não precisar discutir, pagam pelo que já devem e pelas dívidas futuras – tidas, assim, como previamente quitadas e autorizadas. Questionar o esquema à luz da psicanálise pode acabar com a trapaça e acarretar um alto custo de vergonha e culpa. As mágicas do pensamento obsessivo – como o deslocamento de culpas, as punições substitutivas – foram exaustivamente descritas por Freud (1907, 1912). Ao lado dessas, se alinham as utilizações estratégicas do masoquismo culposo.

No item das concessões feitas ao superego em troca de algumas permissões, até mesmo do direito de continuar vivendo, determinadas pessoas não conseguem nem chegar ao tratamento, permanecendo imaturas, prégenitais. São inumeráveis os analisandos que resistem com tenacidade ao desenvolvimento geral e analítico, em conseqüência da convicção inconsciente de que, para se manterem vivos, precisam reduzir a vitalidade, mortificar-se, ir "vivendinho-morrendinho", sabotar todas as possibilidades reais de sucesso e bem-estar, ou, na melhor das hipóteses, esconder, camuflar algum alívio ou alegria – os "contrabandos", como dizia um integrante desse grupo. Os perigos iatrogênicos, reais ou imaginários de uma análise mutativa tornam-se uma barreira resistencial de penetração dificílima. Consideram-se condenados como prisioneiros de um corredor da morte, em *sursis* ou suspensão temporária e limitada da pena capital. São, tipicamente, os que sabem ter nascido a contragosto da família, principalmente da mãe, que teriam escapado por pouco do abortamento e, com ou sem razão objetiva, trocam a pena de morte imediata por uma vida "de morte", de sofrimentos repetitivos e trabalhos forçados.

Inúmeros analisandos hesitam, narcisicamente, quando estão prestes a relativizar as humilhações sofridas na relação com o analista (pessoa real e representante transferencial a suportar as qualidades deste e se deixar beneficiar por elas, a renunciar à ilusão de ser "invencível" enquanto permanecer no *status quo* patológico.

Mais na banda culposa, muitos balançam entre a glória impotente das vítimas dos outros (posição narcísica esquizoparanoide, merecedoras de compaixão, tolerância, compensações, isenções de todas as cobranças – e a dolorosa e justa aceitação das culpas e vergonhas, que leva à potência das retificações possíveis, das construções novas e sólidas (posição depressiva). O que faz muita gente desanimar na caminhada é perceber que o acesso à posição depressiva tem de enfrentar um superego injusto, arbitrário, maldoso e sádico, que precisa ser analisado e abrandado, à medida que se reduz, no mundo interno, à onipotência do mal e se reforça à potência do bem, da capacidade de realizar coisas acertadas, reparadoras, dignificantes.

Há, realmente, graus diversos de injúrias e de perdão, variáveis conforme a pessoa, as fases de vida, a relação com cada agressor ou vítima. Os critérios individuais são muitas vezes surpreendentes. Uns não se perdoam por transgressões que nos parecem menores, predominantemente subjetivas e inconscientes, com pouca ou nenhuma repercussão na realidade externa; enquanto outros se perdoam por atos lesivos cometidos de fato.

Uma analisanda levou anos descrevendo como maltratava a mãe, vingativamente, por achar que ela a usava e prendia, enquanto tentava ignorar as vantagens que tirava dessa dependência. Os equivalentes transferenciais foram também insistentemente focalizados. Com tantos sofrimentos, os problemas cardiovasculares crônicos da mãe se agravaram, precipitando-lhe a morte. Logo em seguida, a paciente teve reaberta uma doença pulmonar que quase a matara, já por duas vezes. Parecia que ia ter de pagar a morte com morte, pela inexorável "Lei de Talião", que comanda a grande maioria dos casos. Apesar desse prognóstico sombrio, a analista persistiu em seu empenho, na função da mãe que continua viva para ajudar a filha, sem desertar por fraqueza ou vingança, como esta achava que a mãe morta o fizera. A experiência emocional mutativa, na relação analítica, foi provavelmente o fator mais decisivo na elaboração do luto. Depois de poucos meses, a analista recebeu um presente-surpresa, um sonho. A paciente sonhou que estava quase morrendo de calor e sede num deserto, quando apareceu uma velhinha com um jarro de chá de ervas gelado e a salvou. Lembrou-se, logo, do valor que a mãe dava às plantas medicinais; e, nos dias seguintes, concluiu que a mãe queria que ela se tratasse e se salvasse. Passou a levar mais a sério o tratamento médico e a análise. E o prognóstico, que a analista julgara implacável, não se confirmou.

Vejamos como se resolveu um jovem atleta, nas fronteiras do ganhar-perder, punir-punir-se. Seu professor de tênis tinha imenso orgulho de sua capacidade de formar campeões. Foi-lhe enviado esse aluno-desafio, filho de um político vaidoso e fanfarrão. Sentindo-se, mais uma vez, "boneco dos outros", o rapaz encontrava um triunfo íntimo ao "melar" o jogo, deixando os adversários ganharem, com a maior facilidade, vitórias de graça, sem-graça. Perdia, mas com isso fazia o pai e o professor sentirem-se derrotados.

Os sucessivos fracassos deixavam o rapaz humilhado, de certa forma punido; mas ele também conquistava outros ganhos (não só os inconscientes): "prêmios de consolação", a solidariedade dos amigos, os redobrados estímulos que o professor lhe dava, embora meio desconfiado do jogo sujo que estava praticando. Estabeleceu com o analista uma relação parecida: dava-lhe "bolas fáceis", concordava com tudo, pipocava *insights na bandeja*. Superando seu desconcerto inicial, (misto de perplexidade, irritação, desprezo e grande simpatia), o analista entendeu o que se passava e pôde ajudar o campeão das derrotas "vitoriosas" a desfazer seus nós de paradoxos narcísicos e culposos, a partir dos transferenciais.

Ética universal e moral pessoal

É oportuna a distinção entre ética e moral, dois termos muitas vezes tomados como sinônimos. A ética se refere a princípios gerais e universais, como os conceitos de bem e mal, de livre-arbítrio, direitos, deveres e responsabilidades quanto aos atos cometidos. Já a moral aponta valores e regras de conduta relativos a uma determinada cultura ou época e a cada pessoa em particular. No trabalho psicanalítico deve prevalecer a importância da subjetividade singular daquele paciente, como ele conjuga as normas ético-jurídicas gerais com os ditames do "direito moral privado" do seu superego, quase sempre múltiplos, incongruentes, injustos e cruéis.

Um erro freqüente de muitos analistas é julgar o paciente de fora para dentro, condená-lo ou absolvê-lo aprioristicamente, de acordo com conceitos e preconceitos afetivos e ideológicos contransferenciais. Esses problemas aparecem exemplarmente no drama das vítimas de pedofilia. Uma abordagem psicanalítica chegaria ao recôndito de cada paciente, em que os pedófilos não se consideram somente criminosos, nem os pedofilizados se sentem apenas vítimas inocentes. É comum o agredido se julgar também culpado, justa ou injustamente, por algum tipo de conivência, por não ter reagido bastante ao ato ou aos assédios repetidos, não os ter denunciado mais, apesar das ameaças do agressor; ou pela realização de fantasias edípicas, pelo prazer erótico, pelo agrado que obteve na valorização de seu corpo, do seu ser, por meio dos contatos físicos, dos carinhos, numa deturpada forma de amor, em contraste bem marcado com a carência de cuidados normais, com o desvalor e desamor que sentiu por parte da mãe, do pai e dos familiares. Sem contar que, muitas vezes, o pedófilo pertence a casa, e a própria família é cúmplice, de fato.

Contudo, mesmo sob o prisma psicanalítico, não podemos cair na falsa equivalência entre explicar e justificar. Os antecedentes biográficos do pedófilo, as curras que sofreu, não o eximem das suas responsabilidades éticas e jurídicas atuais – é sempre um adulto aproveitando-se das carências e precárias defesas de uma criança.

Outro ponto a considerar: as questões gerais da ética, da responsabilidade e da culpa continuam em aberto. Da interface psicanálise-neurociência cognitiva evolutiva estão chegando subsídios valiosos, sendo o principal a descoberta dos neurônios-espelho, substrato neurológico da empatia e outras funções psíquicas relevantes (Doin, 2008). Também são dignos de nota os aportes à fundamentação geral da ética, à questão multimilenar da antítese determinismo *versus* livre-arbítrio. Qual a possibilidade de uma escolha livre na gênese dos atos humanos? Como nos informa o neurocientista Eric Kandel (2006), em condições normais, uma ação voluntária se inicia na parte inconsciente da neuromente; mas, logo antes de o ato ser efetuado, a função de consciência pode aprovar ou vetar a ação esboçada. Nos milésimos de segundo que correm antes de se levantar um dedo, a mente pode escolher se ele deve se erguer ou não.

Como assumir responsabilidade por decisões que são desencadeadas, antes que o nível consciente tome conhecimento delas? Embora não satisfaça a todos, parece que a melhor resposta disponível, no momento, assim se expressa: a mente consciente pode não ter de início livre escolha, talvez não possa começar querendo, mas tem a prerrogativa de dizer não, de não querer. Na postulação do neurocientista Gazzaniga, "os cérebros são automáticos, mas as pessoas são livres". Quer dizer, as pessoas são, em princípio, responsáveis – ressalvadas todas as outras circunstâncias limitantes. Esse seria o frágil reduto da livre escolha, que dá fundamento às instituições civilizadas, à ética, aos direitos constitucional e penal.

Culpas dos psicanalistas

Ao julgar as responsabilidades pelos impasses ou fracassos dos tratamentos psicanalíticos, muitos colegas empregam vieses extremados e simplistas, e absolvem ou condenam, em termos absolutos e exclusivos, ou o profissional ou o analisando. Na imensa maioria dos casos, são bem mais complexas as influências dos fatores em jogo, sem negar a maior responsabilidade do analista, sua obrigação de ser mais normal.

Via de regra, a patologia do vínculo analítico e os impasses terapêuticos são criados e mantidos por problemáticas parelhas dos dois participantes. As culpas do psicanalista costumam ainda ter acréscimos inerentes ao exercício da profissão, seus conflitos com os colegas e a própria especialidade. Alguma descrença residual na psicanálise, assim como a pouca confiança do analista na eficácia de sua análise pessoal (retóricas à parte), o descrédito quanto à sua competência profissional e valor pessoal convergem para um mal-estar e um constrangimento de base diante dos analisandos, como se os estivesse enganando, traindo sua confiança. Tais colegas, nada raros, tornam-se mais vulneráveis à contra-identificação com figuras inidôneas da vida dos pacientes, e às opiniões pejorativas que eles tenham de seus pais, dos psicanalistas e de si próprios.

Nos impasses psicanalíticos, o paciente é difícil, mas, na maioria dos casos, o analista insere no meio problemas seus não-resolvidos. É comum a dupla pactuar a perpetuação de determinados conteúdos e funcionamentos do paciente, por renderem vantagens espúrias para ambos. O analista pode, por exemplo, tentar eximir-se de reconhecer, em si próprio, traços semelhantes aos do paciente, aspectos problemáticos de sua pessoa e/ou de seus "objetos" internos e externos, e se amarra (pois "se amarram") em jogos traumatofílicos sadomasoquistas com o analisando.

São freqüentes as "saídas honrosas" para o impasse, pretextos diversos para racionalizar a interrupção da análise, a armação de um *happy end*, ou a fabricação de simulacros do tipo "*falso-self psiconeurótico*", para fugir das tentativas de acesso a níveis mais regressivos (Winnicott, 1971). No fundo, nada disso engana ninguém, muito menos o superego do profissional.

Considero um ponto alto das análises ajudar o paciente, a partir da postura convicta e autoliberadora do analista, a descriminalizar e "despecatizar" sua "patologia" (com aspas e sem aspas), a tolerar-se do jeito que é, para começo de discussão e retificações. Em sua imensa maioria, as pessoas comuns não são monstros sem causa, por opção e de propósito – singela e decisiva descoberta que o analista deve ser o primeiro a alcançar, a partir do reexame do que no fundo, no fundo, acha de si mesmo e dos seus. Só assim poderá colaborar com o parceiro numa auto-revisão semelhante, abrindo caminho para mudanças verdadeiras – que não resultam de absolvições ou condenações aprioristicas de autoria do analista. Também parece óbvio, mas o que observo, em incontáveis tratamentos, contradiz a retórica "psicanaliticamente correta". O que muitos colegas dizem que sabem não vai fundo, não tem o lastro afetivo do verdadeiro *insight*, não virou verdade pessoal para valer.

No labirinto dos julgamentos ético-morais ficou perdido um jovem analista que tomou radicalmente o partido de uma paciente, vitima de pedofilia em família, e passou a proclamar indignado a culpa dos abusadores, sem perceber a amplitude dos problemas. Também ele fora usado por um parente pedófilo, e, ao que tudo indica, não elaborou a questão em sua análise pessoal.Por outro lado, sentia-se vagamente em falta com a paciente, e punha seus escrúpulos nos honorários que lhe cobrava, bem modestos e acessíveis. Esse colega, talvez em consonância com o seu próprio analista, não podia aceitar o papel transferencial de pedófilo e se solidarizava com a paciente na condição de vítima.

É realmente bastante comum os analistas não aceitarem as transferências (e contratransferências) ditas negativas, perdendo a nossa melhor meta terapêutica, que é a síntese organizadora do ser individual, somatopsíquico, relacional, sociocultural, não apenas o ilusório reforço do seu "lado bom" (Doin, 2008). Mais do que uma legítima escolha técnica de referencial, predominam, nesses casos, os entraves contratransferenciais, a incapacidade de vivenciar o aqui-agora-comigo.

Como é sabido, as relações dos analistas com pacientes-colegas e com candidatos costumam sobrecarregar-se de problemas específicos, além dos gerais. São complicados os conflitos entre as "famílias" psicanalíticas, agravados, quase sempre, por remanescentes das relações familiares propriamente ditas. Foi o que se viu na reanálise de um colega, filho de outro colega, durante um período de terremotos na Sociedade de Psicanálise a que pertenciam.

Outras vinhetas clínicas

Depois de ter sofrido, a infância inteira, os maus tratos impostos por um irmão sádico e zombador, agora morto, a analisanda ainda tinha medo dele, temia que viesse vingar-se por ela continuar viva e progredindo numa carreira que ele também ambicionara. Temia especialmente que atacasse sua filha, diabética grave. Também porque ela escarnecia do irmão sempre que encontrava a filha Down, que ele deixara. Tentava aplacar a ira dele reduzindo seus progressos profissionais e de análise, além de buscar uma reconciliação, invocando-o em sessões espíritas. Além de tudo, essas investidas lhe pareciam zombarias ao psicanalista ("muito devagar") – e se enchia de mais medo e culpa. Demorou a descobrir a possibilidade de se compor com o analista e de se rehabilitar com o irmão de um outro modo, nas sessões psicanalíticas.

Para chegarem lá, porém, foi antes indispensável que o analista tivesse a coragem de reconhecer sua participação inconsciente na trama sadomasoquista, por exemplo, quando ele criticava, ou até mesmo ridicularizava, mais ou menos sutil e veladamente, as crenças religiosas da analisanda. Soluções adequadas começaram a se abrir no naturalíssimo (e, para muitos, ainda apavorante) convívio transferencial-contratransferencial verdadeiro. Sentimentos amorosos pelo analista e pelo irmão morto foram vindo à tona, favorecendo a elaboração do luto.

Mas é evidente que uma larga proporção dos impasses não consegue uma boa resolução psicanalítica, pelo menos na tentativa observada. Um jovem empresário, filho adotivo de uma família de recursos, prendia-se a um dilema. De um lado, sentia-se rejeitado pela família biológica; do outro, não se permitia usufruir o *status* social, econômico e financeiro da família adotiva. E não conseguindo usar o dinheiro sem culpa, tentava apaziguar a consciência gastando o mínimo, privando-se de luxos totalmente a seu alcance, resistindo à análise. Sua primeira motocicleta, presente dos adotantes, bateu na saída da garagem, logo nos primeiros dias. Fazia doações freqüentes e vultosas a obras de caridade, a instituições beneficentes, deixava-se explorar e furtar por empregados. Impunha-se a obrigação, sempre adiada, de procurar a família biológica, cujo paradeiro desconhecia, mas que imaginava ser muito pobre. Pretendia "acertar as contas com eles", pagar-lhes uma avultada indenização por estar bem; mas, caso não fossem bastante pobres, exigiria explicações pela rejeição que lhe fizeram. Talvez esta segunda hipótese fosse a mais aterradora e temesse confirmá-la. Por tal motivo, além de outros, ia adiando os reencontros, sob várias alegações. Tantos conflitos se manifestavam por meio das delongas na análise, atrasos, faltas, diversas interrupções ("Vou dar um tempo"). Afinal, mudou-se para outra cidade. Não sei como se arranjou.

⌒

Um nó de impasses feito de constrangimentos, culpa e castigo, Édipo direto e invertido, ainda atrapalhava uma analisanda, com muitos anos de divã e bons resultados em várias áreas. Ao comemorar a aprovação num concurso para a magistratura, perdeu o anel que os pais lhe tinham dado na colação de grau. Veio para a sessão consternada com a frustração geral, inclusive a que teria causado ao analista com mais um fracasso diante do sucesso.

Nesse momento, lembrou-se de um sonho com um famoso jurista, notório mulherengo, a quem admirava sem limites e por quem fervia de paixão, em contraste com o que sentia pelo marido, advogado medíocre. O professor também costumava representar o pai e o analista, igualmente supervalorizados e desejados. Confundia os três homens, apagando as diferenças existentes na atitude de cada um deles. Acreditava que os três não conseguiriam se conter e avançariam sobre ela, caso se tornasse irresistivelmente sedutora, com o desempenho colossal que se considerava capaz de obter na carreira e na análise, ou seja, se virasse a mulher fatal das suas fantasias de adolescente. A analisanda conduziu a sessão por esse caminho, já bastante conhecido.

O analista permaneceu quase calado, porque desconfiou da excepcional fluência das associações e suspeitou que algo mais difícil estava a ponto de aparecer. Não perdeu por esperar. Num lapso ligeiro, a paciente se referiu ao pai, no meio de uma frase longa, como sendo "ela". O analista assinalou o ato falho certeiro, e só então ela mencionou a presença da mãe na festa, o contato carinhoso de ambas, braços dados, mãos unidas... e aí o anel sumiu e o clima terno se rompeu. Nas sessões seguintes, foram ficando mais claros seus desejos de contato físico erotizado com a mãe, assunto-tabu na análise, pelo pavor das implicações homossexuais e regressões primitivas; como também era tabu admitir que buscava aspectos maternais no analista, por exemplo, quando contemplava as curvas do corpo dele e comentava sua obesidade crescente. ("Que besteira! Que loucura! Claro que você é homem!".) O Édipo direto lhe parecia muito mais aceitável, mesmo na transferência. Pouco a pouco, foi trazendo, com muita vergonha, seu interesse e sua curiosidade pelo corpo da mãe, a fixação nela, culpas pelos ataques ao casamento dos pais e à análise. A busca erotizada pelo corpo materno destinava-se a conseguir algum vínculo bem vivo e estimulante, pois, em sua primeira infância, a mãe sofrera graves surtos depressivos, não podendo cuidar direito da menina; esta passou a se aninhar sensualmente no colo de outras mulheres da casa e do próprio pai. Ainda agora, eram evidentes as dificuldades de ambas no contacto corporal carinhoso.

José, filho único, reagiu cruelmente à morte precoce do pai. Entregou-se a traumas compulsivos, de teor sadomasoquista, erótico-anal e narcísista. Com intuitos suicidas inconscientes, parava o carro na estrada para verificar algum problema, abria o porta-malas traseiro e deixava de prestar atenção ao tráfego. Uma vez foi mesmo atingido, sem maior gravidade. Em duas ocasiões fez questão de não acusar quem bateu no seu carro por trás, dizendo-se generoso, altivo; numa dessas, o culpado chegou a protestar diante do absurdo, pois tinha seguro para cobrir tais danos. José se recusou terminantemente a usar seus direitos. O requinte vingativo-punitivo em relação ao pai morto e ao analista-pai substituto levou-o a induzir o ajudante da farmácia a tratar uma "virose anal", "diagnosticada" pelos dois, com aplicações freqüentes, extremamente dolorosas (e, no inconsciente, também gozosas e triunfantes) de injeções de penicilina-depósito no períneo – uma total absurdidade, do ponto de vista médico.

Pouco a pouco, esse padrão foi sendo abandonado e o luto pelo pai começou a perder a sobrecarga de atrocidades e a revelar outros aspectos da relação. José adotou defesas mais protetoras, como sacrifícios propiciatórios, a perda repetida de objetos, chaves, agendas, livros; passou a praticar, obsessivamente, atividades litúrgicas e benemerentes na Igreja de São José, padroeiro de ambos. Viajava muito a trabalho, mas não se concedia nenhum lazer nas outras cidades; quando tentava, cometia autosabotagens – tudo em nome de um pai ainda representado como mau, vingativo, invejoso, que não lhe permitia chegar até a "Acrópole", e lhe injetava angústias de morte, fobia de avião, a certeza de que haveria uma tragédia. À medida que a análise avançava e ele conseguia verbalizar, conscientemente, queixas, acusações, medos e culpas em relação ao falecido, ia "se acertando com ele" e com o analista, reduzindo a intensidade dos seus males e aumentando a dos progressos e bem-estar.

Ajudou bastante, na conquista das melhoras, perceber seus conflitos com o analista (como pai transferencial, como pessoa real e como técnico), por exemplo, o prazer que sentia em frustrar os esforços deste, ora vistos como investimentos narcísicos e mercantilistas, ora como dádivas generosas que não saberia/desejaria retribuir, a não ser com mais sofrimentos, mais viagens martirizadas. Afinal, foi percebendo seus disparates, ao custo de muita vergonha e culpa, mas ganhando desafogo, liberdade e o prazer novo de se recompor com o analista-pai, de "fazer as coisas certas", "falar claro".

Numa sessão, por exemplo, pôde verbalizar queixas amargas contra as exigências do pai e as do analista – que ia lhe cobrar pelas faltas durante uma pequena viagem de lazer, fora de época. Acabou concordando e saiu aliviado com a perspectiva de viajar sem nenhuma das "aprontações" do velho repertório. E conseguiu.

Às vezes, manter um "carnê culpa-castigo" parece bom negócio: deixar tudo como está, num perde-ganha interminável. Determinada paciente, decepcionada com os parcos resultados das análises que tentou com diferentes profissionais, levava o atual tratamento "em fogo brando", como mais um "nem ata, nem desata" da sua coleção. Assim o analista a descobriu, logo no início: queria livrar-se das angústias e da insônia, mas preferia ter menos sessões que as propostas, com direito a incontáveis atrasos e faltas, que racionalizava pelo acúmulo de tarefas.

Descasada, morava com dois filhos, rapazes adolescentes, excessivamente mimados e dependentes, usuários e talvez minitraficantes de drogas. Falava em culpas, mais declaradas que sentidas, pois não a estimulavam a esforçar-se pelo que considerava normal: reconstruir sua vida, casar-se, dar aos filhos um lar estruturado, cobrar deles mais disciplina e responsabilidade; pelo menos, entender-se melhor com o pai dos rapazes, carentes de um modelo masculino. Saber, sabia, conhecia bastante da cartilha psicanalítica, juntou manuais de interpretações ouvidas de outras feitas, lia "tudo", freqüentava cursos de Psicologia e auto-ajuda. Saber, sabia, mas convencer-se era outra história. Ficava, como muita gente boa (psicanalistas inclusive) no "saber", para não ter de saber.

Não aceitava as propostas de casamento do namorado, de quem gostava, mas só para namorar, sem maiores compromissos. Semelhantemente à relação parcial que mantinha com o analista, incumbido de ouvir suas confidências, acolher os desabafos, compreender e comentar os sofrimentos, consolá-la. Também com este ela gostava de namoricar, mas não pretendia casar, no sentido psicanalítico e no transferencial-edipiano. Evitava maior engajamento com o analista propriamente dito, não aceitava ouvi-lo quanto a tais descompromissos.

Chocou-se quando ele começou por lhe falar, de modo irrecusável, na sua relação interesseira com o "amigão", usado só para sexo e como recipiente de coisas suas que nada lhe agradavam, como indecisão, fraqueza, acomodações, promessas para não serem cumpridas, desculpas esfarrapadas, álibis e mais álibis.

Menos ainda queria ouvir o terapeuta, no exercício pleno de suas funções, a falar sobre as trapalhadas da relação dela com ele e com os filhos. Contudo, o analista arranjou jeitos e modos de ajudá-la a perceber o uso que fazia das pessoas; principalmente, como se aproveitava dos rapazes – o erotismo difuso, a perversão camuflada, afagos demorados no meio da noite, nudismos fugidios e flagrantes no banheiro "sem querer", brigas erotizadas que as metáforas chulas denunciavam ("Mãe, não torra o meu saco!", "Mãe, você é foda!"; mais os equivalentes transferenciais eróticos e perversos da relação no consultório.

Custou, mas acabou por reconhecer o que de fato fazia com eles. Nossa antiga "descompromissada" foi aprendendo a se relacionar mais adequadamente com os dois filhos, até então aprisionados a ela como objetos de suas conveniências egocêntricas ("os homens de minha vida"). Teve de trocar as moedas dos arranjos – as angústias e a insônia – pelos duros gravames da vergonha, do arrependimento e dos desempenhos novos.

Começou a corrigir-se e perdoar-se, a despeito do que me parece o ônus mais "injusto" que a natureza impinge às genitoras, para servir à lógica impiedosa da conservação da espécie: a inculpação primária das mães. Em maioria, elas se cobram garantir a sobrevivência dos filhos, ao preço de qualquer sacrifício. Justa ou injustamente, quase todas se julgam causadoras de todo o mal que atinge os seus rebentos, se desdobram para sanar o que sentem como falhas suas, e dar cumprimento à missão; já outras se afundam no sorvedouro do masoquismo culposo inoperante.

Um psicanalista ficou preso com um paciente extremamente agressivo num jogo sadomasoquista, do qual só saiu ao perceber, em supervisão, a criança frágil, massacrada (não muito diferente de um lado seu). Em reanálise, o colega foi conseguindo *insights* verdadeiros sobre seus defeitos, por isso mesmo intensamente dolorosos, constrangedores e culposos, os erros cometidos com seu(s) paciente(s), os ataques ao analista anterior, cujo trabalho preferia "avacalhar" (igual ao que fazia seu paciente).

Uma colega teve desempenho mais satisfatório com um analisando que se vangloriava dos sucessos com as mulheres. Sentiu-se logo atraída pela beleza e sensualidade do rapaz, pelo desafio de ir mais longe que os vários analistas anteriores, bem como pelo desejo sincero de ajudá-lo, pois entreviu um sofredor escondido por debaixo de todo aquele foguetório multicor.
Não lhe foi nada fácil lidar com o turbilhão de fantasias e desejos que ele acendia. Para fugir da abordagem de seus aspectos depressivos, ele se refestelava em reduplicadas façanhas amorosas e enchia as horas com suas descrições. Eram feitas de tal modo que o relato valia como ato, manobras de sedução e frustração dirigidas à interlocutora, como se ele a chamasse para dentro das "surubas" e a impedisse de entrar, visando dominá-la como mulher e derrotá-la como analista.
A colega se manteve na postura psicanalítica e, após dois, três anos, passou a se perguntar, mais incisivamente, que pontos fracos do seu lado ele poderia estar usando. Teve, então, um sonho de elaboração, logo após o paciente lhe contar, com mais clareza, seus antecedentes edipianos, suas incursões sobre a cena primária, o desejo de conquistar de qualquer jeito a mãe esquiva, que o seduzia e rejeitava, desde sempre.

A analista sonhou sobre seu costume, na infância, de enfiar-se na cama dos pais, a pretexto de frio, de medo, debaixo dos lençóis e dos protestos da mãe, acobertada pela tolerância conivente do pai – assunto velho de suas análises. Agora, com uma diferença: relembrando o sonho no dia seguinte, verificou, como novidade luminosa, que a cumplicidade do pai era gritante, beirando a sedução explícita.

Esse aspecto do registro de seu Édipo permitiu-lhe compreender que as muitas concessões que vinha fazendo ao paciente quanto ao *setting*, horários e honorários, resultavam de motivações mais numerosas que as já reconhecidas, como o seu desejo de aceitar a sedução e castigar-se por isso, tanto em relação ao analisando quanto ao pai, mais a culpa e a vergonha pela sedução que ela própria cometia com tanta condescendência, e por deixar suas fraquezas interferirem a tal ponto no trabalho.

Em pouco tempo, o garboso conquistador foi cedendo lugar ao menino infeliz, desfeito em choros destampados, finalmente acolhidos pela analista-mãe "fora da cama".

Para encerrar: um bom interlocutor me perguntou se eu estava pessimista com o futuro da profissão. Oportuníssima pergunta, que re-respondo aqui. Creio, convictamente, num porvir grandioso para a psicanálise, com este nome ou outro. Quanto à profissão, depende de os psicanalistas se tornarem mais psicanalíticos – ou não, caso continuem entrincheirados em suas defesas, atrás da parafernália de "espertíssimos" auto-enganos, que mal encobrem as deficiências de suas análises pessoais.

Nem as alegadas razões de mercado bastam para justificar o barateamento da especialidade. Nas épocas de maior miséria material, de vacas magérrimas, os músicos de encanto salvaram seus instrumentos e seguiram a entoá-los, sem degradação, sem escapismos escusos.

Se não soubermos segurar nosso tesouro, outros o farão.

Referências bibliográficas

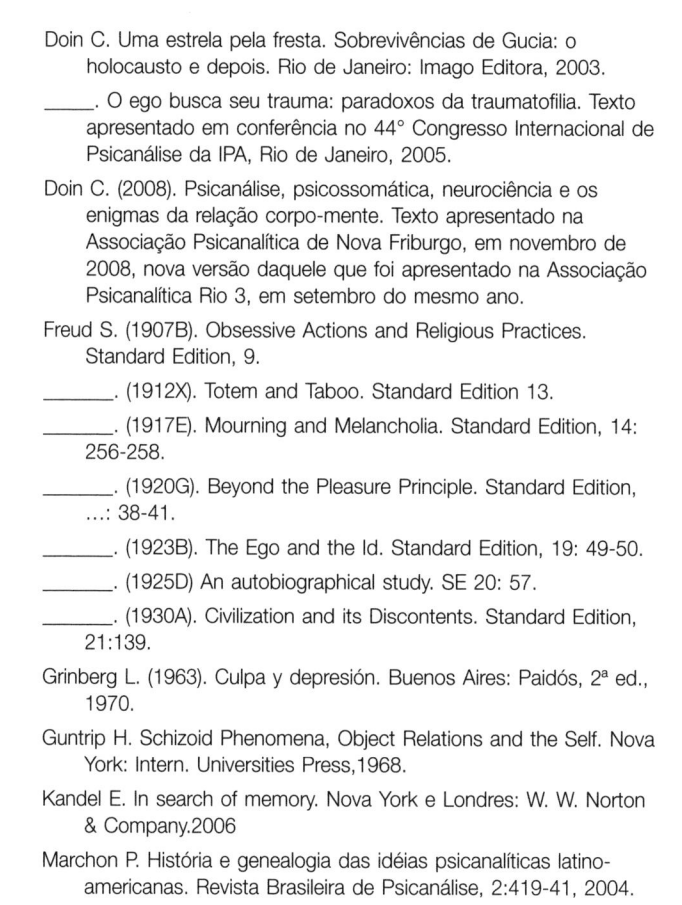

Doin C. Uma estrela pela fresta. Sobrevivências de Gucia: o holocausto e depois. Rio de Janeiro: Imago Editora, 2003.

_____. O ego busca seu trauma: paradoxos da traumatofilia. Texto apresentado em conferência no 44° Congresso Internacional de Psicanálise da IPA, Rio de Janeiro, 2005.

Doin C. (2008). Psicanálise, psicossomática, neurociência e os enigmas da relação corpo-mente. Texto apresentado na Associação Psicanalítica de Nova Friburgo, em novembro de 2008, nova versão daquele que foi apresentado na Associação Psicanalítica Rio 3, em setembro do mesmo ano.

Freud S. (1907B). Obsessive Actions and Religious Practices. Standard Edition, 9.

_____. (1912X). Totem and Taboo. Standard Edition 13.

_____. (1917E). Mourning and Melancholia. Standard Edition, 14: 256-258.

_____. (1920G). Beyond the Pleasure Principle. Standard Edition, ...: 38-41.

_____. (1923B). The Ego and the Id. Standard Edition, 19: 49-50.

_____. (1925D) An autobiographical study. SE 20: 57.

_____. (1930A). Civilization and its Discontents. Standard Edition, 21:139.

Grinberg L. (1963). Culpa y depresión. Buenos Aires: Paidós, 2ª ed., 1970.

Guntrip H. Schizoid Phenomena, Object Relations and the Self. Nova York: Intern. Universities Press,1968.

Kandel E. In search of memory. Nova York e Londres: W. W. Norton & Company.2006

Marchon P. História e genealogia das idéias psicanalíticas latino-americanas. Revista Brasileira de Psicanálise, 2:419-41, 2004.

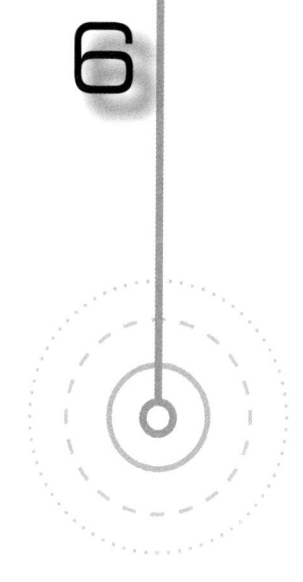

6 REFLEXÕES PSICANALÍTICAS SOBRE TANTALIZAÇÃO DE VÍNCULOS

> "Ó dama, em quem minha esperança vive,
> e que, por mim, no Inferno até inscreveste
> o rastro teu quando eu perdido estive;
> por tantas coisas que me ofereceste
> conhecer, por tua força, tua bondade,
> graça e valor a agradecer sou preste."
> Dante Alighieri

Partirei de uma discussão proposta por Bion, ao sinalizar finas e sutis resistências a transformações na direção de O e que abrem preciosas pistas para detectarmos jogos evasivos contidos basicamente em transformações por alucinose, com infindáveis "movimentos hiperbólicos", tanto em salas de análise quanto em

Antônio Sapienza
Sociedade Brasileira de Psicanálise de São Paulo – SBPSP.
Analista Didata do Instituto de Psicanálise da SBPSP.
antsap@uol.com.br

instituições, constituindo "pares antitéticos polarizadores" que entretêm rivalidades sedutoras mais ou menos encobertas, tais como: superioridade/inferioridade; aristocratas/párias, preferidos/rejeitados etc. O décimo segundo e último capítulo de *Transformações – Do aprendizado ao crescimento* (Bion, 1965) poderá constituir-se em fértil estímulo aos leitores interessados.

Desde os vértices científico e mítico-religioso, a imaturidade se revelará por meio de intensificação de estados de mente tomados por julgamentos precoces e precipitados, que aprisionam personalidade dominada por "tudo saber, pouco compreender e tudo condenar" (Bion, 1962).

O termo "tantalização" refere-se a uma situação que se caracteriza por uma incitação de desejos insaciáveis, não-realizáveis. Remete-se ao "mito de Tântalo", que sofreu o suplício de ficar mergulhado para sempre num lago rodeado de árvores frutíferas, com sede e com fome, e impossibilitado de beber e de comer.

Esse mito representa a forma de viver da pessoa que passa a vida tentando atingir objetivos que, pelos mais variados motivos, vão além de uma possibilidade viável de realização e, por essa razão, é marcada por uma insatisfação constante e torturante.

Indivíduos e grupos humanos podem ser capturados por uma cilada estruturada por fantasias de busca de posições de importância e de supremacia. Nesse caso, mostram-se sedentos de admiração e prestígio. Sua preocupação maior liga-se constantemente a temas relativos à dialética: quem é superior ou inferior, aristocrata ou plebeu, preferido ou rejeitado. Estabelecem-se, às vezes, polaridades extremas do tipo "ou o primeiro ou o último", "ou tudo ou nada".

Na situação da clínica psicanalítica, mecanismos defensivos psicóticos são usados para conter o temor de mudança catastrófica (Bion, 1970), por meio de "reversão de perspectiva", que buscam manter bloqueios e paralisia mentais, caracterizando *splitting* estático, visando à compulsão e à preservação do *status quo*.

Fatores sociais e culturais freqüentemente contribuem para aumentar e alimentar certas ambições desmedidas. Entretanto, a manutenção de tal maneira de ser está apoiada em uma "tríade de características emocionais": arrogância, curiosidade ilimitada e desrespeito para com os outros e com as coisas (Bion, 1967).

Quando essas características se estabelecem rigidamente e a necessidade de ser o/a melhor é enorme, isso se manifesta como uma máscara que procura ocultar ativo e atuante desastre mental, alimentado por forças destrutivas de inveja e voracidade.

Nessas situações, há uma fixação de metas que devem ser atingidas a qualquer custo, e, para alcançá-las, vai-se tornando necessário o emprego de estratégias de jogos de um fascinante vale-tudo impregnado de astúcia, violência e sedução.

A pessoa torna-se prisioneira e refém de suas próprias ambições de sucesso permanente. Com isso, ela se distancia de tantas outras coisas que também poderiam constituir sua existência. Ela deixa de cuidar de outras dimensões significativas de sua vida.

Em busca da satisfação de desejo sem limites, todos os meios são utilizados, desde as formas mais sutis, aparentemente ingênuas, até as mais violentas, e, freqüentemente, aparece má-fé associada à "onipotência". Os vínculos existentes ficam comprometidos, prejudicados, e o sentimento é de perene insatisfação, como Tântalo, que, rodeado de água, não consegue beber, nunca sacia sua sede.

A mitologia grega descreve as intrigas, as seduções e as farsas usadas por deuses e mortais com a finalidade de atingir determinados resultados. Quando um mortal realizava uma ação desse tipo, que ia muito além do tolerável, por vezes rompendo tabus, os gregos davam a ela o nome de *húbris*. Isso queria dizer que tinha sido ultrapassada a medida própria aos humanos, tinha ido além do *métron*. Era "o pecado" para os gregos.

Entretanto, não devemos confundir as configurações até aqui descritas com aquilo que chamamos de amor-próprio, de curiosidade modulada e de vigorosa capacidade criativa que busca complementação.

(I) Passo, então, a apresentar duas versões míticas relacionadas ao "Suplício de Tântalo" Ambas foram extraídas do livro *Miti – Storie e immagini degli dei ed eroi dell'antichità*, – Impelluso, Lucia (2007) – pp. 440-441, com livre tradução do autor.

Na primeira versão, Tântalo é um rei asiático, antepassado de Agamemnon e Menelau, considerado filho de Zeus. Em virtude de seu estreito parentesco com o rei dos deuses, Tântalo tinha permissão para sentar-se à mesa e participar de seus banquetes. Presunçoso e orgulhoso ousou subtrair néctar e ambrosia durante um desses convites para dá-los a seus amigos mortais. Além disso, para colocar à prova a divina onisciência, despedaçou seu filho Pélops e o ofereceu como um prato especial aos deuses. Contudo, as divindades se deram conta do terrível crime e ninguém ousou comer daquela carne. "Em seguida, as divindades tomadas de piedade recompuseram o corpo do rapaz, dando-lhe novamente a vida, puniram Tântalo e o relegaram ao Tártaro, região infernal onde ficam presos os que realizaram delitos graves, condenando-o à fome e à sede eternas."

Na segunda versão, Homero nos conta que Tântalo ficou com os pés presos ao fundo de um lago, com água até o pescoço e não podendo matar a sede, pois, a cada vez que procurava beber, a água saía de seu alcance e desaparecia. O astuto rei também não conseguia alimentar-se, porquanto as numerosas copas das árvores, de que pendiam todos os tipos de frutos juntos à sua cabeça, eram afastadas pelo vento a cada vez que ele buscava alcançar os frutos.

Introduzo, ainda, uma breve nota relacionada ao Mito de Tântalo e retirada do *Dicionário Mítico Etimológico* – Vol. II (Petrópolis: Ed. Vozes, 3.ed. 2000, pp. 400-401), do Prof. Junito de Souza Brandão. O autor narra que a deusa Demeter, ao se encontrar fora de si pelo rapto de sua filha Perséfone, chegou a comer uma espádua de Pélops; sendo que os demais deuses não chegaram a experimentar a iguaria oferecida por Tântalo.

Sirvo-me dos estudos de Bion (1952) sobre "Supostos básicos de dinâmica de grupo", para expor e aproximar fatores emocionais nos jogos de casal em idílio e suas correlações com momentos de "lideranças messiânica e aristocrática", quando o objeto de desejo estimula também o fascínio hipnótico por necessidades imperativas de apropriação de natureza semelhante a um seqüestro, que percorrem pautas desde pactos de morte, como na tragédia shakespeariana *Romeu e Julieta*, até cegos fundamentalismos e ciúmes suicidas-assassinos.

As propostas de "grupo de trabalho" fazem da tarefa o vetor de sanidade, e assim podemos ler quando Bion em *Cogitations* (1991), estabelece a salutar fluidez oscilante entre Narcisi-smo, como necessidades de amor subjetivo, e Social-ismo, como desejos de amor pelo objeto, capítulo datado de 31 de Janeiro/ 1º de Fevereiro/1960.

(II) Tomarei agora um breve fato histórico ligado ao final da vida e obra do pintor Rafael de Sanzio, em sua fase romana. O crítico de arte Antonio Forcellino (2006) descreve primitivos e intensos pressentimentos de Rafael, desde a adolescência, por abrigar temores de que uma ligação estável e apaixonada por uma mulher admirável pudesse ser destrutiva – ligação esta que poderia, então, prejudicar sua produção artística e criatividade –; mantendo, assim, secreta crença no terror de vir-a-ser vítima *d'une femme fatale*. Na Sexta-Feira Santa de 1520, Rafael (Urbino, 1483; *apud* Forcelino, 2006) morre subitamente aos 37 anos, no auge de sua fama como ícone do Renascimento, pintor e arquiteto, após superar Leonardo da Vinci e Michelangelo Buonarroti, mestres e rivais, na preferência do Papa Leão X (Giovanni de Médici), cercado da aura de restabelecer as bases arquitetônicas da antiga civilização greco-romana. Os fatos ocorridos e relatados por Giorgio Vasari (1550), historiador de arte, nos contam sobre "crescente exaustão orgástica" (Versari, 1550 *apud* Forcelino, 2006) ocorrida em alcova particular, no Palazzo Villa Madama, após intensa e contínua celebração amorosa e sexual, durante cerca de três dias consecutivos, com sua amante favorita, retratada no célebre quadro "La Fornarina", com seios e ventre suavemente recobertos por diáfano véu transparente – esse quadro está hoje em dia exposto na Galeria Nacional de Roma.

Constatou-se, também, que médicos, chamados com urgência para atender Rafael em agonia, não foram informados das particularidades íntimas e eróticas anteriormente relatadas.

(III) Nas auroras do fascismo e do nazismo europeus dos anos 1930-1940, há um crescente clima político e econômico de intrigas e manobras favoráveis ao surgimento de personalismos ditatoriais. Violentas paixões grupais são entretidas por jogos de retórica carregada de onipotência e onisciência, com sucesso sustentado por inteligentes montagens de máquinas tecnológicas a serviço de eficiente propaganda. Armam-se lutas e guerras visando poderes de supremacia racial apoiada em fundamentalismos e preconceitos.

Luigi Pirandello escreve, em 1921, *Seis personagens em busca de um autor* (1987), mostrando ao vivo "estereotipias" personificadas na peça, o que resultou por desencadear, na própria noite de estréia, o destroçamento do teatro por platéia enfurecida que soube captar a mensagem crítica dirigida por Pirandello aos "carneiros sem-vida". Entre 1945 e 1946, o escritor Carlo Emilio Gadda inicia a escrita de uma sátira dirigida a Mussolini e a seus seguidores com o título *Eros e Priapo – Da furore a cenere*, cuja primeira edição sai em 1967. Os interessados em "estudar jogos fálicos em política" podem consultar a 4ª edição, publicada pela editora Garzanti, na Itália (2002).

Há quem diga que falicidade é uma tragicomédia que raramente compartilha suave e serena felicidade. Com leve ironia, Bion comenta que a busca de fama é doença (*dis-ease}* de almas nobres.

(IV) Na literatura, Oscar Wilde (1994) nos conta, em *O retrato de Dorian Gray* (1891), a trajetória de um jovem aristocrata, um dândi, que, querendo obcecadamente permanecer sempre jovem, como que se alimenta da juventude das belas mulheres que conquista, atraindo-as, seduzindo-as e levando-as ao desespero e freqüentemente ao suicídio. É assim que ele vive seus vínculos amorosos, seu vínculo com a vida, sempre á procura da eterna juventude como único objetivo. Dorian Gray encontra um célebre pintor que o retrata e guarda esse quadro em um sótão.

Eles fazem uma negociação pela qual, no quadro, ocorreria o envelhecimento, ao passo que uma magia faria com que Dorian Gray permanecesse jovem para sempre. Ele consegue seu intento, mas o tédio se instala e toma conta de sua vida. Ele não vive a vida que os humanos vivem. Resolve desfazer o pacto com o pintor e acaba por assassiná-lo. Nesse exato momento, o quadro retoma as características da figura quando tinha sido pintada, e Dorian Gray se torna subitamente um velho agonizante, desmantelado e encarquilhado. Assim como Tântalo, que, com o objetivo de realizar seu insaciável desejo de pertencer ao Olimpo, para agradar aos deuses, destruiu seu vínculo com o filho, Dorian Gray, para realizar seu ilimitado desejo de juventude, destruiu seus vínculos amorosos, destruiu o que poderia ter sido uma vida humana com todas as suas transformações naturais, fazendo dela algo insuportável.

[V] Como contraponto e desfecho ao que acabo de descrever, passo a indicar a leitura de um belíssimo texto "Socrates in the Underworld – On Plato's Gorgias" escrito pelo filósofo e ensaísta da modernidade Nalin Ranasinghe (2009). Gostaria de particularizar principalmente o capítulo IV, "The Socratic Cosmos", que merece ser lido com profundidade, no qual o autor manifesta os valores de ética com limites de poder, envolvendo compreensão e amor à vida autenticamente criativa. Poder-se-ia aproximar seu texto, em especial esse quarto capítulo, à proposta de Bion (1965 e 1991) quanto à busca de sanidade mental na prevalência dos vínculos de amor à vida {+L}, consideração por verdades {+K} e contínua luta por ampliar a sabedoria não saturada por meio de "Transformações visando O, Infinito, Deus, Realidade Última" Nessa mesma toada, os *post*-kleinianos procuram seguir pautas estéticas na interação com a Psicanálise expostas por Meg Harris Williams em *The Vale of Soulmaking* (2005), qual uma poética a favor da redenção e criatividade pós-posição depressiva. Recomendo, sobre esse assunto, a leitura das cartas de John Keats (1982), de fevereiro a maio de 1819, dirigidas a George e Georgiana Keats, páginas 142-157. Meg H. Williams faz referência explícita, na introdução de seu livro, ao que é denominado por John Keats "um sistema de criação do Espírito", que seria realizado por três grandes matérias, agindo uma sobre a outra durante uma série de anos: o coração humano, o espaço do mundo adequado à apropriada ação da mente e do coração, um sobre o outro, com o objetivo de formar a alma destinada a possuir o sentido de identidade.

Ao final do capítulo oitavo dos *Seminários italianos*, desenvolvido em 16 de julho de 1977, Bion (1985), à página 107, pressentindo o convite para ser endeusado durante o encontro, atribui esta configuração a modismos religiosos. Sabiamente procurando afastar os cantos das sereias, que poderiam fazê-lo supor ser uma dessas pessoas verdadeiramente importantes, Bion recita o poema de Shelley (1792-1822), em que o poeta descreve os escombros da estátua do faraó Ozymandias no deserto:

*O meu nome é Ozymandias, rei dos reis,
Admirai as minhas obras, oh Poderosos, e vos desesperai!"
Além do que, nada permanece.* "Em volta às ruínas
*daquela estátua colossal, sem limites e sem adorno, areias
desoladas e planas estendem-se ao longe.*

Quero, nesse momento, agradecer e prestar homenagem a duas sábias e sucintas observações colhidas em sessões de análise pessoal.

A primeira por intermédio da psicanalista Judith Teixeira de Carvalho Andreucci, ao me recomendar atender à seguinte direção: "Se você colocar *todos seus ovos em um único cesto*, quando este se for, você ficará amarguradamente desolado e em profunda penúria".

Alguns anos mais tarde, o psicanalista Yutaka Kubo fazendo alusão à "Noite Escura Sem Deus", de San Juan de La Cruz, sinaliza-a como vivência altamente estimuladora de possível reativação de núcleos megalomaníacos. A seguir, descreveu-os como reação a resíduos persistentes de núcleos traumáticos plenos de ódio, ressentimento rancoroso e sentimentos de abandono nostálgico aguardando a reelaboração por lutos e pesadelos paralisantes. De um modo direto e simples chegou a me dizer que "diferentemente do personagem Hamlet, enlouquecido pelas juras de vingança provenientes do espectro paterno, havia amplos sinais de esperança que você estaria conseguindo encontrar um psicanalista capaz de ajudá-lo a desarmar paranóia tão melancolizante". Escrevi recentemente três artigos, "Sapienza" (2006, 2008 e 2009), nos quais busco aprofundar os problemas clínicos relacionados ao tema estudado no presente escrito.

Referências bibliográficas

Alighieri D. A divina comédia – Paraíso – Canto XXXI – versos 79-84. Tradução e Notas de Italo Eugenio Mauro. São Paulo: Ed. 34, 1998.

Bion WR. Group Dynamics: A Review (1952). In: Experiences in Groups. Londres: Tavistock Publications Ltd., 1961.

_____ On Arrogance (1957) in Second Thoughts. Londres: William Heinemann Medical Books Ltd., 1967.

_____ A Theory of Thinking (1962) in Second Thoughts. Londres: William Heinemann Medical Books Ltd., 1967.

_____ Transformations (1965). Londres: William Heinemann Medical Books Ltd., 1965.

_____ Catastrophic Change (1966) – chapter 12 in Attention and Interrpretation. Londres: Tavistock Publications, 1970.

_____ Seminari Italiani, W.R.Bion a Roma (1977). Roma: Ed. Borla, 1985.

_____ Cogitations. Londres: Karnac Books, 1991.

Brandão JS. Dicionário Mítico Etimológico. Petrópolis: Ed. Vozes, 3ª edição, Vol. II, 2000.

Forcellino A. Raffaello – Una vita felice. Bari: Ed. Laterza, 2006.

Gadda CE. Eros e Priapo – Da furore a cenere (1967). Milão: Garzanti Libri, 4a. ed., 2002.

Impelluso L. Miti – Storie e immagini degli dei ed eroi dell'antichità. Milão: Ed. Mondadori, 2007.

Keats J. Cartas. Barcelona: Ind. Gráficas Pareja, 1a. edição, 1982.

Pirandello L. Sei personaggi in cerca d'autore (1921). Milão: Ed. Mondadori, 1987.

Ranasinghe N. Socrates in the Underworld – On Plato's Gorgias. South Bend, Indiana: St. Augustine Press, 2009.

Sapienza A. Psicanálise e Estética – Ressignificação de Conflitos Psicóticos e Reciprocidade Criativa. São Paulo: Revista Ide, vol. 29, N. 42, 2006.

_____ Função Alfa: Ansiedade catastrófica – pânico – continente com Rêverie (Encontro Internacional Bion2008Roma). Publicado em Psicanálise: Bion: transformações e desdobramentos. São Paulo: Casa do Psicólogo, 2009.

_____ Bion: Da Clínica às Teorias Possíveis. São Paulo: Palestra apresentada no Encontro de Bion na SBPSP, Abril 2009.

Wilde O. The Picture of Dorian Gray. (1890). London: Tiger Books International, 1994.

Williams MH. The Vale of Soulmaking. London: Karnac, 2005.

7

TURANDOT E HELENA – O APELO DO ETERNO-FEMININO

As reflexões a serem apresentadas tiveram como origem os comentários feitos pela escritora Lygia Fagundes Telles durante uma entrevista concedida à Revista Brasileira de Psicanálise, vol. 42, no. 4, 2008, da qual destaco as seguintes passagens: "Ele (Rimbaud) amava o desconhecido, o mistério, que a nossa fria e pálida razão esconde. "Daí, a admiração pelo segundo sexo, o único que guarda, lá nas profundezas, as chaves secretas da sabedoria". E, as linhas finais: "E, agora, me lembro de Emil Cioran: Não quero a sabedoria da desilusão, mas quero a sabedoria da ilusão que é o sonho". O que essas linhas, mais que as outras, me fizeram pensar: "Sem ilusão, o mundo é sem-graça", palavras de Nietszche em uma de suas reflexões extemporâneas.

Henrique Honigsztejn
Sociedade Brasileira de Psicanálise do Rio de Janeiro - SBPRJ
Analista Didata do Instituto de Psicanálise da SBPRJ
horn@osite.com.br

Sem ilusão, aquele que carrega a "sabedoria da desilusão" vivencia tudo como que dissecado, nada mais o encanta. Não há, para o desiludido, o encantamento que cria um convite à exploração, à penetração, a algo a se desvendar, mas sim o convite à posse imediata do que agrada aos sentidos, ao consumo e, nisso consuma-se o prazer, o próprio objeto, e recomeça a busca por mais objetos encantadores a serem consumidos e, assim por diante, num eterno vagar ressentido, queixoso.

Os iludidos circulam pela vida sentindo-a, nas palavras de Winnicott, como o *playground*, a base e a condição da experiência do brincar, ou seja, capacidade de sentir-se em casa no mundo, sem pressões opressivas bloqueadoras da espontaneidade, do gesto criativo. Os iludidos tiveram uma experiência que lhes possibilitou registrar em si mesmos a experiência da onipotência primária: de serem criadores da própria mãe, por sentirem-se tão agudamente atendidos e entendidos, a ponto de um auxílio externo ficar apagado. A ilusão foi estabelecida neles, ilusão de terem em si a fonte que responde sempre ao que necessitam. Entretanto, essa fonte oferece algum registro que traz uma suave inquietação, um apelo a uma busca. O eterno-feminino nos atrai para nós mesmos, últimas linhas da obra maior de Goethe, que o acompanhou durante grande parte de sua vida. Creio que esse é o chamado à realização do ser de cada um, a partir do registro, nesse mesmo ser, do ritmo circulante entre ele como bebê e sua mãe, o ritmo possibilitador do desenvolvimento ao qual se juntam as cargas hereditárias, ancestrais e o que mais? Esse registro convida para seguir adiante, eessa fonte traz o apelo por algo mais a ser dela usufruído.Pelo anseio a mais vida possibilitada por meio dessa fonte, arrisca-se à vida.

Calaf, ao vislumbrar Turandot, oferece sua cabeça ao carrasco em troca de uma remota esperança de possuir essa suprema beleza, assim como Fausto oferece sua alma ao diabo pela posse da mais bela das belas: Helena.

Quando a vê, tudo nele se concentra no grande anseio:

> *Pela primeira vez durável, firme,*
> *De cobiçar parece! O doce sopro*
> *Da vida me abandone, se algum dia*
> *Te perder a afeição!*

> *A ti minha energia, atividade, concentrada paixão, afeto imenso, Amor, adoração, delírio eu voto!*

E, páginas adiante:

> *...eu via-a hoje, tão formosa*
> *como cheia de encantos, tão formosa.*
> *Quão loucamente fora desejada!*
> *O meu ser, minha mente estão cativos:*
> *Já, sem a conseguir, viver não posso!*

E adiante, Goethe – que escreveu numa carta a Von Esemberg (25 de maio de 1827) "atrás de quem (Helena) rastejo há já quase sessenta anos a ver se lhe arranco alguma coisa" – aponta para o motor acionador do anseio de Fausto.

Helena:
> *Por que me soou estranha e não ingrata.*
> *Daquele homem a fala: um som parece*
> *acomodar-se ao outro, e mal no ouvido.*
> *Uma voz ressoou, que prontamente.*
> *Vem outra após e a primeira afaga.*
> *Dize, pois: como falo em verso tão perfeito?*

Fausto:
> *É fácil: deve vir do íntimo do peito.*
> *Quando sentir infindo o coração trancende.*
> *Este, ao redor de si, procura.*

Helena.:
Quem o entende.

Fausto:
Futuro nem passado olhar quer mais a mente,
Pois todo nosso bem.

Helena:
Consiste no presente.

Fausto:
É tesouro, conquista, esplêndida aventura;
Quem o vai confirmar?

Helena:
Esta mão to assegura.

Fausto (sentando-se junto dela):
Assim a mim, assim a ti sucede;
O passado antes nós seja esquecido!
Tu, como quem do Deus sumo procede, Ao primitivo mundo hás pertencido.

E Goethe continua:

Helena:
Amor, para humana dita,
Junta e liga um nobre par;
Para que seja infinita,
Um terceiro há de formar.

Fausto:
Tudo, então, perfeito achamos;
Pertenço-te, e tu a mim,
Ambos unidos ficamos;
Deverá ser sempre assim!
(Terceiro ato – Parte II)

Após o reencontro do ritmo harmonioso da relação primitiva, Fausto integra-se. Surge da reunião com essa relação o terceiro ser, um homem que experimenta a puberdade reencontrada, definição do gênio, para Goethe. Com a morte de Helena, isso se torna mais claro:

Fausto... a Juno recordando, a Leda, a Helena:
  Quão majestosa e meiga ao olhar
  Se oferece!
  Ai, dissolve-se já! Pousou no Oriente,
  Informe, vasta, em alteroso cúmulo,
  A distantes geleiras semelhante

  Condensa-se. Uma imagem sedutora.
  Do da primeira idade, bem supremo,
  Que tão chorado foi, virá iludir-me? Do fundo peito os
  íntimos tesouros. Transbordam: essa imagem me assinala,
  C o leve vôo, o puro amor da aurora, esse primeiro olhar
  sentido a fundo,
  Apenas compreendido, mas que n'alma
  Retido, excede a mais brilhante jóia.
  Qual angélico espírito se eleva
  A maviosa forma, não se apaga,
  Já mais e mais ao éter se remonta,
  O melhor do meu ser levando preso.
  (Quarto ato – Parte II)

As formas que não se apagam se tornam claras ao autor e ecoam o tesouro do primeiro olhar sentido o fundo – desenha-se aos poucos a imagem da grande geradora, que culminará nos versos finais da grande obra:

  Tudo o que morre e passa
  É símbolo somente;
  O que se não atinge,
  Aqui temos presente;
  O mesmo indiscritível

*Se realiza aqui,
O feminino eterno
Atrai-nos para si*

O grande chamado, que leva ao desprezo da morte, será o do vivenciar na posse do eterno-feminino a realização do não-atingido, o presente eternizado do indiscritível, do prazer supremo que a beleza suprema permite. Winnicott fala em orgasmo do Id e orgasmo do Ego. O orgasmo do Ego é experimentado no prazer de uma leitura, na audição de um concerto, enfim, na delícia de fluir no espaço potencial, propiciando o prazer da expansão; o orgasmo do Id encontra no ritmo ascendente de uma tensão que cresce e a descarga que se segue, sua definição. A posse da beleza acena com a experiência de orgasmo do Ego e do Id vividos no momento: expansão e descarga, acrescentados da vivência de poder.

E o drama faustiano? Quando o presente é experimentado com essa intensidade de prazer que leva à exclamação: que pare o tempo! Fausto perde a aposta e sua alma torna-se posse de Mefistófeles. O momento do gozo maior morre de imediato, como eternizá-lo?

Em Machado de Assis, o seguinte trecho de Brás Cubas é um estímulo ao que escrevo:

"Grande lascivo, espera-te a voluptuosidade do nada", diz Pandora, mãe e inimiga, ao grande buscador, acenando-lhe com algo que não mais vai passar: a paz. Mas deixar o prazer? Não, ele teima em retornar: "Vamos lá, Pandora, abre o ventre, e digere-me; a coisa é divertida, mas digere-me.

O anseio de dissolução, de um retorno ao ventre da mãe, para o recomeço: dissolução-integração. Junto à morte, o mergulho na eterna mãe, guardadora dos maiores tesouros, do maior prazer: o do próprio movimento de acréscimo – descarga, integração-dissolução, permanecendo e originando o ser.

Calaf, o príncipe incógnito, praticamente oferece a sua cabeça ao carrasco ao vislumbrar a beleza de Turandot, fazendo-o lançar-se ao teste que decidirá entre vida e morte, entre a posse da beleza suprema e a decapitação. Ao vê-la exclama:

Oh divina beleza, oh maravilha, oh sonho?
O seu perfume está no ar!
E na alma!
Eu sofro, pai, sofro!
Esta é a vida, pai!
A vida, pai, é aqui
Turandot! Turandot! Turandot!
Vencer gloriosamente
Na sua beleza!
Sou todo uma febre,
Sou todo um delírio!
Cada sentido é um martírio feroz!
Em cada fibra da alma
Há uma voz que grita
Turandot! Turandot! Turandot!

O quanto isso lembra as exclamações de Fausto ao ver Helena: "A ti minha energia, atividade, concentrada paixão, afeto imenso, amor, adoração, delírio, eu voto!".

Em Calaf e Fausto, todo o ser concentra-se no anseio da experiência do prazer máximo: expansão de todos os sentidos contraídos e o gozo da dissolução no íntimo do ser desejado, confundindo-se com ele no mais íntimo do íntimo, e lembro-me de Wagner descrevendo, numa melodia atordoante, as sensações descritas por Isolda diante do amado morto com o qual busca se confundir: "Na torrente de sons envolventes, no sopro do mundo, infinito, afogar-me, afundar-me, sem pensamentos...Felicidade suprema".

Puccini ansiava por criar, no dueto final de amor de sua última obra, a mais bela melodia já composta, superior a tudo o que ele, melodista supremo, tivesse, até então, criado. Não conseguiu – a morte o interrompeu no meio de esboços. Uma biografia sua recente chama-se *A dor da beleza*. A dor é, talvez, o que se sente diante da obra perfeita, do momento o mais prazeroso, da beleza das belezas, pois é um momento – irá passar; se é atendido o nosso grito para que perdure, o diabo ganha a aposta, a morte vem. A saída será talvez experimentar o anseio e deixar que repercuta o afeto do eterno-feminino, que nos atrai para nós mesmos. A esse apelo atendem os que buscam os grandes tesouros guardados no seio da mãe Terra, os príncipes dos contos de fadas em suas peregrinações, os perscrutadores da solução dos mistérios, das pedras filosofais – a resposta que afasta a angustia do desamparo, da morte.

Considerações finais

A expressão dos anseios de Calaf e Fausto pela posse da beleza suprema é descrita de um modo que deixa claro os fenômenos que um ser em excitação diante de uma mulher desejada experimenta em seu órgão. Segundo Freud, com alto grau de valor narcísico, uma vez que possibilita ao que o possui reunir-se mais uma vez à sua mãe (1926), em verdade a sua substituta, na cópula.

Na cópula, a experiência de retorno ao lugar de onde tudo se originou, à fonte propriciadora do prazer ecoa, a meu ver, o processo de desenvolvimento do ser, sua oscilação entre dissolução e integração, e sempre um passo a mais na construção de uma organização. Será que tal fenômeno passa em branco? O eterno-feminino que nos atrai para nós mesmos encontra seu poder nesse registro que nunca se apaga, pois como diz Freud, e em parte o parodiando, é muito difícil a um ser renunciar a uma bem-aventurança erótica experimentada na infância, mesmo intra-utero, eu acrescento.

Freud refere-se a Leonardo, e é em relação a ele que fala do "Il primo motore", a centelha divina, o impulso acionador das grandes obras.

Goethe, Leonardo, Fausto, Calaf, Puccini e Freud – os acionados pelo chamado do eterno-feminino.

Referências bibliográficas

Adami GE, Simoni R. Turandot, libreto da ópera de Puccini. Ed.Ricordi, 1924.

Freud S. (1910). Leonardo da Vinci and a Memory of his Childhood. Standard Edition. London: The Hogarth Press, vol. XI, 1964.

____.(1926). Inhibitions, Symptoms and Anxiety. Standard Edition. London: The Hogarth Press, vol. XX, 1964.

Goethe. Fausto. Trad. Agostinho D' Ornellas. Lisboa: Relógio d'Água, s/data.

8 — O PROCESSO ANALÍTICO EM RELAÇÃO A CERTOS ESTADOS MENTAIS GERADOS POR TENSÃO NA TRÍADE DO "AMOR, ÓDIO E CONHECIMENTO"

Usarei recortes de uma das versões do mito de Dioniso e da tragédia grega *As Bacantes*, de Eurípides (405 a.C.), como modelos de aproximação às situações clínicas, para estimular reflexões sobre o processo analítico em relação a certos estados mentais, gerados por tensões na tríade do "amor, ódio e conhecimento" (Bion, 1962/1966).

Maria Aparecida Sidericoudes Polacchini
Sociedade Brasileira de Psicanálise de Ribeirão Preto e
Sociedade Brasileira de Psicanálise de São Paulo.
Analista Didata do Instituto de Psicanálise da SBPRP.
ma.sidericoudes@bol.com.br

Os conteúdos nascentes

Conta a mitologia que Dioniso nasceu do amor entre Sêmele, uma mortal, e o grande Zeus. Sêmele morreu antes de Dioniso nascer e este foi, então, "arrancado prematuramente do ventre materno, completando sua gestação nas coxas de Zeus". Depois, passou a viver em meio à vegetação e, ali, mais tarde, descobriu o vinho (Brandão, 1990/1993).

Essa condição de origem é inspiradora para representar impressões sensoriais, emoções e pensamentos embrionários e também o processo analítico pela sua capacidade de reconhecimento dos elementos primitivos da personalidade e pelo seu potencial de continuidade de "gestação" de elementos psíquicos incipientes. Nessa perspectiva, a relação analítica oferece a experiência humana da presença, palavra, continência, acompanhamento e intimidade para gerar significados aos conteúdos nascentes e àqueles que ainda estão por vir, possibilitando a significação dos sonhos-mitos do indivíduo e a abertura para que essa realização venha a tornar-se uma nova expectativa para novos significados (Bion, 1963/1966).

Relações e tensões entre o amor, o ódio e o conhecimento

A tragédia *As Bacantes* conta a chegada de Dioniso, o novo deus grego, a Tebas, o louvor a ele e o fervor ao seu culto, logo aderido pelas mulheres tebanas. Antes de chegar a Tebas, Dioniso passou por muitos territórios introduzindo seu culto.

O culto dionisíaco era uma "religião que satisfazia simultaneamente as necessidades sensuais e transcendentais [...], entre as mulheres encontrou os adeptos mais leais" (Bachofen *apud* Kerényi (2002), p.114).

> *O divino ser de Dioniso, diz Walter Otto, sua natureza básica, é a loucura, uma loucura inerente ao próprio mundo: não o desvario duradouro, ou passageiro que acomete o homem como moléstia, não uma doença, não um estado degenerativo, mas algo que acompanha a "saúde mais perfeita"* [...] *é o encrespar-se da essência da vida cercada pelas tempestades da morte (apud Kerényi, pp. 115-116).*

Dioniso vive a embriaguez das sensações, do entusiasmo e da liberação, expressando a explosão de forças libidinais e agressivas. É um modelo de impermanência, de mobilidade entre sensualidade e transcendência, entre o êxtase sensorial e espiritual. É a representação de nascimento, morte e renascimento. Lesky (1937/2001) destaca em Dioniso o elemento da "transformação" (p.130) e salienta a "misteriosa polaridade de compulsão e libertação" (p. 268).

Segundo Maffesoli (1982/1985), "Dioniso é uma espécie de interposição entre natureza e cultura, ao permitir, ao mesmo tempo, o acesso ao instintual e o aprofundamento de socialidade" (p.140), já que "a sensualidade inaugura a relação com o mundo, isto é, com os outros e permite a partição dos afetos, fundamento de toda ordem simbólica" (p. 83).

A partir dos estudos de Vernant e Naquet sobre Dioniso das *Bacantes*, Naffah Neto (1994) destaca a "dimensão múltipla e mutante" da personalidade. Penso esse "ser dionisíaco" como expressão tanto da sensorialidade como do fluxo, da multiplicidade, do transbordamento e das transformações de conteúdos e estados psíquicos, regidos por forças amorosas e destrutivas. Na situação analítica, nós somos levados a conhecer e reconhecer, pela experiência, nossas qualidades primitivas e potencialidades simbólicas. Essas são alcançadas pelo transcender das experiências, por meio da significação e contínua renovação de significados, em direção ao vir-a-ser e encontro com o si-mesmo.

Por outro lado, ressalto o problema da construção do *setting* analítico em mentes incontinentes, sob o inquieto e ruidoso curso das pulsões, cujas vidas estão em incessante movimento, numa espécie de "corrida báquica", e a necessidade de se criar condições suficientes de ligação e estabilidade para a realização do encontro analítico, da descoberta e do encontro com a subjetividade.

Voltemos à tragédia: ao chegar a Tebas, Dioniso deparou-se com a oposição do jovem rei, Penteu, à introdução do culto dionisíaco em seu reino. Penteu negou homenagens a Dioniso e tentou, por meios brutais, fazê-lo seu prisioneiro. Entretanto, Dioniso, pelo poder de divindade, escapou dos grilhões de Penteu e criou-lhe uma armadilha fatal.

Penteu, assim como a mãe, Agave, zombou da gravidez divina de Dioniso achando que Sêmele teve, na verdade, apenas "a idéia de vangloriar-se de amores com um deus" (v. 48). Esse rumor correu entre as mulheres tebanas.

Dioniso chegou a Tebas para prestar homenagens póstumas à mãe ali sepultada, mas, por não ter sido reconhecido como divindade por Penteu e como a condição verdadeira de sua mãe não foi reconhecida pelas mulheres tebanas, vingou-se pela honra da mãe, punindo-as, especialmente à Agave – mãe de Penteu e irmã de Sêmele – com a loucura.

Por outro lado, os velhos, Tirésias e Cadmo – este avô de Penteu e pai de Agave e de Sêmele – reconheceram a origem do novo deus, exaltaram suas virtudes e desejaram juntar-se às mulheres nos mistérios dionisíacos. Por essa atitude, foram julgados insanos por Penteu, que mais irado ficou em relação a Dioniso:

Cadmo:
De nossa parte é tempo de exaltar Dioniso /
o deus nascido de minha filha Sêmele /
que já provou aos homens sua divindade
(v. 229-230)

Tirésias:

> Teu pensamento é igual ao meu, e como tu / volto a ser jovem e quero juntar-me aos coros (v. 239-240). Não tenho pretensões quanto ao conhecimento / de tudo que é divino. Nenhum pensamento / afetará as tradições que recebemos...(v.253-255) / pois em seu culto não há discriminações (v.266).

Penteu aproxima-se:

> Estive ausente da cidade e me falaram / sobre um novo flagelo que perturba Tebas: / a deserção dos lares por nossas mulheres, / sua partida súbita para aderirem / a pretensos mistérios, sua permanência / na floresta sombria só para exaltarem / com suas danças uma nova divindade – um tal Dioniso, seja ele quem for (v.274-281).

E, mais adiante, disse-lhes:

> Quanta audácia! / Não merece ser enforcado / esse impostor que nos afronta e desafia? / Mas eis outro portento! Estou vendo Tirésias / com a pele de corça! Como é ridículo! Ao lado dele vem o pai de minha mãe – de Agave delirante! – portando nas mãos / o tirso das Bacantes! Meu avô! Renego-te velho insensato! / (v.319-328) E tu, Tirésias... se teus cabelos brancos não te protegessem / irias já sentar entre as muitas Bacantes, / coberto de correntes, como punição / por sua tentativa de impingir a Tebas / um culto infame! Digo que não há pureza / em festas onde o vinho é servido às mulheres! (v.336-341).

Tirésias, em relação ao discurso todo de Penteu, disse-lhe:

> ...embora fales bem / e dês a impressão de ser de boa índole, / não tens razão alguma em tudo que disseste" (v.348-350)[...] Dioniso é um profeta / e assim os seus delírios são divinatórios; / por isso, quando ele penetra fortemente / em nosso corpo, embriagando-nos, revela / o que ainda está por vir (v.394-398).

Penteu, em crescente ira, enfrentou e desafiou Dioniso que tentou, sem sucesso, abrandar-lhe os ânimos. Em seguida, Penteu foi levado por sua curiosidade a espreitar o que se passava com as mulheres que aderiram ao culto dionisíaco para trazê-las de volta aos seus lares. Disse Penteu:

> *Como uma chama que se eleva e nos envolve / o despudor dessas Bacantes nos desonra! / (v.1031-32). Verei com meus próprios olhos / todas as atitudes indecentes delas! (v.1376-77).*

Penteu desejava ver esse espetáculo, mas não queria ser visto por elas. Dioniso tentou, em vão, alertá-lo desse perigo. Depois, vencido e insuflado pelo deus, Penteu vestiu-se como uma bacante para ir, disfarçado, ao Monte Cíteron e de lá retirar a mãe.

Agave e as outras bacantes tebanas, sob a embriaguez báquica, ameaçadas por aquela presença estranha de Penteu preso a um pinheiro e instigadas pelo próprio deus a atacá-lo, em incontrolável fúria, acabaram por esquartejá-lo e degolá-lo, julgando estarem abatendo uma fera. Agave, vangloriando-se desse feito, retornou ao palácio com a cabeça do filho nas mãos, acreditando tratar-se de um filhote de leão. Ao recobrar a consciência, o desespero.

A razão em relação às paixões: a "razão sábia" e a "razão louca"

Roaunet (1987) usou essa tragédia para trabalhar o tema "Razão e Paixão" em um fecundo diálogo entre Literatura, Filosofia e Psicanálise. Analisou a paixão (amor e ódio), representada por Dioniso e as bacantes, e a razão, representada de um lado, por Penteu com os seus argumentos racionais para expulsar Dioniso (a paixão) e, de outro, por Tirésias que soube acolher os mistérios dionisíacos e reconhecer a loucura nos argumentos de Penteu contra Dioniso. À razão de Tirésias, denominou-a de "razão sábia", em contraposição à "razão cega e atrofiada, máscara da personalidade despótica" de Penteu, à qual denominou de "razão louca" (p. 444).

A "razão louca", de Penteu, é "a que recusa a paixão, e ao rejeitar o que nela é irracional, acaba sucumbindo ao irracional". A "razão sábia", de Tirésias, é a que está aberta a interagir com a paixão. Tirésias sabe que "a razão que exclui a paixão dionisíaca é uma razão insensata" (p. 442).

As paixões incontidas: amor, ódio e conhecimento despedaçados

Roudenesco (1999/2000), ao estabelecer um paralelo entre a transformação da sociedade e os modelos de estruturação psíquica desenvolvidos pela Psicanálise, diz que "passamos de um mundo entregue não mais ao despotismo paterno, mas à crueldade do caos materno" (p. 113).

Podemos compreender a "crueldade do caos materno" como a impossibilidade de a mãe comunicar-se consigo mesma, conhecer as próprias paixões, reconhecer-se nelas, conhecer suas agonias e perturbações e harmonizar-se face às suas urgentes realizações e frustradas não-realizações.

Destaco a personagem Agave, mãe de Penteu, cuja paixão incontida transformou-se em violência homicida contra o próprio filho. A paixão cega levou-a ao desatino. Penteu, diante da fúria báquica de Agave e "ansioso por ser reconhecido pela mãe", clamava, em vão, para salvar-se da morte:

"Sou eu, querida mãe! Sou teu filho Penteu, / que deste à luz no palácio do antigo Equíon!...(v.1457-58)". Contudo, sob o caos das sensações desordenadas, percepção distorcida, consciência perturbada e enfraquecida, Agave não enxergou nem escutou o humano (Penteu): alucinava e delirava o selvagem (leão). Ao despertar, uma dor inconsolável: "Que hino fúnebre poderei entoar! (v.1734)".

Saliento o estado-limite da mente cuja violência fragmenta as próprias capacidades perceptivas, pensantes e de julgamento, levando à expulsão e dispersão caótica dos conteúdos mentais e impossibilitando o reconhecimento do que lhe é familiar, em si próprio e no outro. Na situação analítica, o analista é sentido como presença estranha e ameaçadora a ser combatida. Situação-limite também para o analista que é confrontado com a dispersão, incoerência e incompreensão do que lhe está sendo apresentado, até que lhe ocorra um sentido e, com capacidade pensante, possa oferecer, pela experiência, o conhecimento das várias manifestações da violência, tais como: a insaciabilidade, os ataques às realidades interna e externa, os ataques à percepção e aos vínculos. Esse conhecimento vivenciado coincide com o trabalho de recolher os conteúdos da mente para transformar amor e ódio despedaçados em possibilidade de interação e compreensão. Essa decomposição fragmentada pode, também, manifestar-se por sentimentos de abandono, orfandade e desamparo ou por meio de lamentos desesperados e confusos em relação ao próprio corpo ou à vida, qual "hino fúnebre", entoado pela culpa decorrente da violência interna.

Tensões provocadas pela inveja

A criança estrutura-se na sanidade ou insanidade, na relação com o psiquismo materno e no modo como interpreta e introjeta suas experiências. Sentimentos intensos de inveja que se manifestam por ataques à capacidade criativa da mãe, reprodutiva do casal parental e aos vínculos entre eles, interferem na boa assimilação da relação mãe-bebê, com prejuízo do desenvolvimento psíquico (Klein, 1957/1974).

Penteu argumentou contra Dioniso, responsabilizou-o por provocar na mãe e nas mulheres a sensualidade e o amor e incitá-las ao desregramento: "culto sórdido (v.297),

/as mulheres procuram os recantos menos acessíveis para proporcionarem prazeres aos homens (v. 284-286)".

Excluído dessas relações e com sentimentos de ódio invejoso, Penteu cultua fantasias de uma relação devassa entre a própria mãe e Dioniso e ataca a união dos amantes, Zeus e Sêmele, desprezando a realidade de Dioniso como fruto de uma relação amorosa de uma mortal com o grandioso Zeus. Assim, Penteu escarnece do humano e banaliza o sagrado.

Destaco os estados de mente em que a inveja impossibilita que seja acolhida a criatividade da dupla analítica. As descobertas são menosprezadas, com o triunfo do desinteresse ou das distorções. A inveja, à espreita, a atacar a paixão amorosa e de conhecimento, pode manifestar-se como curiosidade intrusiva, por meio de verbalizações que tentam desvalorizar e banalizar a intimidade analítica. São falas lancetadas com tal força de penetração, que o analista atingido pode sofrer o seu impacto de corpo e alma.

A tragicidade em decorrência da mente expulsiva e da mente moral

A criança, com sua angústia de morte e impedida da realização das boas identificações introjetivas, poderá ficar à mercê de seus terrores, estruturando um superego cruel e assassino a reinar em seu mundo mental e tornando-se refém desses objetos internos terroríficos (Bion, 1962/1994).

A mãe, Agave, representa o estado mental da "permanência na floresta sombria" (v.279) das paixões primitivas, da insaciabilidade e do entorpecimento do pensamento, o que se supõe um distanciamento para relações afetivas de intimidade e reconhecimento do outro. É ela própria a representação da violência de uma mente expulsiva, fragmentada, incapaz de ouvir os apelos do filho na agonia da iminência de morte; mente essa incapaz, aliás, de ouvir qualquer chamamento.

O filho, Penteu, refém da violência de seus objetos internos, mostra-se prepotente, de mentalidade armada, insolente, exaltado, com humor tirânico e curiosidade intrusiva, e, assim, é levado à tragicidade do esquartejamento. Essa ação conjunta da arrogância, curiosidade e estupidez (Bion, 1958/1977) representa o estado mental sugestivo de um colapso psíquico e, Penteu, ao culminar com a cabeça degolada, mostra, nesse desfecho, a representação da catástrofe psicótica.

Penteu introjetou valores da vida civilizada, mas mantém sua mente cristalizada na moral das tradições. Esse estado mental saturado está pronto a expulsar o novo, o inesperado, o diferente, o estrangeiro, o estranho, sentido como "flagelo" e peste a ser combatida. Sob essas condições mentais, a idéia nova ameaça, afronta e golpeia. É sentida como intrusiva, como imposição de mais uma crença, mais uma regra a ser seguida. Dioniso propôs: "Podemos entender-nos, meu caro Penteu [...]". Penteu lhe respondeu: "E que será de mim? Um servo de meus servos?" Dioniso disse: "Posso trazer essas mulheres para ti / sem recorrer às armas e à violência". Penteu respondeu: "Isto é um golpe de esperteza! (v.1066-70)". Para Penteu, tal proposta é ardilosa e ultrajante. Para ele, aceitar é enfraquecer-se, arruinar-se e destronar-se.

Dioniso tentou, em vão, com Penteu, a experiência da compreensão. Penteu é um representante das leis de uma sociedade organizada, mas carrega consigo traços de brutalidade para a manutenção da tradição e da ordem social. Preso às regras preestabelecidas, Penteu é um representante da mente moral mais que da simbólica, já que essa condição resultaria de um processo fluido, flexível e contínuo de assimilação e integração de experiências substanciais, passadas e presentes. Dioniso é o deus, mas é Penteu o detentor do pensamento dogmático e religioso.

Destaco o estado mental que tenta distanciar a dupla analítica da experiência amorosa das descobertas, dos novos e substanciais significados alcançados e, por conseguinte, potencialmente abertos às novas apreensões, mas que se fecha em avaliações morais e sentimentos de rivalidade competitiva, na vã tentativa de afastar de si a percepção do estranho em si mesmo, como se, desse modo, conseguisse aquietar o pulsar da própria curiosidade.

As descobertas propiciadas pelo analista são sentidas como afronta e provocação pelo terror de aproximação à verdade, intimidade e dependência, tanto para com o analista quanto em relação às próprias paixões, sejam elas amorosas, agressivas ou de conhecimento.

Aqui, algumas questões se impõem: como manter a eficiência do método analítico de indagação, face aos ódios insanos que eliminam idéias recém-germinadas ou pela insaciabilidade por novas descobertas? Como manter a investigação frente a mecanismos que aprisionam as descobertas, mecanismos que se inclinam a cultuar idéias, mais que cultivá-las? Quanta ilusão pode ser combatida para comportar a verdade? Como evoluir de conceitos fechados, concepções dogmáticas, para novas apreensões e novos conceitos? Como manter a busca por novos significados, frente a mecanismos ardilosos que distorcem o conhecimento e seu uso?

A impossibilidade da comunicação e a intrusão das paixões

A comunicação pela identificação projetiva, que se estabelece entre a criança e a mãe, é importante ligação entre elas e entre a criança com o mundo, bem como condição fundadora e de construção de seu próprio psiquismo. O impedimento à realização desse elo intensifica a necessidade de fazê-lo, forçando no outro a entrada de suas angústias e emoções (Bion, 1962/1994).

Dioniso, arrancado prematuramente do corpo materno, impedido da relação com a mãe e, depois, não reconhecido como divindade pelas mulheres tebanas, forçou sua presença, invadiu a mente das mulheres e enlouqueceu-as. Representa a mente que, impedida de realizar o vínculo que permite a compreensão e o entendimento e na desesperada expectativa dessa realização, torna-se cada vez mais violentamente intrusiva. Diz a mitologia que Dioniso é um deus que exige ser aceito. São emoções que se queixam da impermanência do objeto; são conteúdos primitivos de vida e morte a buscare continentes que os acolham na sua insaciabilidade; são perigosas expectativas de reconhecimento da verdade, a qualquer custo; são, também, estados mentais em expectativas prementes de se livrarem de seus conteúdos e forçá-los para dentro do outro, situação na qual o analista pode sentir dificuldade em manter suas funções de *rêverie* e pensante. Essa pode ser uma outra situação-limite para o analista que, ao deixar "embriagar-se" pelos conteúdos que lhe invadem, pode vir a desfazer-se desse sombrio entorpecimento pelo fio de uma imagem ou observação, pela luz de uma percepção, por um sentimento ou pensamento que lhe reconduza em direção aos significados do que lhe está sendo clamado.

Penso, como contraparte dessa situação de intrusão violenta das emoções, a mente do analista sendo capaz de acomodar e matizar as paixões, para conduzir o método analítico de modo que esse não seja forçado a introduzir-se na situação analítica, mas que possa alcançar, por firme e criativo exercício, a força necessária para sua manutenção.

A dimensão ampliada do viver: conteúdos simultâneos que se complementam

Dioniso percorreu muitos territórios até chegar a Tebas. Ali chegou para prestar homenagens póstumas à mãe. Todavia a vingança da honra tomou o lugar dos sentimentos de luto. E o grande obstáculo que se ergueu contra Dioniso foi Penteu.

Mas o que significa Penteu? O nome "Penthéus", segundo a etimologia, derivou de um sentido inicial de ter sensação para o de experimentar uma dor, afligir-se, sofrer (*pénthos*) (Brandão, 1990/1993).

Esse é o limite com o qual Dioniso, o jovem deus, é confrontado e que consegue transpor, limite de viver a experiência da dor, a dor de não ser acolhido nem reconhecido. Dor de nascença que se repete, mas que ele, na condição de divina onipotência, transforma-a em triunfante entusiasmo e bem-aventurança. Entretanto, quando o homem-rei, Penteu, desafiou Dioniso em relação à sua origem divina, Dioniso alertou-o: "Teu nome te predestinou à desventura (v.664)". É, pois, à natureza humana a quem foram destinados os lutos, as perdas e a mortalidade. Contudo, Penteu, na sua onipotência humana, não consegue vislumbrar a vastidão dos poderes da natureza dadivosa mas, também, hostil e mortífera, e crê que é invencível por ela.

Penteu deseja, ao mesmo tempo, conhecer e ignorar o novo deus, o novo tempo e os novos enigmas. Para ele, Dioniso representa apenas a "desordem e o delírio" (Bonnard, 1980/1984). Em meio aos insultos a Dioniso, Penteu perguntou-lhe onde estava o novo deus: "Onde está ele, então? Meus olhos não o vêem", e Dioniso respondeu-lhe: "Onde eu estou, mas a falta de fé te cega (v.656 e 657)".

Dioniso oferece, agora, a Penteu a experiência da fé. Penteu não consegue alcançá-la. Além do mais, ridicularizou Tirésias por reconhecer os mistérios dionisíacos, chamando-o de "mestre de tolices" (v.465), apesar de Tirésias tê-lo advertido: "Escuta-me, Penteu, não sejas arrogante! Não imagines que teu cetro tudo pode diante de todos os seres! Não confundas uma ilusão de teu espírito doente com a sabedoria humana [...] (v. 411à 415)".

Dioniso propôs a Penteu a experiência não do olhar para fora, mas para dentro de si mesmo, na qual uma dimensão ampliada da vida pode ser intuída, sentida, investigada e pensada. Dioniso representa os conteúdos perturbadores de Penteu, a sensualidade, as paixões e suas tensões, a loucura, os conteúdos de vida e morte que se complementam e a transcendência pelos significados. Penteu, ao recusá-los, não consegue libertar suas forças interiores, nem interagir com os múltiplos e coexistentes aspectos de si mesmo e, assim, não consegue tornar-se um, com ele mesmo.

Ressalto a relação analítica como experiência emocional compartilhada, para a contínua significação das paixões e elaboração dos lutos, a ampliar a capacidade de suportar o sofrimento, possibilitando a renovação da inspiração às descobertas e a expansão do olhar para além de si mesmo, para a compreensão da dimensão da vida, naquilo que a antecede e a transcende.

Tirésias, velho e cego, vê o que está além da aparência humana de Dioniso. Enxerga além da aparência, o que a transcende. O jovem rei Penteu olha para Dioniso e não enxerga o deus. Penteu não consegue ir além daquilo que seus olhos lhe mostram – o humano, mas não consegue olhar o humano em profundidade. E Agave, sob a embriaguez das sensações e emoções, enxergou somente a fera em Penteu, não conseguindo ver o humano além de sua condição primitiva, instintiva e selvagem.

Estamos, então, diante de questões sobre as tensões entre sensorial e psíquico, primitivo e simbólico, paixão e razão, tradição e inovação, verdade e moral, ilusão e realidade, sensualidade e transcendência, vida e morte, amor e ódio, crença e pensamento, fé e conhecimento e evolução ou não em direção ao desconhecido.

O conhecido é sempre tentado a cair na armadilha do desejo de aprisioná-lo, tal como Penteu o fez em relação às tradições. O desconhecido, como ele o fez em relação ao novo deus, é sentido para ser expulso e denegrido ou impedido, à força, a não perturbar a ordem já estabelecida. Entretanto, o objeto da investigação analítica, o mundo mental, tem suas astúcias e, como Dioniso, não se deixa prender, pois quanto mais dele nos aproximamos para indagá-lo, mais ele furta-se e distancia-se. Nisso reside a ironia de um objeto de investigação, a "ironia objetiva", definida pelo sociólogo Jean Baudrillard (2000), em sua obra *A ilusão vital*. Diz o autor: "O; objeto é o que escapa do sujeito". Assim, o território possível a ser conquistado é o da indagação, do pensar, mais que o do conhecer. A Filosofia e a Psicanálise já nos alertaram para o incognoscível da "coisa-em-si", da "realidade última" (Bion, 1970/2006).

Considerações finais

Para finalizar, farei uma breve narrativa: conta-se que Freud, em 1909, convidado a apresentar a nova ciência, a Psicanálise, à América, confidenciou a Jung, ao aportar em solo americano: "Eles não sabem que lhes estamos trazendo a peste" (Roudinesco & Plon (1997/1998, p.587), com a convicção de que abalaria todo um sistema de crenças, pensamentos e conhecimentos sobre a vida humana. A Psicanálise difundiu-se, cruzou e conquistou continentes. Especialmente em sua origem, "desencadeou uma tormenta de indignação, como se fosse culpada de um ato de ultrajante inovação" (Freud, 1921/1977, p.116). Alcançou reconhecimento e lugar não apenas nas ciências, mas também na cultura. Freud dialogou com muitas áreas do conhecimento. De olhar apolíneo, transcendeu as aparências, alcançando o dionisíaco da alma humana. Também não deixou de antever o olhar de seus interlocutores e permitir-lhes as incertezas (1927/1977). À luz dessa tradição, irradiam-se inovadoras e fecundas contribuições da Psicanálise.

Referências bibliográficas

Baudrillard J. A ilusão vital. Rio de Janeiro: Civilização Brasileira, 2000.

Bion WR. (1962). O aprender com a experiência. In: Os elementos da Psicanálise. Rio de Janeiro: Zahar,1966.

___ (1963). Os elementos da Psicanálise. Rio de Janeiro: Zahar, 1966.

___ (1958). Sobre la arrogância. In: Volviendo a pensar. Buenos Aires: Paidós. 1977.

___ (1962). Uma teoria sobre o pensar. In: Estudos psicanalíticos revisados. Rio de Janeiro: Imago, 1994.

___ (1970). Atenção e interpretação. Rio de Janeiro: Imago, 2006.

Bonnard A. (1980). A civilização grega. Lisboa: Edições 70, 1984.

Brandão JS. (1990). Dicionário mítico-etimológico da mitologia grega. Petrópolis: Vozes, 1993.

Eurípides. (405 a.C) As Bacantes. Trad. Gama Kury. Rio de Janeiro: Jorge Zahar, 1993.

Freud S. (1921). Psicologia de grupo e análise do ego. In: Edição standard brasileira das obras psicológicas completas de Sigmund Freud. Rio de Janeiro: Imago 1977 SE 18. p.116.

___ (1927). O futuro de uma ilusão. In: Edição standard brasileira das obras psicológicas completas de Sigmund Freud. Rio de Janeiro: Imago 1977 SE 21.

Kerényi C. Dioniso: imagem arquetípica de vida indestrutível. São Paulo: Odysseus, 2002.

Klein M. (1957). Inveja e gratidão. Rio de Janeiro: Imago.1974.

Lesky A. (1937). A tragédia grega. São Paulo: Perspectiva, 2001.

Maffesoli M. (1982). A sombra de Dionísio: contribuição a uma sociologia da orgia. Rio de Janeiro: Graal, 1985.

Naffah Neto A. A psicoterapia em busca de Dioniso: Nietzsche visita Freud. São Paulo: Educ,1994.

Rouanet PS. Razão e paixão. In: Os sentidos da paixão. São Paulo: Companhia das Letras, 1987.

Roudinesco E & Plon M. (1997) Dicionário de Psicanálise. Rio de Janeiro: Zahar, 1998.

Roudinesco E. (1999). O homem trágico. In: Por que a Psicanálise. Rio de Janeiro: Jorge Zahar, 2000.

9
O EGO FREUDIANO E A CONSCIÊNCIA

É, de certo modo, consensual entre os psicanalistas que a consciência não pertence ao campo da psicanálise. Sabe-se, contudo, que Freud planejou dedicar-lhe um dos artigos metapsicológicos de 1915, não concretizando o projeto, provavelmente, pela insuficiência de dados para elaborar hipótese científica consistente. A intenção de fazê-lo dá a medida de seu interesse pelo tema, tanto que expôs algumas idéias esparsas sobre a consciência em contextos diversos, nos quais se pode ter boa noção de como a via. De um modo geral, era descrita em três perspectivas: (1) como agência regulatória; (2) como órgão senso-perceptivo e (3) como fenômeno ativo que envolve um processo de hipercatexização.

Victor Manuel de Andrade
Sociedade Psicanalítica do Rio de Janeiro - SPRJ.
Médico, Membro Efetivo da SPRJ.
Analista Didata do Instituto de Ensino da SPRJ.
victormanuel@alternex.com.br

Como agência regulatória, foi atribuída à consciência a função de regular a quantidade de energia mental móvel por meio de sua capacidade de apreensão de qualidades psíquicas: "com a ajuda de sua percepção de prazer e desprazer, ela influencia a descarga das catexias dentro do aparelho, que de outro modo operaria por meio de deslocamento de quantidades" (1900, p. 616). A percepção de prazer e desprazer tem, assim, o condão de transformar as quantidades móveis de energia em qualidades, produzindo efeito regulador sobre a mente, na medida em que a descarga livre de energia fica sob controle. A consciência do desprazer e do prazer introduz o primeiro sistema regulador da mente. Esse sistema, caracterizado por um automatismo intrínseco, aos poucos é substituído por outro mais eficiente, que usa o pensamento para antecipar situações de prazer e desprazer, procurando-as ou evitando-as. Freud observava que o pensamento em si é desprovido de qualidade, isto é, não é percebido pela consciência: "a fim de que os pensamentos possam adquirir qualidade, são associados nos seres humanos às lembranças verbais, cujos resíduos de qualidade são suficientes para atrair a atenção da consciência" (1900, p. 617).

Como "órgão dos sentidos para a apreensão de qualidades psíquicas" (1900, p. 574), a consciência recebe excitações de duas direções:

(1) Na periferia do aparelho psíquico, o sistema perceptivo apreende o que vem do exterior e do interior, sobretudo o que se manifesta como prazer e desprazer. A sensação de prazer e desprazer é "quase a única qualidade psíquica vinculada a transposições de energia no interior do aparelho. Todos os outros processos nos sistemas-Ψ, incluindo o *Pcs*, são desprovidos de qualidade psíquica, e assim não podem ser objetos de consciência, exceto se levarem prazer ou desprazer à percepção. Somos, então, levados a concluir que "essas produções de prazer e desprazer regulam automaticamente o curso dos processos catexiais" (*ibidem*).

(2) Além dos estados afetivos de prazer e desprazer, a consciência torna-se, depois, capaz de apreender também os "processos pré-conscientes ligados ao sistema mnêmico de indicações de fala" (*idem*), ou seja, recebe as excitações próprias dos pensamentos, quando estes podem ser expressos verbalmente, circunstância em que se tornam conscientes.

Há, então, uma consciência primária, relacionada à percepção de sensações corporais, sobretudo as de prazer e desprazer, e uma consciência secundária, correspondente à percepção do pensamento verbal. Esta última é responsável pela noção de um mundo interno constitutivo da subjetividade, de um sujeito de primeira pessoa do singular, o "eu", que em psicanálise costuma ser substituído pelo equivalente latino, ego.

Foram considerados, ainda, dois aspectos da consciência dignos de menção, aos quais me reportarei novamente mais adiante:

(1) É um fenômeno ativo, dependente da emissão de sensores que rastreiam a excitação que chega de fora, ou seja, é de certa maneira um fenômeno sensório-motor (1925a [1924], p. 231; 1925b, p. 238);

(2) Implica uma hipercatexia de atenção (1900, p. 594).

Eis, em resumo, quase tudo o que Freud expôs sobre a consciência, situando-a sempre na perspectiva de um órgão sensorial que desempenha papel regulatório mediante ligação de energia livre, processo que inclui a justaposição de uma representação verbal a uma representação concreta. Depois dele, nada de substancial foi acrescentado por seus seguidores, prevalecendo a idéia de um órgão perceptivo, cuja estrutura nunca foi revelada — grosso modo, os estudos têm-se cingido às duas modalidades de consciência, primária e secundária, e ao processo de verbalização do pensamento. É compreensível que a psicanálise se abstivesse de estudar a consciência de modo consistente, uma vez que foi sempre considerada inacessível à investigação científica como fenômeno estrutural, sendo objeto apenas de elucubrações filosóficas, juízo que se consolidou como verdade evidente em si mesma, sendo ocioso discuti-la.

Todavia, o progresso da neurociência, nos últimos vinte anos, tem evidenciado que ela é um processo biológico natural, passível de investigação científica, ensejando a uma elite de neurocientistas e filósofos da mente prever o desvendamento do mistério que a envolve.

Damásio pensa ser "provavelmente seguro dizer que, por volta de 2050, o conhecimento dos fenômenos biológicos será suficiente para varrer de vez as tradicionais separações dualísticas corpo/cérebro, corpo/mente e cérebro/mente" (2002 [1999], p. 9). Searle, sem avançar previsões temporais, acredita na futura demonstração de que "a consciência é um fenômeno biológico comum comparável ao crescimento, à digestão ou à secreção da bile" (1997, p. 6). Dennett considera o problema da consciência solucionado, declarando-o inexistente, pois ela não é um fenômeno real, mas um aspecto virtual do funcionamento do cérebro (1991).

Blackmore (2006) publica depoimentos de 21 dos mais reputados neurocientistas e filósofos, em que esses sustentam a visão materialista de que a mente é manifestação da atividade cerebral, renegando o dualismo dominante durante milênios. Embora seja consensual a rejeição ao dualismo, há dois pontos de vista de certa forma diferentes entre os materialistas considerados monistas: (1) o que considera a consciência um produto do cérebro, ou seja, um fenômeno causado pela atividade cerebral, ou um correlato desta; (2) o que não a vê como produto, fato que implicaria algo destacado, mas apenas como manifestação virtual da atividade cerebral — esta é experimentada delusoriamente como consciência. Segundo Churchland (2006), a atividade cerebral é o fato real estudado pela neurociência, ao passo que sua manifestação virtual é estudada pela psicologia. Uma vez que esta última visão me parece a mais afinada com a ciência moderna e também com o espírito freudiano, vou tomá-lo como ponto de partida de um delineamento das relações entre a concepção freudiana do ego e as investigações científicas sobre a consciência.

Em síntese, tentarei mostrar que a neurociência de fato investiga a realidade cerebral, assim como a psicologia acadêmica estuda o aspecto virtual da consciência. Mas a psicanálise não se detém a essa manifestação virtual: vai muito além dela, projetando-a sobre a realidade cerebral com o intuito de revestir esta última de características virtuais. Defenderei a idéia de que a transposição do consciente virtual para o inconsciente neurológico dá a este a qualidade de inconsciente psíquico, a matéria-prima da investigação psicanalítica.

Sem entrar em especificidades do trabalho de neurocientistas e filósofos, pois a intenção é apenas trazer evidências de que as idéias referidas até aqui se coadunam com a metapsicologia, farei brevíssimo resumo das conclusões a que chegaram alguns desses investigadores que me parecem contribuir para esclarecer aspectos ainda obscuros do conceito freudiano de ego.

Libet (2004) demonstrou, mediante sucessivas experiências, que células cerebrais relacionadas a certas decisões são ativadas cerca de meio segundo antes de o sujeito da experiência ter consciência de sua decisão, ou seja, a vontade de executar determinada ação surge depois da execução. Essas experiências pioneiras, iniciadas em 1957 com a observação do cérebro de paciente tratado cirurgicamente e desenvolvidas nos anos 1960, 1970 e 1980, constituíram os primeiros passos no sentido de investigar a consciência em laboratório, e permanecem válidas mesmo depois do constante aprimoramento dos métodos de pesquisa, que chegaram a requintes de sofisticação nos dias atuais.

Blackmore mostra que ações relacionadas a determinadas percepções visuais podem preceder a consciência da percepção, evidenciando-se que o trajeto neural conducente à percepção é diferente do gerador da ação, ou seja, a ação se processa de modo independente da percepção que supostamente a causaria. A ilusão de que a percepção visual é responsável pela ação é descrita nos seguintes termos:

> *a informação chega aos olhos e é processada pelo cérebro; isto nos leva à visão consciente do mundo sobre o qual podemos agir. Em outras palavras, devemos ver conscientemente uma coisa antes de podermos agir em relação a ela. Acontece que o cérebro não está, de modo nenhum, organizado desta maneira, e provavelmente não poderíamos sobreviver se estivesse. De fato, existem (pelo menos) duas correntes visuais com funções distintas. A corrente ventral vai do córtex visual primário para o córtex temporal e está envolvida na construção de percepções acuradas do mundo. Mas estas podem levar algum tempo. Assim, em paralelo com isto, a corrente dorsal se dirige ao lobo parietal e coordena o rápido controle visual-motor. Isto significa que ações rápidas guiadas visualmente, como... afastar-se de um obstáculo, podem acontecer muito antes do reconhecimento [percepção] ... do obstáculo (2005, p. 28-9).*

Segundo Wegner,

> *a mente produz ações para nós, e também pensamentos sobre essas ações. Sentimos vontade [de realizar as ações] porque vemos uma conexão causal entre os pensamentos e as ações. Algumas vezes os pensamentos não chegam ali [à percepção] a tempo de preceder as ações (2006, p. 251).*

Nesse caso, processos cerebrais causam ao mesmo tempo a percepção da vontade de fazer determinada coisa e a ação a ela correspondente, sem haver uma relação causal entre intenção e ação, sendo ilusória a idéia de que a vontade causou a ação. "Parece comumente que temos vontade consciente de nossas ações voluntárias, mas isto é uma ilusão" (2002, p. 2).

Essas considerações assemelham-se à teoria sensório-motora defendida por Noë (2002), baseada, sobretudo, no fenômeno da "cegueira à mudança" (*change blindness*), segundo o qual a percepção visual é uma ilusão derivada do movimento dos olhos, isto é, ver é ação antes que percepção. As cenas só são vistas por receberem a ação dos olhos. A visão estaria implicada ao conhecimento de como as ações do sujeito influem sobre as informações recebidas do mundo exterior, que interagem com os movimentos do corpo, quando este pisca os olhos ou se movimenta das mais diversas formas. Segundo Noë, a visão é uma "grande ilusão".

O'Regan, participante da mesma linha de investigação, centrada na *change blindness*, afirma:

> *Embora tenhamos a idéia de que temos uma percepção contínua do mundo, meu ponto de vista é que isto é uma ilusão ... Temos a impressão de um maravilhoso campo à nossa frente, e que o mundo está presente continuamente. Defendo que na verdade não é assim; não há nada ali até nos darmos conta do que realmente está lá"* (2006, p. 162). ... *"A experiência [como percepção sensorial] é... algo que você faz... As experiências reais que temos derivam de nossa atividade em nosso ambiente (ibid, p. 165-6).*

A teoria da participação dos olhos na produção da consciência defendida por O'Regan e Noë parece respaldada pelo trabalho de neurocientistas que pesquisam o sonho, que revelam ser o fenômeno onírico produto dos movimentos rápidos dos olhos (REM) durante o sono. Efetivamente, quando dorme, o mundo externo desaparece para o sujeito, enquanto o cérebro continua funcionando de modo inconsciente, pois sua atividade não é percebida. No entanto, quando ocorre o fenômeno REM (movimento rápido dos olhos), o trabalho do cérebro é percebido como sonho, denotando um mundo interno do qual se tem consciência apenas em razão do movimento dos olhos, como mostra Hobson (1994).

Ramachandran considera o sentimento de livre arbítrio uma espécie de "racionalização *post hoc*" (2006, p. 196), ou seja, o sujeito atribui uma causa não verdadeira a uma ação praticada. Relata diversas situações em que indivíduos com lesões cerebrais impeditivas da realização de certos movimentos não admitem a incapacidade motora, estando convictos de que o impedimento é temporário e devido a motivos flagrantemente falsos. Os mecanismos de negação e racionalização nesses casos são tão óbvios, que se assemelham às mentiras ingênuas inventadas por crianças bem pequenas (1996, p. 37/40; 2004, p. 103).

Crick mostra que os processos nos circuitos neurais se passam de forma inconsciente; a consciência surge quando grupos neuronais disparam sincronicamente, com intensidade e freqüência determinadas (cerca de 40 Hertz), em locais diferentes do cérebro (1994). Essa coalizão é formada por um número relativamente pequeno de neurônios, talvez numa faixa entre um e dez por cento do total. Concorda com Wegner que a consciência, a subjetividade, o livre arbítrio, enfim, o eu, são epifenômenos, acreditando num determinismo neuronal: "Acontece que as pessoas confrontadas com isto escolheram a explicação errada — que há uma espécie de alma ou outra coisa separada do cérebro" (2006, p. 76-7). "A hipótese espantosa, perturbadora, é que 'você', suas alegrias e sofrimentos, suas lembranças e suas ambições, seu senso de identidade pessoal e livre arbítrio, são na verdade apenas o comportamento de uma vasta coalizão de células nervosas e suas moléculas associadas. ... Você não é nada além de um pacote de neurônios (1994, p. 3)". Crick diz algo semelhante a Noë e O'Regan a respeito de a visão ser uma ilusão:

O que você vê não é o que está lá realmente; é o que o seu cérebro acredita estar lá....ver é um processo construtivo, ativo. Seu cérebro faz a melhor interpretação possível de acordo com sua experiência anterior e a informação limitada e ambígua fornecida por seus olhos (1994. pág. 31).

Edelman também atribui a consciência ao disparo sincrônico de grupos neuronais em regiões distintas do cérebro. Esses neurônios teriam sido agrupados por um processo de "darwinismo neural", chamado de "teoria da seleção de grupos neuronais", de modo que, tendo contemporaneidade genética, disparam no mesmo tempo (2006). Desse modo, "é suficiente mostrar que as bases neurais da consciência, e não propriamente a consciência, podem fazer as coisas acontecerem" (2004, p. 3).

Dennett introduziu uma espécie de monismo materialista radical, abolindo o que denominou "teatro cartesiano", representativo da impressão de que um "eu" assiste ao que se desenrola na mente, protótipo do dualismo corpo-mente. Rejeita também o que chama de "materialismo cartesiano", atribuído aos cientistas e filósofos materialistas que, apesar de rejeitarem a dicotomia cérebro-mente, acreditam que a consciência seja algo produzido pela atividade cerebral, ou mesmo um correlato neuronal. Ambos, teatro e materialismo cartesianos, indicativos de um eu observador, seriam ilusões surgidas da atividade cerebral, não constituindo um fenômeno em si. A consciência, o sentimento do eu, é uma ilusão virtual que acompanha o funcionamento neuronal, ou seja, a subjetividade e a atividade cerebral são a mesma coisa. Para Dennett, não faz sentido um materialista referir-se a *seu* cérebro percebendo ou fazendo alguma coisa, pois não existe um possuidor do cérebro: o cérebro *não pertence* à pessoa, ele *é* a pessoa, e esta é um agente formado pela totalidade do corpo, do qual o cérebro faz parte (1991; 2006).

Churchland tem pontos de vista semelhantes aos de Dennet. Para ela, a mente e a consciência, em vez de produzidas pelo cérebro, ou mesmo correlatos neuronais, são a própria atividade do cérebro:

a corrente elétrica em um fio não é causada por elétrons em movimento; ela é elétrons em movimento. Genes não são causados por aglomerados de pares de bases no DNA; eles são aglomerados de pares de bases... A temperatura não é causada por energia cinética molecular; ela é energia cinética molecular" [itálicos originais] (1996, p. 292).

É provável que nossas idéias comumente aceitas sobre raciocínio, livre arbítrio, o eu, consciência e percepção não tenham mais consistência que idéias pré-científicas sobre substância, fogo, movimento, vida, espaço e tempo (ibidem, p. 300).

Em seu poder [das novas teorias sobre a mente] de derrubar as "eternas verdades" do conhecimento popular, esta revolução será pelo menos igual às revoluções copernicana e darwiniana. Já é evidente que alguns conceitos psicológicos populares profundamente enraizados, como memória, conhecimento e consciência, são fragmentários e serão substituídos por categorias mais adequadas (1986, p. 481).

Quanto mais aprendemos a entender como o cérebro trabalha num nível baixo, tanto mais aprendemos a entender a Psicologia num nível elevado, tanto mais veremos que eles se harmonizam num maravilhoso abraço, de uma forma tal que não são duas coisas abraçando uma à outra; é realmente uma coisa só olhada de dois pontos de vista" (2006, p. 59).

Penso já termos elementos suficientes para tentar mostrar como o conceito freudiano de ego se relaciona com fatos objetivos aparentemente tão distantes da psicanálise. Registre-se, preliminarmente, que muito antes das pesquisas neurocientíficas sobre a consciência Freud já se mostrara cético em relação ao livre arbítrio, cuja existência era posta em xeque pelo determinismo psíquico inconsciente (1901, p. 253-4; 1919, p. 236). Na verdade, uma visão ampla do ego freudiano me parece mostrá-lo sintônico com as verificações científicas modernas. Apesar de já referir-se a ele no Projeto, em que é mostrado como o aspecto organizado da mente, durante muitos anos Freud evitou descrevê-lo ou defini-lo, apenas sinalizando sua existência como instância consciente em contato com a realidade externa, em nome da qual reprime os impulsos instintuais. Aos poucos, a experiência clínica mostrava a impropriedade de igualá-lo ao consciente: (1) o fenômeno das resistências evidenciava que a instância repressora funcionava de modo inconsciente, derrubando a prevalecente bipolaridade inconsciente reprimido — consciente repressor; (2) a fantasia, tão inconsciente quanto o reprimido, era organizada segundo os padrões do pré-consciente (1915); (3) aspectos inconscientes do ego tornavam-se patentes:

> *É certo que muito do ego é em si mesmo inconsciente, e notavelmente o que podemos descrever como seu núcleo; somente uma pequena parte dele é coberta pelo termo 'pré-consciente'"* (1920, p. 19).

Quando, finalmente, foi feito o estudo do ego, ficou demonstrada definitivamente a existência do eu inconsciente:

> *Uma parte do ego, também — e os céus sabem quão importante é essa parte — pode ser Ics. indubitavelmente é Ics. E este Ics. pertencente ao ego não é latente como o Pcs* (1923, p. 18).

Ao publicar seu estudo sobre o ego, Freud advertiu, no prefácio, que sua visão diferia de tudo que se dizia sobre ele, afirmando não se sentir em débito com nenhum outro tipo de conhecimento que não fosse o obtido na observação psicanalítica (1923, p. 12). Seu conceito de ego extrapolava a tradicional esfera do consciente/pré-consciente, inovação que não só distinguia a psicanálise ainda mais das outras modalidades de conhecimento, como também revolvia estruturalmente a si mesma, na medida em que o ego era apresentado como síntese revolucionária de aspectos opostos já conhecidos. Com efeito, a psicanálise deixou de equacionar o ego com o consciente, como a psicologia acadêmica e a filosofia sempre o fizeram, sendo agora acompanhadas por neurocientistas que empregam os termos eu, ego, *self*, *me*, como equivalentes a consciência. O eu freudiano é diferente: embora seja organizado e possa ser consciente e pré-consciente, sua maior parte é inconsciente como o id.

A rigor, o ego inconsciente surgiu muito antes de ser conceituado como tal:

> *Costumamos superestimar o caráter consciente da produção intelectual e artística. ... Alguns dos homens mais altamente produtivos, como Goethe..., mostram que o essencial e o novo em suas criações lhes vieram sem premeditação, como um todo já praticamente pronto (1900, p. 613) ... concluímos que ... as mais complicadas realizações do pensamento são possíveis sem a ... consciência (p. 593).*

Freud ampliou ainda mais a compreensão do ego ao estender-lhe a característica genética antes só atribuída ao id, ao mesmo tempo em que esclarecia o que queria significar quando dizia que o ego resultava da modificação da superfície do id pelo mundo externo. Na verdade, quando se referia ao id tinha em mente um aglomerado ego-id, do qual o ego e o id emergiam como produtos de diferenciação. Disse-o nos seguintes termos:

> *Quando falamos de uma "herança arcaica" pensamos geralmente só no id e parecemos presumir que no começo da vida do indivíduo o ego ainda não existe. Mas não desconheçamos que o id e o ego são originalmente uma única coisa; nem implica qualquer supervalorização mística da hereditariedade se acreditarmos que, mesmo antes de o ego existir, suas linhas de desenvolvimento, tendências e reações que exibirá mais tarde, já estão estabelecidas para ele" (1937, p. 240).*

O exame do ego-id numa perspectiva genética mostra que, durante a indiferenciação, os dois possuem diferentes potenciais de desenvolvimento: enquanto o id está quase pronto no nascimento, o ego tem de desenvolver seus traços herdados mediante interação com o ambiente; encontrando-se em estado potencial, a linha de desenvolvimento traçada geneticamente é modificada pela interação com os objetos, que se incrustam na essência do ego, como uma forma de *imprinting*. Hartmann (1950) identificou no ego-id a matriz comum do instinto dos animais, ou seja, o que no animal humano é ego-id, nos demais é instinto. Freud parecia acreditar com firmeza nessa idéia, tanto que falava de um psiquismo herdado geneticamente, além de atribuir às crianças uma espécie de "conhecimento instintivo" mediante o qual não precisava experimentar determinadas coisas para conhecê-las (1918 [1914], p. 120). Como mostrei em outro lugar (2003), dir-se-ia que o animal humano nasce com um instinto (ego-id) que se desdobra numa parte id e outra parte ego. Os não-humanos mantêm o conjunto ego-id (instinto) por toda a vida, com pequena capacidade de diferenciação. No entanto, por menor que seja a diferenciação, esta deve ocorrer em grau suficiente para caracterizar um ego incipiente capaz de ter experiências percebidas como consciência, não só primária, mas também secundária. Freud admitia a diferenciação incipiente:

> *Este quadro esquemático geral de um aparelho psíquico se aplica também aos animais superiores que se parecem com o homem mentalmente. ... Uma distinção entre ego e id é uma admissão inevitável"* (1950 [1938], p. 145).

Pelo que se sabe hoje da evolução, é provável que animais não-humanos sejam dotados de consciência, não só primária, mas até mesmo secundária, sendo que cada um deve experimentá-la da maneira própria de sua espécie, inacessível às demais. Embora nos humanos a consciência secundária se dê com a participação da linguagem verbal, em outras espécies isso deve acontecer por outros meios, como se depreende da concepção da linguagem como instinto sustentada por Pinker (1994). Vem a propósito a clássica observação do filósofo Thomas Nagel de que não temos idéia do que é ser um morcego, que se orienta no mundo exclusivamente pela audição:

> *Se posso imaginar [como é ser um morcego] isto me fala apenas do que seria para mim comportar-me como um morcego. Mas esta não é a questão. Quero saber o que é ser morcego para um morcego [itálicos originais] (1974, p. 220).*

Christof Koch presume que muitos animais, como as abelhas, mesmo sem possuírem córtex e tálamo, têm uma espécie de memória de curto termo e são capazes de realizar tarefas de grande complexidade. Embora não possa ser provado, tudo leva a crer que possuem consciência. Entretanto, a impossibilidade de prova se estende aos humanos, uma vez que só os imaginamos possuidores de consciência por terem a mesma história evolucionária que nós, além de poderem nos comunicar sua experiência, o que não acontece com os não-humanos (2006, p. 134-136).

A concepção freudiana de que o ego tem suas linhas gerais de desenvolvimento traçadas geneticamente tem a vantagem de reconduzir o ser humano a sua origem animal, ensejando levar o estudo da psicanálise para rumos científicos mais definidos. Nesse sentido, é essencial a observação de que o ego é, antes e acima de tudo, corporal (1923, p. 26), corolário natural das primeiras observações sobre a consciência primária ligada a sensações de prazer e desprazer. Sendo estados afetivos, prazer e desprazer implicam descargas motoras internas, secretoras ou vasomotoras, como Freud observou (1915, p. 179, n.1). Portanto, o ego surge do registro de sensações corporais, cujas representações primordialmente afetivas são progressivamente ligadas a representações ideativas, de modo a formar o pensamento — este, repita-se, não possui inicialmente qualidade psíquica, motivo por que é inconsciente; para adquirir qualidade psíquica e tornar-se consciente tem de ligar-se a resíduos mnêmicos de fala.

Embora Freud não esclarecesse de modo convincente em seus textos psicanalíticos por que os registros verbais têm qualidade psíquica, as bases de sua convicção podem ser encontradas no trabalho neurológico sobre as afasias (1891). O que expôs ali, articulado com esboços extremamente sintéticos em outros lugares (1900, p. 574; 1923, p. 23), permite depreender que a palavra ouvida do objeto deixa vestígio mnêmico na mente do bebê, ou seja, origina uma representação da palavra ouvida que não possui qualidade psíquica. Entretanto, quando o bebê repete a palavra ouvida, transformando-a em sua própria fala, o faz mediante o acionamento dos músculos envolvidos na linguagem verbal, circunstância em que o pensamento se expressa por via corporal (aparelho fonador). Antes inconsciente por constituir-se de representações verbais apenas ouvidas, portanto, passivas, o pensamento torna-se consciente depois que essas representações se tornam ação corporal sob a forma de fala, portanto, ativas. Além da ação muscular, o som emitido é também captado pelo aparelho auditivo, de modo a configurar uma série de sensações simultâneas de natureza ativa (motora) e passiva (sensorial). Acresce que o componente passivo tem duplo registro: primeiramente quando ouvido como fala do objeto e, posteriormente, pela audição da fala do próprio sujeito. Justapõem-se, ainda, a essa dupla audição as vibrações corporais do movimento do ar no aparelho fonador.

Em resumo, Freud associa a consciência a algo que se passa no corpo: na primária, as sensações de prazer e desprazer decorrem do movimento de músculos lisos secretores e vasomotores; na secundária, o pensamento torna-se consciente ao expressar-se como fala. Pode-se extrair daí a explicação para a afirmação feita um tanto obscuramente em diversos contextos, segundo a qual a consciência resulta de processo de hipercatexização. Dava a entender, de forma imprecisa, que se referia a catexias de atenção direcionadas a idéias pré-conscientes, sem definir a natureza dessas catexias — às vezes eram paradoxalmente atribuídas à própria consciência (1900, p. 594 e 603); outras vezes, embora em termos diferentes (sensores), ao inconsciente (1925a [1924], p. 231), ou ao ego (1925b, p. 238). A meu ver, a qualidade duplamente sensorial da fala, com seus aspectos simultaneamente ativo e passivo, poderia bem expressar o processo de hipercatexização. Por outro lado, as sensações de prazer e desprazer associadas à consciência primária também exprimem essa duplicidade, uma vez que, como os afetos em geral, prazer e desprazer são descargas internas da musculatura lisa de vasos e glândulas que repercutem sensorialmente, como ocorre com as ações musculares, ou seja, são sensório-motoras. Portanto, as consciências secundária e primária resultam de hipercatexias relacionadas a processos sensório-motores.

Observa-se que as duas formas de consciência se identificam no corpo, sede de ambas, tornando-se relevante entender como se dá transição entre elas. Os eventos corporais mencionados podem ser vistos numa perspectiva narcísica — algo se projeta do corpo e retorna simultaneamente, assemelhando-se à visão do corpo refletida em espelho. Quando a criança começa a falar, repete o que ouve do objeto, confundindo-se (identificando-se) com este pela fala. Isso faz supor que a consciência secundária surja da percepção do objeto fazendo parte do sujeito, uma contrapartida da ilusão da própria imagem refletida no espelho como sendo outra pessoa. Uma vez que isso se refere à apreensão do pensamento por meio da fala como expressão da subjetividade, é mister que se reflita sobre seus precursores, as experiências de consciência primária não-verbal que prepararam o terreno para a secundária.

Deixando de lado componentes genéticos, fenômenos auto-eróticos provavelmente já existentes no útero, bem como fatores relacionados ao nascimento, é possível que o protótipo da consciência primária seja a relação objetal primordial, quando a musculatura da boca do bebê tem que se movimentar ativamente para sugar o seio e engolir o leite, ao mesmo tempo em que sua mucosa experimenta a sensação passiva do contato com o seio. Além disso, os dois corpos tocam-se e confundem-se, com sensações ativas e passivas, o cheiro do objeto produzindo sensações olfativas misturadas com o odor do corpo do bebê, o leite produzindo sensações gustativas, os olhos vendo um ambiente cambiante a cada movimento da mãe ou da cabeça do bebê, ou simples piscar de olhos deste, e os ouvidos atentos a cada som. Permeando tudo isso, intensas sensações de prazer indicam descargas somáticas internas, secretoras e vasomotoras, sem perder de vista a produção de endorfina, substância endógena favorecedora de experiências delusionais.

A conjugação desses estados de intensa sensorialidade configuraria o que Freud chamou de hipercatexia, produtora da ilusão de consciência aqui discutida. Esse pareceria o modelo por excelência da multiplicidade de sensações ativas e passivas em que o bebê não se percebe diferenciado do corpo materno. Daí em diante, as miríades de situações semelhantes que ocorrem no cotidiano vão construindo a mente e fortalecendo a ilusão de uma consciência derivada das sensações ativas e passivas do contato com o corpo do objeto confundido com o do sujeito. Mais tarde, depois de desfeita a ilusão da indiferenciação, instalar-se-ia a de um eu (ego) consciente diferenciado, que não é senão vestígio da hipercatexia da fase indiferenciada. Na verdade, o eu real é inconsciente, sendo a consciência uma ilusão derivada do acionamento simultâneo de registros de situações de indiferenciação.

Em suma, o que na consciência primária é sensação corporal se torna linguagem na consciência secundária, quando a fala do objeto é que se confunde com a do sujeito. Nesse caso, a ilusão, como sustentam neurocientistas e filósofos, de haver algo experimentado por um eu poderia advir do duplo contato sensorial com o objeto, simultaneamente ativo e passivo, circunstância em que um objeto observado como terceira pessoa (ele/ela) aparece ilusoriamente como primeira pessoa (eu).

Essas reflexões extraídas do pensamento de Freud são compatíveis com as dos neurocientistas para quem o processamento cerebral ocorre de forma inconsciente, tornando-se consciente apenas quando grupamentos neuronais disparam sincronicamente em determinada freqüência e quando ações musculares determinam modificações em *inputs* sensoriais, sendo a consciência expressão ilusória de processos de natureza sensório-motora. Vista assim, a mente é um fenômeno neurológico que só se torna psíquico no modo virtual gerador da ilusão da consciência.

Diferentemente de Freud, para os neurocientistas a mente se restringe ao consciente, sendo o inconsciente investigado apenas como cérebro – ante a constatação de que a consciência é virtual, seu interesse só pode voltar-se para o que é real, isto é, os neurônios. Nesse sentido, é notória a perplexidade de alguns neurocientistas e filósofos diante da constatação de que o sentimento consciente de livre arbítrio é uma ilusão, como se depreende dos supracitados depoimentos de alguns dos mais qualificados estudiosos do assunto. Segundo Blackmore, dos 21 *scholars* por ela entrevistados, apenas Francis Crick foi inteiramente coerente na percepção da ilusão do livre arbítrio (2006, p. 8-9). Repetem, de certa forma, o conflito existencial de Dostoievski, refletido em personagens do clássico *Os irmãos Karamazov*, diante da idéia de que tudo, inclusive o parricídio, seria permitido se Deus não existisse. No caso em questão, se o livre arbítrio não é real, corre-se o risco de cessar a responsabilidade legal e moral pelos atos praticados.

A referida perplexidade parece indicativa de ausência da genuína mudança de paradigma preconizada por Dennett. Na verdade, a inexistência de livre arbítrio consciente num plano real não impede sua existência inconsciente, sob a forma de um "pacote de neurônios" organizado de maneira a propiciar a ilusão de consciência, livre arbítrio e "eu". Efetivamente, o "eu" real é o corpo, no sentido amplo mostrado por Edelman, que engloba o cérebro e as trocas com o ambiente em que está situado (2006, p. 25). Uma vez que o cérebro, como mostra Damásio (1999, p. 8), tem a faculdade de representar não só o corpo, mas também as trocas deste com o ambiente, deve estar configurado para interagir com o ambiente ao qual está adaptado. Esse ajuste se reflete na moral, na ética e nas leis — estas são produções do cérebro que se manifestam virtualmente, gerando a ilusão de serem causadas por um livre arbítrio consciente. Parece faltar, pois, a mudança de paradigma necessária para a aceitação de que o "eu" virtual e a ilusão de livre arbítrio são simples manifestações da atividade cerebral – esta, sim, constitui o "eu" real, assim como o livre arbítrio.

A dúvida dos referidos neurocientistas deve-se supostamente ao fato de que, uma vez observada a característica virtual da subjetividade, só lhes resta a objetividade dos neurônios, sede de um inconsciente sem significado psicológico para eles. Do ponto de vista freudiano, ao contrário, o inconsciente é o psíquico por excelência, sendo por isso seu objeto de investigação, independentemente de sua realidade neuronal. Temos, então, que o mesmo fenômeno, o inconsciente, é visto pela neurociência como atividade cerebral e pela psicanálise como fenômeno metapsicológico. A psicanálise, embora a consciência não seja seu objeto específico de estudo, não se detém em sua qualidade virtual. Ao invés disso, usa-a como modelo para projetar sua característica ilusória sobre o inconsciente neurológico, dotando-o do aspecto virtual que teria caso se tornasse consciente. Ela procura traduzir em termos mentais o que, do ponto de vista neurocientífico, é atividade cerebral, procurando iluminar processos neuronais que funcionam às escuras. Tendo em vista essa diferença essencial, terminam aí os pontos em comum entre a psicanálise e a neurociência. A melhor medida da diferença entre as duas é a concepção freudiana de que a maior parte do eu é inconsciente, notadamente seu núcleo, fato fundamental que constitui a razão de ser da presente exposição.

A contribuição mais notável da neurociência é demonstrar que, mesmo operando no plano virtual do inconsciente, quando a psicanálise modifica a mente, altera o inconsciente neurológico, pois os dois são a mesma coisa. Não cabe à psicanálise provar a mudança objetiva, pois a notoriedade da subjetiva é suficiente em face da evidência de que atividade cerebral e mente são o mesmo fenômeno examinado de ângulos diferentes. Aos psicanalistas cabe tão-somente continuar usando o método com o qual sempre obtiveram êxito em modificar processos inconscientes do id, do ego e do superego. O método psicanalítico pode ser empregado com a convicção reforçada pelo conhecimento de que efetua transformações no cérebro. Não importa que tais mudanças possam não ser captadas pelos métodos atuais de investigação neurocientífica, em virtude de provavelmente se passarem na intimidade bioquímica da neurotransmissão ou no interior celular, ou ainda nas obscuras variações quânticas no interior dos microtúbulos das proteínas celulares, às quais Penrose (1994) atribui a origem da consciência. Não é lícito tampouco supor que os psicanalistas pretendam com seu método modificar lesões cerebrais grosseiras do nível anatômico ou histológico, pois seu método deve restringir-se aos casos de transtornos causados por relações objetais deficientes, principalmente quando sabemos a extensão dos distúrbios no ego corporal causados por função materna exercida inadequadamente.

Experiências neurocientíficas diversas com animais e seres humanos mostram que a relação afetiva produz alterações somáticas, para o bem e para o mal, nos indivíduos envolvidos na relação. São particularmente eloqüentes as demonstrações de que um filhote de rato se desenvolve melhor quando é lambido pela mãe, bem como as evidências de que alterações somáticas são produzidas pela aproximação e pela separação da dupla (Hofer, 1995). Da mesma forma, um bebê humano, ao interagir afetivamente com a mãe, amplia a rede neural de modo a desenvolver a cognição e regular as emoções (Schore, 1994). Em contrapartida, animais e crianças que não recebem os cuidados adequados são vítimas de patologias somato-psíquicas diversas registráveis laboratorialmente (Hofer, 1995; Teicher, 2002). Essas pesquisas objetivas confirmam a correção da técnica psicanalítica, que usa o binômio transferência-contratransferência para fazer da repetição das primeiras relações afetivas significativas no *setting* analítico o fulcro da ação terapêutica da psicanálise. Com efeito, como mostrei em outro lugar (2003; 2005), o *enactment* transferencial enseja ao analista emular a função materna, condição em que se habilita a corrigir falhas estruturais derivadas da relação afetiva primordial deficiente.

À vista do exposto, parece adequado retificar a suposição de Freud de que a consciência constitui uma agência psíquica com atividade específica, como emitir catexias, impressão equivocada se for verdade que ela é simples expressão virtual da atividade neuronal. Desse modo, o papel que lhe atribuiu de regulador do psiquismo parece aplicar-se à atividade neuronal, que transcorre segundo o determinismo inerente à programação traçada por circuitos inatos modificados continuamente pelo ambiente. Traduzindo isso em termos metapsicológicos, o que foi apontado por Freud como papel da consciência é, na verdade, protagonizado pelo ego inconsciente. De certa forma, foi aberta uma janela para essa correção, quando Freud assemelhou a percepção a uma tela transparente pela qual passa todo estímulo vindo do exterior, depois de filtrado por um escudo protetor, a qual permite visualizar, sob a forma de consciência, o registro desse estímulo numa camada inferior; nessa tela, em vez de memória, surgiria a consciência (1925 [1924]). Essa idéia fora antecipada no Projeto (1950 [1895]) mediante a conceituação de um neurônio absolutamente permeável à excitação. No entanto, Freud não abriu mão de ver na consciência algo distinto da percepção, conferindo-lhe características de instância psíquica, apesar de referir-se ao sistema a ela correspondente como perceptivo-consciente (Pcpt-Cs.).

Da mesma forma, cumpre modificar a metáfora pela qual descreveu o aparelho psíquico como um microscópio composto, em que as imagens não se encontram em nenhum lugar material do instrumento, mas em algum ponto não concreto em seu interior, sob forma virtual (1900, p. 536). Essa analogia agora é mais apropriadamente aplicável à consciência, o verdadeiro fator virtual que serve de modelo para chegar-se ao inconsciente, em si material.

Considerando a característica virtual da consciência, não parece descabido supor que ela revela a criação pelo cérebro de representações de sua própria atividade, da mesma forma que podemos ouvir nossa voz ou ver a imagem de nosso corpo. Como mostrou Damásio (1999), o neurônio se diferencia das demais células por sua capacidade de representar o corpo e suas partes, bem como a interação deste com o ambiente. Nesse caso, a consciência primária expressaria o cérebro representando a atividade das outras partes do corpo; a consciência secundária refletiria a representação da própria atividade cerebral. O processamento das representações modificaria *ipso facto* a atividade cerebral inconsciente, da mesma forma que o *insight* obtido no processo analítico modifica a mente. A representação da atividade neuronal produziria o que

Edelman chama de consciência da consciência (2006), fato semelhante à capacidade do ego ideal de observar o ego, que Freud associou à origem da memória subjetiva, ou consciência de si mesmo (1914, p. 96-n.).

A compreensão da consciência, nos termos aqui expostos, lança luz sobre como a psicanálise opera mudanças psíquicas. Trazemos à lembrança a observação de Freud de que o material inconsciente é uma representação-coisa, e só se torna consciente se lhe for aposta a palavra a ela correspondente: "Uma representação que não é posta em palavras, ou um ato psíquico que não é hipercatexizado, permanece no Ics (1915, p. 202)". A interpretação teria, pois, um papel de hipercatexização. Sabe-se, todavia, que a simples tradução em palavras não é suficiente para desfazer a repressão, não consistindo a palavra em si mesma uma hipercatexia. Na verdade, um genuíno *insight* deve agregar uma cota de afeto à representação-palavra, sendo esta a verdadeira hipercatexização.

Um século de prática clínica levou à evidência de que a mudança psíquica inclui uma multiplicidade de fatores ideativos e afetivos, em que se conjugam interpretação e revivência transferencial das relações afetivas significativas, sendo esta última o fator decisivo para dotar a representação-palavra da cota de afeto indispensável à produção do que Andre Green (1973) chamou de discurso vivo. Nesse caso, o *enactment* transferencial proveria o elemento afetivo inerente à regulação psíquica pelo prazer-desprazer, com suas miríades de situações emocionais conducentes a processos de dupla identificação (empática do analista e introjetiva do analisando), como mostrei em outro lugar (2005). Assim se passaria a reparação de falhas nos períodos mais primitivos da mente, em que predomina a consciência primária característica da regulação por afetos da série prazer-desprazer.

A interpretação, entendida na forma ampliada exposta por Freud como construção (1937b, p. 261), forneceria o elemento cognitivo indispensável à consolidação e fixação das modificações conquistadas pela via afetiva, estruturando a mente de modo consistente e duradouro — esta seria a maneira de obtenção da consciência secundária, característica da mente desenvolvida. Como exposto anteriormente, processos de hipercatexização são necessários para obtenção tanto da consciência primária, quanto da secundária, ambas sendo capazes de promover mudança psíquica *per se*. No entanto, a conjunção das duas parece ser o fator por excelência de obtenção da ação terapêutica desejável.

Quando Freud se deu conta de que o ego funciona de modo inconsciente, admitiu que a tendência de dividir a mente segundo critérios de acesso ou não à consciência perdera a razão de ser, pois todo o psiquismo funciona de maneira inconsciente (1923). Se tudo é inconsciente — a ligação de energia, os mecanismos de defesa, a organização da mente, o raciocínio, a criatividade, o livre arbítrio, enfim, a essência do eu — qual seria o papel da consciência, reconhecida como o único sinalizador luminoso em meio à escuridão do inconsciente? Pelo menos para nós, psicanalistas, sua função parece ser possibilitar que fenômenos inconscientes neurológicos sejam percebidos numa forma psíquica, mediante a projeção sobre eles dos aspectos virtuais da consciência. O inconsciente só adquire qualidade psíquica quando interpretado segundo os padrões virtuais da consciência; fora desse modelo, parece só haver a realidade neuronal.

Num plano mais amplo, Wegner expressa sua utilidade nos seguintes termos:

> *O fato é que parece a cada um de nós que temos vontade consciente. Parece que possuímos um eu. Parece que temos mente. Parece que somos agentes. Parece que causamos o que fazemos. Embora seja razoável e afinal apropriado chamar tudo isso de ilusão, é um engano concluir que ilusório é desprovido de valor. Ao contrário, as ilusões ... sobre a causação mental visível são os blocos que edificam a psicologia humana e a vida social. ... Mas costumamos*

presumir que as coisas são como aparentam ser. ... Nosso sentimento de sermos agente consciente que faz coisas vem ao custo de estarmos errados todo o tempo (2002, p. 342). Os maus cientistas seriam os que preservam algum sentido de que sua vontade consciente é uma experiência psíquica autêntica que se passa em suas mentes, que suas consciências produzem suas atividades (2006, p. 257).

Se os dados científicos aqui expostos forem confirmados cabalmente, pode-se concluir que a ilusão da consciência é a essência do psíquico, e o inconsciente neurológico, para ter qualidade psíquica, tem de ser levado para esse modelo mediante método especial de interpretação. Se esse raciocínio estiver correto, o trabalho analítico consiste em projetar a ilusão da consciência sobre a atividade cerebral.

Referências bibliográficas

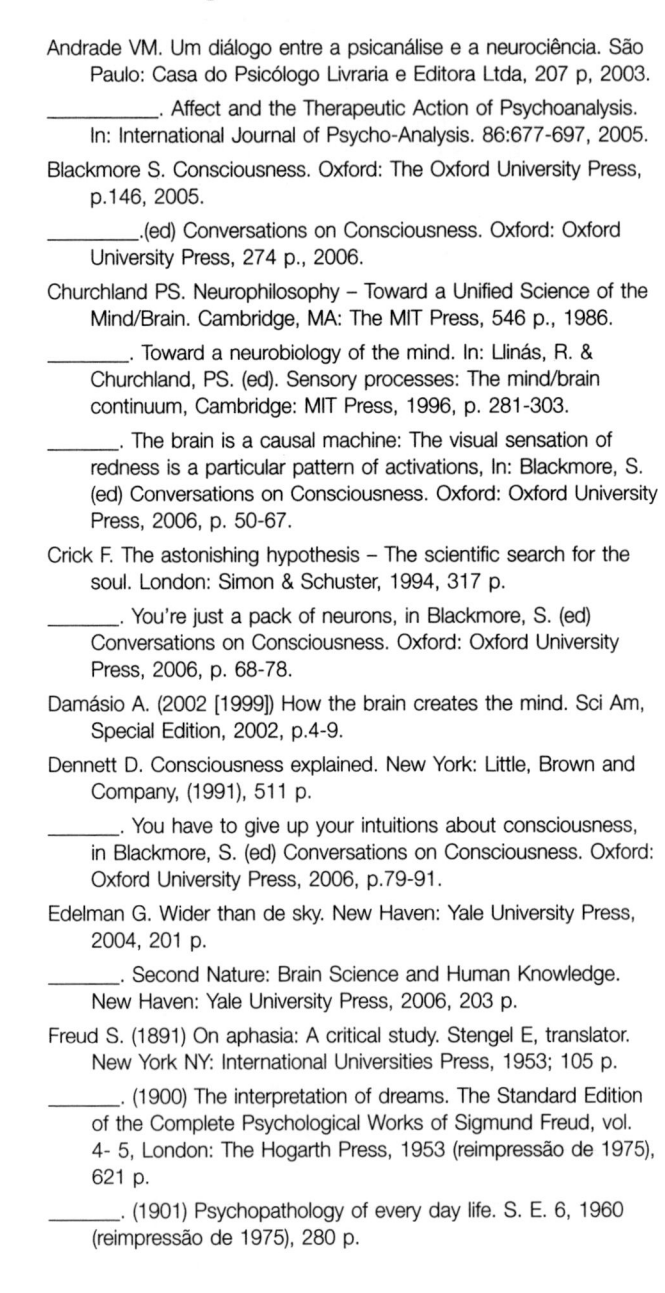

Andrade VM. Um diálogo entre a psicanálise e a neurociência. São Paulo: Casa do Psicólogo Livraria e Editora Ltda, 207 p, 2003.

_____. Affect and the Therapeutic Action of Psychoanalysis. In: International Journal of Psycho-Analysis. 86:677-697, 2005.

Blackmore S. Consciousness. Oxford: The Oxford University Press, p.146, 2005.

_____.(ed) Conversations on Consciousness. Oxford: Oxford University Press, 274 p., 2006.

Churchland PS. Neurophilosophy – Toward a Unified Science of the Mind/Brain. Cambridge, MA: The MIT Press, 546 p., 1986.

_____. Toward a neurobiology of the mind. In: Llinás, R. & Churchland, PS. (ed). Sensory processes: The mind/brain continuum, Cambridge: MIT Press, 1996, p. 281-303.

_____. The brain is a causal machine: The visual sensation of redness is a particular pattern of activations, In: Blackmore, S. (ed) Conversations on Consciousness. Oxford: Oxford University Press, 2006, p. 50-67.

Crick F. The astonishing hypothesis – The scientific search for the soul. London: Simon & Schuster, 1994, 317 p.

_____. You're just a pack of neurons, in Blackmore, S. (ed) Conversations on Consciousness. Oxford: Oxford University Press, 2006, p. 68-78.

Damásio A. (2002 [1999]) How the brain creates the mind. Sci Am, Special Edition, 2002, p.4-9.

Dennett D. Consciousness explained. New York: Little, Brown and Company, (1991), 511 p.

_____. You have to give up your intuitions about consciousness, in Blackmore, S. (ed) Conversations on Consciousness. Oxford: Oxford University Press, 2006, p.79-91.

Edelman G. Wider than de sky. New Haven: Yale University Press, 2004, 201 p.

_____. Second Nature: Brain Science and Human Knowledge. New Haven: Yale University Press, 2006, 203 p.

Freud S. (1891) On aphasia: A critical study. Stengel E, translator. New York NY: International Universities Press, 1953; 105 p.

_____. (1900) The interpretation of dreams. The Standard Edition of the Complete Psychological Works of Sigmund Freud, vol. 4- 5, London: The Hogarth Press, 1953 (reimpressão de 1975), 621 p.

_____. (1901) Psychopathology of every day life. S. E. 6, 1960 (reimpressão de 1975), 280 p.

_____. (1914) On narcissism: an introduction. S. E. 14, 1957 (reimpressão de 1975), p. 73-102.

_____. (1915) The unconscious. S. E. 14, 1957 (reimpressão de 1975), p. 166-204.

_____. (1918 [1914]) From the history of an infantile neurosis. S E. 17, 1955 (reimpressão de 1975), p. 7-122.

_____. (1920) Beyond the pleasure principle. S. E. 18, 1955 (reimpressão de 1975), p. 7-64.

_____. (1923) The ego and the id. S. E. 19, 1961 (reimpressão de 1975), p. 12-59.

_____. (1925a [1924]) A note upon the "mystic writing-pad". S. E. 19, 1961 (reimpressão de 1975), p. 227-232.

_____. (1925b) Negation. S. E. 19, 1961 (reimpressão de 1975), p. 235-239.

_____. (1937a) Analysis terminable and interminable. S. E. 23, 1964 (reimpressão de 1975), p. 216-253.

_____. (1937b) Constructions in analysis. SE. 23, 1964 (reimpressão de 1975), p. 257-269.

_____. (1940 [1938]) An outline of psycho-analysis. S. E. 23, 1964 (reimpressão de 1975), p. 144-208.

_____. (1950 [1895]) - Project for a scientific psychology. S. E. 1, 1966, p. 295-387.

Green A. (1973) O discurso vivo: uma teoria psicanalítica do afeto. R. de Janeiro: Livraria Francisco Alves Editora S.A., 1982, 320 p.

Greenfield S. I get impatient when the really big questions are sliding past, In: Blackmore, S. (ed) Conversations on consciousness. Oxford: Oxford University Press, 2006 p. 92-103.

Hartmann H. (1950) Comments on the psychoanalytic theory of the ego, In: Essays on ego psychology. N. York: The International Universities Press, 1964, p. 113-141.

Hobson JA. The chemistry of conscious states: How brain changes its mind. London: Litton, Brown, 1994, 300 p.

Hofer M. Hidden regulators – implications for a new understanding of Attachment, Separation and Loss, in Goldberg, S., Mur, R & Kerr, J. ed. Attachment theory. Hillsdale: The Analytic Press, 1995 p. 203-230.

Koch C. Why does pain hurt? In Blackmore, S. (ed) Conversations on consciousness. Oxford: Oxford University Press, 2006 p. 186-197.

Libet B. Mind time – The temporal factor in consciousness. Cambridge, MA: Harvard University Press, 2004, 245 p.

Nagel T. (2002 [1974]) What is it to be a bat? In Chalmers, D. Philosophy of mind – Classical and contemporary readings. Oxford: Oxford University Press Inc., 2002, p. 219-226.

Noë A. Is the visual world a grand illusion? In Noë, A. ed. Is the visual world a grand illusion? Thorverton: Imprint Academic, 2002 p. 1-12.

O'Regan K. There's nothing there until you actually wonder what's there, in Blackmore, S. (ed) Conversations on consciousness. Oxford: Oxford University Press, 2006 p. 160-172.

Penrose R. Shadows of the mind: A search for the missing science of consciousness. Oxford: Oxford University Press, 1994 457 p.

Pinker S. The language instinct. London: Harper Collins Publishers, 1994, 526 p.

Rmachandran V. A brief tour of human consciousness. New York: Pi Press, 2004, 192 p.

_____. You're part of Shiva's dance; not a little soul that's going to be extinguished, In: Blackmore, S. (ed) Conversations on consciousness. Oxford: Oxford University Press, 2006, p. 186-197.

Ramachandran V et al. Illusions of body image: what they reveal about human nature, in Llinás, R. & Churchland, P. S. (ed) Sensory processes: The mind/brain continuum,. Cambridge: MIT Press, 1996, p. 29-60.

Schore A. Affect regulation and the origin of the self – The neurobiology of emotional development. Hillsdale, NJ: Lawrence Erlbaum Associates. 1994, 728 p.

Searle J. The mistery of consciousness. N. York: New York Review of Books, 1997, 214 p.

Stoerig P. It's obvious that other animals experience very much like we do, In: Blackmore, S. (ed) Conversations on consciousness. Oxford: Oxford University Press, 2006, 213-221.

Teicher MH. Scars that won't heal: The neurobiology of child abuse. Sci Am 286:68-75, 2002.

Wegner D. The illusion of conscious will. Cambridge, MA: Bradford Books-The MIT Press, 2002, 405 p.

_____. Don't think about a white bear, in Blackmore, S. (ed) Conversations on consciousness. Oxford: Oxford University Press, 2006, p. 245-257.

10 | TEORIAS FRACAS E O COTIDIANO DE UM PSICANALISTA

Ao começar este trabalho, senti-me como se estivesse tentando escrever uma história. Isso porque vinham a minha mente lembranças de sessões que me remetiam a situações comuns da vida e como elas são encaradas no cotidiano.

Assim, fui me dando conta de inúmeras observações que fazemos no decorrer da conversa que temos com o analisando e que constituem um campo enorme de falas, observações, comentários, exemplos de certas situações, ditados, máximas etc., por parte do analista e também do cliente, que acrescenta inúmeros fatos de sua vida, da de outras pessoas, de sonhos, tudo isso permeado de emoções de qualidade e intensidade variadas.

Cecil José Rezze
Sociedade Brasileira de Psicanálise de São Paulo.
Doutor em Medicina pela Faculdade de Medicina da USP.
Membro Efetivo da Sociedade Brasileira de Psicanálise de São Paulo.
Analista didata do Instituto de Psicanálise da SBPSP.
cjrezze@uol.com.br

É de conhecimento de todos que quando algo dessa natureza é levado a reuniões clínicas, seminários, grupos de estudo, em geral, forma-se uma imensa Babel, na qual as mais variadas e respeitáveis teorias analíticas são usadas, dificilmente desfazendo o tumulto. Isso ocorre até mesmo quando os participantes pertencem a uma mesma escola de pensamento.

Tenho participado de diversas dessas reuniões e noto que, muitas vezes, o fato é destacado. Considera-se, então, que existe uma profunda diferença entre as teorias psicanalíticas e sua possibilidade de aplicação clínica, dando a sensação, a muitos colegas, de uma situação intransponível, gerando uma impressão de falsificação e desconforto. Às teorias psicanalíticas disponíveis chamarei de teorias fortes, como as da transferência, do complexo de Édipo, do instinto ou pulsão, da identificação projetiva, da cisão, da foraclusão, do *holding*, e outras. De forma sintética, creio que a definição citada por Mora (1977, p. 394) nos dá algo satisfatório a esse respeito. "Uma teoria é um sistema dedutivo no qual certas conseqüências observáveis se seguem da conjunção entre fatos observados e a série das hipóteses fundamentais do sistema."

Assim, para o mundo físico, a lei da atração universal de Newton nos dá um exemplo acabado e completo, além de que a abstração da teoria pode ser apresentada em sua fórmula matemática elegante e sintética:

$$F = k \frac{m1 \times m2}{d^2}$$

Podemos, ainda, descrevê-la como: matéria atrai matéria na razão direta das massas e na razão inversa do quadrado da distância. Assim se explica que, na força de atração da gravidade, a pequena massa de nosso corpo seja poderosamente atraída pela enorme massa da Terra, na distância mínima que nos separa dela.

As teorias psicanalíticas terão características mais complexas, embora possamos considerá-las ainda como inclusas na definição de Mora, anteriormente mencionada. Consideremos a teoria da transferência (Freud, 1920).

> *É obrigado (o cliente) a repetir o material reprimido, como se fosse uma experiência contemporânea, em vez de, como o médico preferiria ver, recordá-lo como pertencente ao passado. Estas reproduções, que surgem com tal exatidão indesejada, sempre têm como tema alguma parte da vida sexual infantil, isto é, do complexo de Édipo e seus derivativos, que são invariavelmente atuados (acted out) na esfera da transferência, da relação do cliente com o médico.*

Essa teoria partiu da experiência e introduziu relações fundamentais e definidas: as relações com o analista e que são atuadas e não recordadas. Introduz também um fragmento do mito de Édipo, que já fora inserido numa teoria anterior, que é a do complexo de Édipo. Portanto, algo da antiga Grécia, provavelmente de Sófocles, embora esse mito já tivesse sido citado na Ilíada, de Homero. Considere-se a elegância e síntese do texto, embora tenhamos perdido a característica abstrata e matemática da teoria da atração universal, porém, ganhamos em riqueza humanística.

Ganhamos em riqueza humanística, mas perdemos em precisão. E o que dizer quando nos deslocamos para o cotidiano do trabalho analítico?

Teorias fracas – cotidiano de um psicanalista

A Para facilitar a redação e o entendimento, serão colocados em itálico as descrições dos eventos ocorridos durante a sessão e os comentários que surgiram contemporaneamente. Sem nenhum tipo de destaque serão colocados os comentários que surgiram após reflexão sobre o texto anterior.

Este dia analítico começa no dia anterior, quando, à noite, tive uma reunião de grupo de estudos. Daí, a necessidade de me organizar para não dormir muito tarde, pois começo a trabalhar às 7h,10h.

Procuro chegar com folga e, antes de receber o cliente e iniciar o trabalho, tomo uma xícara pequena de café fresco. Tenho um lugar físico confortável e que me agrada. Mentalmente procuro estar disponível para o que se inicia.

Tomadas essas medidas, passo a esperar o cliente. Começa o meu dia psicanalítico propriamente dito.

A descrição acima contém teorias implícitas. Uma é de que o analista deve providenciar uma condição física atendendo a suas necessidades de conforto; outra que deve cuidar de seu estado físico e mental para estar disponível para a análise.

Já estou na sala de análise e consulto o relógio. Bem, há algum atraso. Já se passam cinco minutos do combinado. Reparo que espontaneamente me tranqüilizo: ela, às vezes, se atrasa um pouco. Fico ali com uma idéia ou outra no espírito. Idéias fugidias, algo do encontro com o grupo... Dou-me conta de que já se passaram mais sete ou oito minutos.

Há uma teoria que explica o atraso: o hábito que ela tem, às vezes, de se atrasar. Parece que essa teoria surge com o objetivo de atenuar sentimentos desconfortáveis no analista – outra teoria.

Bem, lá começam certas inquietudes: às vezes, ela se atrasa de 10 a 15 minuto; é meio imprevisível. Difícil dizer o que a leva a se atrasar. Pouco provável que seja o trânsito, pois ela mora mais ou menos perto. Também é difícil saber o que a move. Estou ali, à espera. Vem? Não vem?

As teorias são descartadas com as dúvidas: *Vem? Não vem?*

Já estamos com alguns minutos mais. Talvez não venha.

Ela falta, às vezes. Pode ocorrer, após sessões turbulentas em que ela se vê ameaçada e atacada. Às vezes, isso acontece após o fim de semana (ela vem quatro vezes de segunda a quinta). A quinta-feira passada foi de alguma proximidade e no pós-sessão *pode ter havido mudanças, ou mesmo, pela separação do fim de semana.* O fato é que elementos que são vividos com proximidade e compreensão podem se tornar terrivelmente hostis e, com isso, ela pode vir a iniciar a sessão apavorada com minha presença.

"Talvez não venha". "Ela falta, às vezes".

Isso leva a supor teorias causais, que justificam a ausência num dia específico. Seriam faltas como reação a: sessões anteriores turbulentas; sessões nas quais houve maior proximidade e compreensão, mas que a ausência do fim de semana transforma em elementos contrários – hostis e apavorantes.

Vou devaneando.

Procuro explicitar meu estado mental: é um devaneio e não algum outro estado que poderia ser temido.

Ontem, tivemos um dos dias mais produtivos de nossa jornada, que já dura dois anos, com diversas ameaças de interrupção.

Há uma avaliação, por parte do analista, sobre a produtividade da dupla. Está implícita uma teoria sobre como opera a psicanálise, ou seja, com produtividade – fato avaliável pelo analista.

O tempo vai passando e eu estou realmente esperando.

Agora reflito um pouco: preenchi sua ausência com memórias de sua presença. Bem, isso me leva a pensar que não sei nada, a não ser que ela não está. Inclusive, acontecimentos alheios a ela podem tê-la impedido de comparecer.

A sessão vai chegando ao fim. Estive trabalhando todo o tempo com um parceiro ausente e sobre o qual nada fiquei sabendo.

Avalio essa passagem como uma atividade em que o fim do tempo disponível e a privação da cliente levam-me a reflexões que eu considero como uma teoria – a do pensar.

Só pude devanear e agora tomar mais contato com o estar só. Uma preciosa parte de minha vida foi utilizada nessa tarefa que me propus a fazer: psicanálise.

Há uma teoria sobre mim e sobre a psicanálise, incluindo uma afirmação de uso ou perda da própria vida. Creio que isso condiz com outra teoria, que aprecio muito, e que apresento em forma de narrativa. A vida é como a areia que existe em uma ampulheta, cuja quantidade não podemos avaliar. Quando a ampulheta é virada, e isso ocorre uma vez apenas, a areia escoa pelo buraquinho, cujo diâmetro também não se sabe. Terminada a operação, terminada a vida.

B *Está na sala de espera. Recebo-a e dirigimo-nos à sala de análise. Ao entrar, ela acende a lâmpada central, embora já haja uma iluminação de apoio acesa. Deita-se.*

A providência de acender a luz, que fica em seu olho, sugere alguma necessidade que não é propriamente de iluminar o ambiente, parece-me. No entanto, não tento alguma exploração a respeito. O próprio ato sugere um anúncio luminoso que diz: Perigo!

Tendo a indagar sobre uma premonição do analista, ou intuição, ou temor. O fato adverte, por parte da analisanda, uma resposta possivelmente assustada, violenta, intimidada? Não é nada disso? Creio que me movo no que chamo de prudência, é o que me ocorre e me permite ficar em silêncio aguardando.

Prudência é uma teoria? Pelo menos é o substrato com que me situo e posso operar.

Diz que estava cansada por causa do fim de semana.

Faço algum comentário do qual não me lembro.

Fica em silêncio.

Passa a narrar eventos que se passaram no fim de semana, usando uma forma descritiva muito rica, quer quanto aos fatos e acontecimentos, quer quanto aos sentimentos que foram vividos.

A narrativa vai introduzindo um clima mental de bem-estar. Embora os momentos anteriores tenham sido nomeados por mim como de prudência, agora poderiam ser ditos como de prazer ou entretenimento.

Seus dotes sugerem uma escritora. Não tenho propriamente o que falar diante do que parece ser o despontar de uma atividade criativa. Sendo o despontar da criatividade do cliente na sessão algo essencial ao trabalho analítico, cabe ao analista a função de deixá-la fluir livremente.

Apesar dessas observações, não fico propriamente tranqüilo; poderia ela estar me hipnotizando, a fim de que eu não pudesse testemunhar outros estados de espírito que poderiam ser sentidos como insuportáveis?

Quase no fim da sessão, tomo uma pequena pausa para comentar o que me havia chamado a atenção: que ela estava extremamente feliz por viver essas experiências e que também estava feliz naquele momento e que nunca a vira assim antes.

Vê-se qual foi a direção que segui, quanto às cogitações sobre criatividade e hipnotismo.

Entretanto, devo acrescentar que subjaz aí uma outra teoria: a de que se deve dar conhecimento ao cliente dos seus estados de bem-estar, felicidade e criatividade, durante o encontro. Isso porque, embora ele os viva, habitualmente não os reconhece e nomeia e, assim, fica sem poder reconhecê-los ao longo de sua análise ou vida.

Ao sair, olha-me de lado, com um sorriso discreto de satisfação. Parece algo de cumplicidade, entendimento...

C *Relembra que veio me procurar há três anos, mas não pôde iniciar a análise por motivos econômicos. Agora, conseguiu (fala em tom satisfeito). Estende-se um pouco mais a respeito.*

Isso evoca em mim a lembrança da sessão anterior e como ele a viveu com sentimentos de participação e colaboração.

Essa situação me parece importante, ou seja, o analista poder avaliar qual o sentimento que preside o início do encontro, em que clima mental a dupla começa a se mover. Pareceu-me que a descrição dele de bem-estar e a minha lembrança dizem respeito a um certo estado de conforto espiritual ou mental.

São feitos vários movimentos e os afetos, que tinham uma direção de aproximação mais amorosa, parecem caminhar para a desconfiança.

Devido às fortes emoções envolvidas, torna-se difícil prosseguir na descrição do ocorrido, mas vamos continuar.

Falo algo sobre essas impressões e ele faz alguns comentários.

A seguir, pega uma manta que deixo em cima de uma mesinha para uso dos clientes. Eles raramente a usam e, quando o fazem, cobrem parte do corpo e menos freqüentemente todo o corpo, quando, em geral, tiram os sapatos ou estendem a manta somente até a canela. Noto que o cliente cobre também os sapatos, de maneira que a manta entra em contato com suas solas.

Nada falo, mas isso me chama a atenção. Penso que ele pôde servir-se da manta.

Acomoda-se com a manta, cobrindo-se todo.

No clima emocional que se desenrolava, achei oportuno, embora com certa dúvida, fazer um comentário sobre ele aceitar a manta e poder cobrir-se.

Passa a dizer que a manta tem mau cheiro e que ela é usada por todos os clientes.

O tom é de irritação e violência e ele vai aumentando a intensidade da voz.

Diz que o cheiro é muito ruim e que está é com cheiro de merda e eu (analista) o que quero é torná-lo uma merda.

A idéia de que o cliente está alucinando permite um certo distanciamento. Até esse momento, as emoções podem se contidas nas palavras e no divã, no qual permanece deitado.

Vai num crescendo, fica enfurecido, diz que eu sou um merda, levanta-se e sai.

A ação tornou-se necessária.

Ao transcrever a sessão, sinto dificuldade porque parece que há algum estopim, uma palavra que eu digo, uma entonação de voz, o ritmo da fala, enfim, algo que eu não localizo e aparentemente ele também não, e que faz uma viragem e desencadeia uma avalanche de sentimentos violentos. Também fico na dúvida *se isso é assim ou somente um pretexto, pois quando existe uma sessão em que ele se aproxima afetivamente, como a passada, parece que ele volta com algo já engatilhado para um desastre.*

Quanto ao estopim, entramos em outra teoria fraca e que vai adquirir um caráter narrativo. Acredito que o cliente localiza em mim alguma característica, alguma idiossincrasia na qual ele se apóia para fazer a viragem de sentimentos. Se eu pudesse localizar o que é, talvez fosse capaz de participar mais livremente da vivência naquele momento. Difícil exprimir em palavras, mas creio que se eu suportar a intensidade da convivência, é possível que essa pessoa possa iluminar aspectos de mim a que ela tem acesso e eu não. Isso pode parecer óbvio, porém a vivência que tive desse fato foi muito forte, como o clarão de um raio que tudo ilumina numa noite escura.

Quanto a ele, voltar com algo engatilhado para o desastre, é uma afirmação do analista que pode ser investigada em outra direção. Em termos de sua sobrevivência e na forma em que o cliente opera, talvez esse "engatilhado" seja uma maneira de se organizar complexamente, pois não tenho o sentimento de ser agredido, mas o de ver uma pessoa em intensa dor. A vivência é desconcertante. Fica-se sem-graça e sem saber o que fazer.

Fatos assim são infreqüentes dessa forma e nessa intensidade, numa sala de análise. Quando ocorrem, talvez nos levem a refletir sobre quais as possibilidades de duas pessoas, de fato, se relacionarem.

D *Está no horário, na sala de espera.*

"Bom dia", cumprimenta dando as mãos.

Entramos na sala de análise.

Breve silêncio.

Queixa-se de que não dormiu bem, parte, talvez, pelo seu jeito de ficar remoendo as coisas.

A ex-mulher fica fazendo exigências e ele não sabe como agir; não dá um basta. Se o carro quebra, ela cai por cima do escritório para dar um jeito. Aí não pagou seguro e nem IPVA.

Se comenta, ela diz que não enviaram o boleto e que o automóvel é usado para levar os filhos dele. São sempre exigências..., mais dinheiro e, logo, briga. Por que suporto isso? Por que não dou um basta?

Também falei com meu filho que me mostrou a redação que fez para o cursinho. Estava regular. Eu disse a ele que não podia escrever de supetão. Tinha de escrever, ler, refletir. Ele reagiu dizendo que, no exame, é na hora que você escreve. Usei até o exemplo do futebol, em que você treina os passes, os chutes a gol. Ele diz que é para eu parar, que estou pegando no seu pé.

Meu tio é quem cuida de tudo, manda em tudo, não consulta ninguém, é arrogante e o cliente descreve detidamente certas divergências familiares.

Tenho a impressão de que me cabe ouvir e que, sem dúvida, estou do lado dele contra esse permanente abuso a que ele está submetido e ao qual ele não reage.

Não vejo o que dizer.

Ele prossegue: "Fico com tudo isso na cabeça, não durmo direito, parece um mata-borrão que vai absorvendo tudo."

A referência ao mata-borrão é como se soasse uma campainha em minha mente, anunciando algo e eu não sei o quê. Contudo, é muito importante.

Creio que devo falar algo, além do que ele parece esperar que eu o faça.

Comento que ele me tem como uma pessoa que está a favor dele e que vai ajudar a dar um basta na situação. No entanto, a situação não é clara porque, na verdade, fica um borrão.

Continuo atento à imagem do mata-borrão.

Ele prossegue:" O mata-borrão era usado porque, quando se escrevia com pena, ficava um excesso de tinta e ele servia para retirar esse excesso. Também se houvesse um borrão, ele servia para limpar a tinta que havia caído".

Ele se interessou. Começamos a conversar como numa prosa comum.

Eu disse: "Usando o mata-borrão, a escrita fica preservada e se tem uma impressão no mata-borrão".

Ele completa: "O mata-borrão até tem uma forma arredondada, a fim de que você passe de um lado para o outro".

Eu falo: "E a primeira vez que você passa fica a escrita no mata-borrão".

Ele completa:"Mas fica invertida".

A conversa prossegue espontânea e livremente e eu me pergunto o que é aquilo. Psicanálise? Talvez.

Eu digo: "Com o uso a escrita, vai se superpondo e, aí, tudo fica borrado no mata-borrão. Então, parece que são elementos diferentes. A escrita fica clara e preservada e o mata-borrão, com tudo acumulado e superposto."

Ele compara; "É como eu fico, tudo fica superposto na minha cabeça e eu não distingo nada".

Bem, agora me pareceu que tudo se juntava e que a história do mata-borrão, que foi se desenvolvendo espontaneamente, fazia sentido.

Então digo: "Agora, estou pensando no que você me falou no início da sessão. Parece que cada pessoa define a escrita dela: a ex-mulher, o tio, o filho. Com o filho, no início, você até faz a escrita com o exemplo do futebol e os fundamentos como o passe, o chute a gol e assim por diante. No entanto, depois fica o mata-borrão".

Ele: "Mas você pensa que é fácil. Eu fico aqui ouvindo você falar com toda esta dureza comigo (fala sentido)".

Eu: "Pô! Agora você inverteu. A escrita era sua: a do mata-borrão que eu desenvolvi com você. Agora que você pode lê-la, você não quer saber, passou a escrita para mim e você ficou com o mata-borrão".

Ele fica surpreso, ri intensamente e diz: "É mesmo!".

O tempo se esgotou, ele se levanta, dá-me a mão com um sorriso afetuoso e satisfeito.

Vou fazer outros comentários mais à frente.

Reflexões sobre as teorias fracas

Ganhei recentemente um livro chamado *Carta a D, história de um amor*, em que o autor (Gorz, 2008, p. 41), um filósofo, fala, aos 82 anos, do amor atual e antigo pela sua mulher da mesma idade e da maravilhosa capacidade de intuição dela.

> *Eu necessitava de teoria para estruturar meu pensamento, e argumentava com você que um pensamento não estruturado sempre ameaça naufragar no empirismo e na insignificância. Você respondia que a teoria sempre ameaça se tornar um constrangimento que nos impede de perceber a complexidade movediça da realidade.*

Atendendo a minhas necessidades de comunicação, cunhei o termo "teorias fracas" e, agora, posso verificar a que isso corresponde nas vivências experimentadas com o cliente e como posso refletir sobre elas.

Com as narrativas de situações com os clientes e mais os comentários, construo um universo que, à medida que escrevo, vai se expandindo livremente, permitindo ao leitor inserir-se nele com a liberdade que lhe for possível. O que ocorreu parece semelhante ao que certos escritores nos confidenciam: que seus personagens vão ganhando vida e que eles é que passam a dirigir os acontecimentos. Então, estamos próximos a uma narrativa, uma história que se desenrola. Nela, as nossas personagens são as teorias fracas que vão se materializando continuamente.

Contudo, semelhantemente a um romance, em que os personagens são ambíguos, contraditórios, mutáveis, instáveis, variáveis, constantes e que podem se alterar na trama, também as nossas teorias fracas imitam a literatura. Elas surgem e desaparecem; são mutáveis e, às vezes, constantes; apresentam-se como pressupostos e, em alguns casos, como crenças; parecem narrativas curtas ou longas.

Como fazer um exame para que possamos constituir algo minimamente estruturado, mas que a teoria não se torne "um constrangimento que nos impede de perceber a complexidade movediça da realidade", como escreve o nosso homem apaixonado?

A   A primeira aparição não costuma freqüentar as páginas psicanalíticas, trata-se da convivência com o cliente ausente. Semelhante ao livro citado, o estilo literário é o do monólogo; o narrador conta a sua relação personificando o interlocutor ausente. Esse fato introduz uma teoria fraca, em geral não suspeitada pelos analistas, ou seja, quer o cliente avise ou não sobre sua ausência, o analista vive uma experiência com ele. Ela pode ser escamoteada pela leitura de um livro, por escrever algo, tomar providências no consultório, telefonar etc. Cada uma dessas manifestações implica as emoções que o analista vive de acordo com sua personalidade.

Em nossa imprevista aparição surge o monólogo (figura literária) para atender a nossas necessidades. Monólogo pode ser uma teoria fraca para aplicar-se à situação. Contra-argumentando, poder-se-ia dizer que monólogo é um método. Deixo em aberto.

Além do monólogo, vejamos as teorias que surgiram e as dificuldades de caracterização implícitas.

Teoria ou pressupostos surgem de início, quando o analista propõe uma série de providências para favorecer a disponibilidade para o trabalho.

Teoria causal – *"ela, às vezes, se atrasa um pouco"* – leva à outra teoria: uma teoria pode estar a serviço de aliviar angústia.

Teorias causais podem se complexas como a que relaciona estados de aproximação com comportamentos violentos.

Teorias podem ser descartadas, como com: "Vem?" "Não vem?". Aí se introduziu a dúvida. Dúvida é a base na qual o analista trabalha ou, melhor dizendo, na qual ele vive durante a sessão.

Teorias que estimam produtividade e fazem avaliação perpassam o trabalho com muita freqüência.

Teoria do pensar surge em decorrência de eu concluir que estive trabalhando com um parceiro ausente, implícita a privação.

Teoria e pressupostos em forma narrativa surgem ao considerar que parte preciosa da vida foi consumida na tarefa da análise e sua explicitação pela metáfora da ampulheta.

B Prudência implica a premonição para certos estados mentais e a disponibilidade do analista para o amplo aparecimento deles. A forma descritiva da premonição pode ser um anúncio luminoso – Perigo! Premonição implica estados que podem ser de terror, pavor ou bem-estar, satisfação... A premonição diz respeito a uma possibilidade de antecipar e é tanto mais valiosa quando nos ajuda a perceber dor no cliente, mesmo antes que ele o comunique.

Prudência e premonição são teorias fracas e precariamente articuladas.

Teoria do despontar da criatividade como algo central em psicanálise. A função do analista é permitir que a dupla se transforme em um par e, daí, nasça algo que nunca existiu antes ou que seja possível ter acesso ao que anteriormente nunca emergiu.

Teoria do hipnotismo implica que certas emoções estão sendo usadas em lugar de outras, que talvez fossem insuportáveis.

A descrição de como a cliente sai da sala de análise – *com um discreto sorriso de satisfação* – é uma seqüência descritiva, mas creio que seja importante estar atento a essas manifestações, pois elas podem nos conduzir diretamente ao âmago das emoções em curso. Essa afirmação não contradiz o dito popular "quem vê cara não vê coração". Mantendo as duas afirmações juntas, creio termos uma figura de linguagem que é o oxímoro.

C Até aqui estive descrevendo as teorias fracas como faria o escritor de um romance, ao desejar caracterizar os personagens, com receio de que o leitor os perdesse ou não os discriminasse claramente. No entanto, agora vou deixar o leitor livre e sujeito a sua própria sorte, só me permitindo os lembretes: fortes emoções; alucinação; já engatilhado para um desastre; fica-se sem-graça e sem saber o que fazer; a vivência é desconcertante; fatos infrequüentes; quais as possibilidades de duas pessoas de fato se relacionarem.

Creio que a teoria do mata-borrão seja uma excelente aproximação para o que denominei uma teoria fraca. A expressão mata-borrão surge espontaneamente no decurso da vivência da dupla. Tem uma característica pregnante, ou seja, permite um aumento crescente de significados que surgem na vivência do par. Refere-se a uma possibilidade crescente e variada de experiências emocionais que vão se desenvolvendo. Permite um desenvolvimento evolutivo que pode culminar com uma aproximação da pessoa a si mesma, como parece indicar a relação com o cliente na situação proposta. Última qualidade: é fugaz.

Conclusão

Não podemos concluir conforme os cânones das teorias fortes, pois corremos o risco de que "a teoria sempre ameaça se tornar um constrangimento que nos impede de perceber a complexidade movediça da realidade". Assim, pode-se dizer que apresentação de todo o trabalho e o significado devem ficar a cargo do leitor.

Referências bibliográficas

Freud S. (1920) Além do Princípio do Prazer. In: Edição standard brasileira das obras psicológicas completas de Sigmund Freud, Vol. XVIII. Rio de Janeiro: Imago,1976.

Gorz A. Carta a D. História de um amor. São Paulo: Cosac Naify, 2008.

# 11 TEORIA DOS CAMPOS – UMA PSICANÁLISE BRASILEIRA

A Teoria dos Campos, de Fabio Herrmann, penetrou os fundamentos da Psicanálise, vindo a se constituir em um sistema de pensamento psicanalítico original crítico-heurístico. A obra escrita de Fabio Herrmann cria e exercita esse sistema de pensamento, fundando-se como uma psicanálise brasileira e construindo algumas psicanálises possíveis. Aponta para a Psicanálise o retorno à marca freudiana de origem, ou seja, cumprir o horizonte de sua vocação, tornando-se a ciência geral da psique.

Sob a perspectiva da Teoria dos Campos não há limite preciso entre clínica de consultório e a clínica do mundo, ou as demais áreas da Psicanálise. A teoria psicanalítica para a Teoria dos Campos não só se baseia no ato clínico, mas é o próprio ato clínico, ou seja, o método em ação.

Leda Herrmann
Sociedade Brasileira de Psicanálise de São Paulo.
Presidente do Centro de Estudos da Teoria dos Campos – CETEC.
Doutora em Psicologia Clínica pela Pontifícia Universidade Católica de São Paulo – PUCSP.
hermannfl@globo.com

Um pouco de história

A Teoria dos Campos nasce dentro da Psicanálise – é um ramo tardio da Psicanálise, nasce no século passado, em São Paulo, no final da década de 1960 e início da de 1970. Entretanto, ela não é uma escola psicanalítica – não põe de lado as contribuições já alcançadas pela Psicanálise e suas escolas para começar a Psicanálise de novo. A Teoria dos Campos vai aos fundamentos da Psicanálise, ou seja, revisita a recuperação, para o âmbito da ciência, da idéia psicanalítica freudiana da exploração do sentido humano. A partir desse ponto, caminha pelas vias do ato clínico e chega ao desvelamento do método psicanalítico como ruptura de campo.

Ela chega à Psicanálise como a Psicanálise chegou à Psiquiatria.

As perguntas da Psicanálise ao se constituir são: "O que é a doença mental? Qual o lugar da neurose?"

A Teoria dos Campos pergunta sobre a teoria freudiana do inconsciente: "O que é o inconsciente? Como reconhecê-lo na clínica?"

A Psiquiatria do século XIX tem que sustentar, dentro do projeto iluminista, a carga terrível de completar a racionalização do mundo na ponta que sobrava – a loucura individual e social, tomada na linha do desvio moral. No cumprimento de tal tarefa, considera o vício do louco como mau comportamento, tentando transformá-lo em bom comportamento. É um discurso moral que entra em choque com uma ciência classificatória. A Psicanálise vai aparecer em decorrência desse forte tensionamento em que se coloca a Psiquiatria (Herrmann, 2001a, cap. 1).

Até a invenção da Psicanálise, a Psiquiatria sempre teve a tendência a corrigir a loucura humana, convencendo o paciente, com bons ou maus modos, a não ser doido. A Psiquiatria procurava se armar da realidade para transformá-la em sinônimo de normalidade e, assim, tentava mostrar para o paciente que ele estava errado, que era ridículo, e não que ele estava louco.

Foi nesse meio que surgiu a Psicanálise. Ela chega no momento em que a Psiquiatria retira o louco da prisão, embasada na idéia de que a loucura é uma forma errada de considerar a realidade. A Psicanálise subverte a Psiquiatria porque deixa de lado o problema da forma de se considerar a realidade para considerar o ponto em que se forma a realidade – entre inconsciente e realidade. Distingue duas realidades, ou duas fantasias, ou seja, re-alidade psíquica e realidade perceptual, factual, esta também, em última instância, para Freud, subjetiva – porque é a única que se tem. A Psicanálise denuncia o mau uso da distinção entre realidade e fantasia, mas escorrega para uma posição defensiva, pois, por outra via, volta à distinção entre realidade e fantasia, pela via do que Fabio Herrmann (2001, Parte quinta) chamou de per-ceptualismo ingênuo dominante da construção teórica freudiana sobre "realidade interna" e "realidade externa". Isto é, expressando-me de uma forma um tanto simplista, o perceptualismo ingênuo toma a realidade externa como parâmetro para os desvios da realidade interna.

Ao encampar a tarefa de desvelar o método do fazer psicanalítico, a Teoria dos Campos procede com a Psica-nálise da mesma forma que a Psicanálise procedeu com a Psiquiatria.

Criticando o perceptualismo ingênuo, a Teoria dos Campos retira um princípio fundamental para a Psicanáli-se – que nosso conhecimento caiba inteiro na sessão analí-tica. Quer dizer, não usar armadura teórica com a lança da interpretação completa; não aplicar a doutrina psicanalítica já consagrada, mas ir aos nós da sessão analítica ou do recorte do mundo estudado e, tomando-os como regras constitutivas inconscientes daquela relação considerada, procurar desfazê-los ou rompê-los. Não vamos ter, como resultado, uma doutrina menor, mas a oportunidade de construir novos conhecimentos sobre a psique.

Nos anos 1960/1970, a Psicanálise consolidara-se primordialmente como ciência da psicoterapia dita *psicanálise*[1]. No Brasil, principalmente em São Paulo, dividia-se em escolas, cada qual seguindo seu mestre. O mestre de cada escola, por sua vez, tentara agarrar aquilo que, do amplo projeto freudiano, se lhe afigurava como o ponto-chave para o desenvolvimento dessa ciência da terapia. Esse "período escolástico", o das escolas, é o do surgimento de grandes autores como, por exemplo, Klein e Lacan, mas, também, o do partidarismo e da rigidez doutrinária. É nesse cenário que, por meio de um trabalho crítico, desenvolve-se o pensamento da Teoria dos Campos, por Fabio Herrmann, tendo como meta trazer de volta para o corpo da Psicanálise a amplitude da idéia psicanalítica freudiana, que, de longe, ultrapassa sua utilização como tratamento.

Freud, ao criar a Psicanálise, aponta para a criação de uma ciência da psique. O sucesso da terapia psicanalítica, na primeira metade do século XX, vai favorecer a situação de se confundir o método psicanalítico com sua técnica de tratamento. A psicanálise como técnica terapêutica também é muito importante. Entretanto, o problema agudizou-se quando os elementos de técnica da clínica padrão, tomando o lugar do método, passaram a ser considerados como os produtores do efeito terapêutico da Psicanálise. Por exemplo, o número de sessões, certas formas de interpretação, a apreensão das emoções do paciente como exclusivamente dirigidas para a figura do analista na relação analítica, ou seja, a redução da interpretação à interpretação transferencial etc. O pensamento da Teoria dos Campos vem para dizer que esse lugar, o da produção de efeito terapêutico, o lugar da cura, é do método. Para isso, vai submetê-lo a um apurado estudo, procurando especificar as características do fazer interpretativo.

---

1 O que segue compõe parte de meu artigo "Teoria dos Campos (Uma Psicanálise Brasileira). Há o inconsciente" (Herrmann, L., 2008).

O desvelamento do método da Psicanálise e as características do mundo em que vivemos

Começando pelo método.

Método é tomado na Teoria dos Campos na sua etimologia, isto é, um caminho (do grego *hodós*) para um fim (do grego *meta*). Propõe a volta ao método como o caminho da retomada heurística da Psicanálise, a retomada da exploração da psique – do sentido humano – em direção à formulação de novos conhecimentos. Essa volta passa pelo coração da clínica, passa pela interpretação, lá onde o método ficou guardado, mas também onde se perdeu em esquecimento.

O ponto de partida dessa retomada metodológica implica uma constatação e formula uma pergunta. A constatação: A terapia analítica é eficaz seja qual for a orientação teórica do analista. A pergunta: Se sua eficácia não depende da teoria que orienta o analista, por que funciona a psicanálise?

Constatação e pergunta que se estendem e abarcam todas as terapias interpretativas derivadas da Psicanálise.

O trabalho crítico da Teoria dos Campos vai tomar, então, o ato clínico procurando extrair dele o que de comum poderia explicar a eficácia clínica de práticas muito diferentes, tanto nas várias escolas psicanalíticas, como nas psicoterapias interpretativas, isto é, extrair a operação essencial da Psicanálise, disfarçada em teoria doutrinária. Chega, então, ao método, compreendendo-o de um ponto de vista peculiar, isto é, como a ação da interpretação, do processo interpretativo, que se dá em todas essas práticas pela ruptura do campo consensual que suporta o discurso do paciente.

Para pensar a interpretação, Fabio Herrmann analisa a forma que o diálogo analítico assume. Ele começa por se perguntar sobre o que acontece em uma sessão de análise que a faz tão diferente de qualquer outro diálogo. Na conversa do dia-a-dia, seja ela qual for, há uma espécie de acordo tácito de compreensão, que dirige aquilo que é dito para o âmbito de certo tema.

O assunto de uma conversa, amigável ou não, parece esgotar-se em sua parte visível e comunicável. No entanto, se estendemos um pouco a noção de assunto, ela engloba uma parte maior, submersa, composta pelo conjunto dos pressupostos determinantes do sentido das palavras trocadas. São regras, umas estão quase à flor da consciência, outras completamente inacessíveis quando estamos na roda do assunto. Por exemplo, em uma conversa de amigos, ao redor de uma mesa de bar, é fácil perceber que os assuntos tratados, e circulando com rapidez, possuem um propósito comum dominante, pois cada qual procura impressionar os outros mostrando que tem razão, ou sabe mais. Vige aí a regra da superioridade argumentativa que deve ser respeitada pelos parceiros, pois é de boa educação psicológica e não cabe na conversa falar da conversa. Por outro lado, no campo do bate-papo, é quase inapreensível o reflexo de certa disposição da realidade sobre o discurso que acontece. Entretanto, a ordem da disposição dos assuntos, a distância física entre os amigos bebericando são indicativas das representações que asseguram a identidade do grupo, das relações de subserviência etc.

Na conversa psicanalítica, o elemento mais evidente é que analista e paciente não estão falando do mesmo assunto. Ao tema proposto pelo paciente, o analista, embora compreenda do que ele deseja tratar, responde por outro. Ele quer descobrir as regras determinantes do discurso do paciente, ou seja, a parte submersa do assunto trazido para o diálogo. Por exemplo, diz o paciente: "Briguei com minha mulher, ela não me compreende", e o analista responde, escuta, de uma outra forma, "em outro campo". Ao invés de pensar na incompreensão da mulher, tema proposto pelo paciente, pensa nos sentidos aí contidos, como, por exemplo, "o que faz o paciente" sentir-se incompreendido, ou "por que o paciente conta isso naquele momento".

Fabio Herrmann encontra, assim, para o diálogo analítico a propriedade da escuta do analista dar-se fora do campo proposto como tema pelo paciente. Postula que, no diálogo analítico, há um intervalo para a atribuição de sentido em uma fala do paciente, pois o característico da interpretação psicanalítica, de considerar que o que o paciente diz significa outra coisa, impõe tanto ao analista como ao paciente um retardamento no preenchimento de significação que vai "deixar que surja o que há de surgir". Na conversa comum, os sentidos deslizam de um interlocutor para outro. No diálogo analítico, a significação que qualquer comunicação do paciente tem, não mais está atrelada a esse sentido consentido, consensualmente aceito pelos participantes do diálogo. A compreensão da escuta analítica abre-se para outros sentidos possíveis que a fala contém. Assim, as representações do paciente são tensionadas por essa escuta fora do campo de sentido que o paciente oferecia intencionalmente ao analista, até que esse campo, formado pelas regras inconscientes que determinavam aquele conjunto de representações, se rompa. "Ruptura de campo." E é por isso que o que há de surgir, por ruptura do campo que suportava a auto-representação do paciente, é um outro sentido ou uma outra auto-representação, novas fantasias.

A conclusão primeira a que chega é que o efeito terapêutico das psicoterapias interpretativas dá-se nesse vazio representacional provocado pela demora no preenchimento de significação – preenchimento ao qual o paciente resiste –, mas que permite que surjam outros sentidos possíveis, porém inaparentes ou não presentes. A partir daí, a Teoria dos Campos desenvolve todo um conjunto de conceitos metodológicos que explicam e exploram o proceder interpretativo da Psicanálise, como, por exemplo, campo, ruptura de campo, expectativa de trânsito, vórtice, conceitos que não serão aqui tratados[2].

---

2 Todo esse trabalho está desenvolvido em Herrmann, F, 2001b, 3ª ed, principalmente nas duas primeiras partes, respectivamente, "O campo e a relação" e "O campo e os dois".

O pano de fundo desse pensamento crítico arma a outra pergunta fundamental a que ele vem responder:

Quais as características do mundo em que vivemos, constituído de grandes cidades?

A resposta é explorada no livro de Fabio Herrmann, sobre a psicanálise do quotidiano (2001a, partes primeira e terceira). Argumenta que o mundo que vem se instalando, desde o final do século XIX, efetivamente constitui um real que foi superando, para o bem ou para o mal, a própria substancialidade. Esse real vem se tornando de há muito tempo tão humanizado que passou a constituir uma espécie de psique, chamada de psique do real, na Teoria dos Campos. A idéia de psiquismo social não é nova: até o fim do século XIX e parte do XX era mais uma ideologia, dizia respeito à formulação de idéias de um pensador sobre o social. No século XX, principalmente depois da Grande Guerra, o real passou a ser cada vez mais vivo, intencional e psíquico. Os sistemas de produção foram se tornando cada vez mais autônomos em relação ao trabalho. Por exemplo, para uma criança de hoje vivendo na cidade, leite é leite e não depende da vaca. Criou-se um grande sistema que pensa, que produz representações e as encadeia por imagens. O nosso passou a ser um mundo des-substancializado, o objeto concreto é substituído, no seu conhecimento, na sua apreensão, por representações, por sistemas de representações e informações. Voltando ao tema do leite e da vaca, o leite comprado numa caixa de papelão no supermercado não tem, para a criança da grande cidade, relação com a vaca que o produziu, mas com a companhia que o preparou, embalou, com o que a propaganda promete para quem o ingere. Há uma representação leite X que pensa para a criança (de verdade ou de mentira) o porquê de tomar leite, de onde vem o leite etc. Vivemos no reino da super-representação.

A Psicanálise é um sintoma do mundo da super-representação e um instrumento adequado para com ele lidar. Freud pode ser entendido de maneiras diferentes. Ele fez várias psicanálises e escolheu algumas como, por exemplo, a da sexualidade infantil, a da transferência, a do inconsciente reprimido. Privilegiou o sistema conceitual que produziu. Para a Teoria dos Campos, a força da Psicanálise não está aí, mas em seu método. A Psicanálise por efeito de *après coup* vai ganhando significado de acordo com o mundo em que vai se desenvolver. Isso é mais importante que o *achievement* conceitual, a acumulação de conhecimentos produzidos. No mundo que perdeu substância, onde a representação é mais importante que o representado, a Psicanálise, por efeito de seu método, no seu procedimento de procurar sentido implícito no explícito é, ao mesmo tempo, um sintoma desse mundo psíquico e absurdo e um instrumento para pensar a sua psique. Permite interpretar o sistema que faz esse mundo funcionar, não pela via de lhe reinfundir substância, mas pela via de atribuir sentido, procurando a racionalidade da lógica de produção desses sistemas representacionais. É o mesmo procedimento que, no avesso de seus achados, nos mostra que o sonho está no fundo da vigília. O sonho entendido não só como manifestações do inconsciente que interfere na vigília, mas como fundo da vigília, por ser outra condição pela qual se representa o tecido, a trama dos campos ou inconscientes relativos[3].

Penso que a idéia que suporta a proposta epistemológio-heurística da Teoria dos Campos é a que chamei, em minha tese de doutorado (Herrmann, L. 2007), de "idéia de dupla face método/absurdo", uma idéia simples no sentido da química e que percorre toda obra escrita de Fabio Herrmann. Em seu primeiro texto escrito como notas pessoais, "O campo e a relação", de 1969, já mostra como são interdependentes suas duas idéias formadoras: a de "método interpretativo como ruptura de campo" e a de "absurdo como as regras invisíveis e inapreensíveis que estruturam os campos de sentido humano, a psique",

---

3 Cf Herrmann, F. *Tempo e entrelaçamento dos campos* (2003, 3ª ed.).

regras que só se mostram pelo processo interpretativo de ruptura de campo.

Retorno à pergunta da Teoria dos Campos sobre a teoria freudiana do inconsciente – o que é, e sua aplicação na clínica.

Para o conceito de inconsciente, foi sério o impacto provocado pelo desvelamento do método da Psicanálise, ou seja, pela noção e prática da ruptura de campo[4]. Mostrou essa noção que "inconsciente" não é uma série de sentidos cuja descoberta deva ser completada, não é um conjunto de afirmações sobre como é o homem, não é um simples lugar ou topos psíquicos. Enfim, a noção de ruptura de campo pôs em evidência que o inconsciente pode não ser o que sempre pareceu ser – um aparelho psíquico com conteúdos, definidor do sujeito psíquico. Com a especificação do método psicanalítico como ruptura de campo, o que aparece como inconsciente, ao invés disso, é um "conjunto de regras de produção de sentidos".

Na obra escrita de Fabio Herrmann, esse é praticamente o primeiro ponto considerado. O capítulo primeiro, "De Édipo a Sísifo", de seu trabalho inédito de 1976, *Andaimes do real: um ensaio de Psicanálise crítica*,[5] que em minha tese de doutorado considero o embrião de seu pensamento, empreende a tarefa de encontrar um sentido crítico que atravessa os vários sentidos que o conceito psicanalítico central de inconsciente tomou ao longo da história psicanalítica. Essa análise crítica dos conceitos de inconsciente, vigentes na Psicanálise, conclui que o que havia de comum em todos eles era a condição peculiar de por em evidência um outro sentido, diferente daquele que de pronto se mostrava. Ela teve como resultado o surgimento de um "conceito abrangente" desses todos, o de "inconsciente formal", ou regras estruturantes da consciência, portanto, um inconsciente dessubstancializado de conteúdos.

---

4 Cf. Herrmann, L. *E o inconsciente?* (2007, capítulo VI).
5 Trabalho apresentado em reunião científica da SBPSP, em março de 1976, não publicado.

Nesse mesmo texto de 1976, Fabio Herrmann aponta o "caminho das pedras" para a pesquisa sobre o inconsciente que desenvolverá ao longo de sua obra. Empreende uma demonstração do inconsciente como regra. Muda a "flexão de número" de inconsciente do singular para o plural, pois o define como "regras" e não como "*A Regra*", e conclui pela obviedade de só podermos delas saber pela consciência, pelas palavras. É nesse trabalho, também, que inaugura, em um de seus capítulos, uma discussão, de estilo quase sartreano, sobre a consciência, como "consciência de", esboçando uma teoria da consciência a ser explorada posteriormente, principalmente no livro sobre o método da Psicanálise (Herrmann, 2001b)[6].

Na discussão empreendida em 1976 começa a surgir a noção de método como ruptura do campo organizador daquela "consciência de" que faz surgir novas "consciências de", cujas regras de organização já se encontram em outros campos organizadores. Passa daí a considerar que a ação psicanalítica, seu método, é a ação interpretativa que põe à mostra, desnuda, esse inconsciente formal em suas regras ou campos. Desenha-se, então, a concepção que formulará posteriormente, a concepção plural e operacional de inconsciente – "os inconscientes relativos", relativos a cada campo posto à mostra pelo método psicanalítico na clínica. Ao se efetivar como a ruptura do campo que analista e paciente habitam no momento, o método psicanalítico faz emergir o campo estruturante das relações por ele compreendidas; relações que se mostram em representações do par e em auto-representações do paciente. O resultado a que chega o autor parece-me ser bastante ousado com relação ao tradicional conceito psicanalítico de inconsciente.

É possível delinear, na obra que posteriormente construiu os caminhos tomados por esse impacto. Alguns deles gostaria de salientar.

---

6 Ver "Da consciência" e "Consciência em condição de análise", respectivamente capítulos IV e V da primeira parte do livro referido.

Primeiro ponto

Constitui-se, no mínimo, um caminho peculiar colocar a discussão sobre a consciência como a forma crítica de levar em consideração o conceito de inconsciente. Na primeira parte do livro sobre o método psicanalítico, Fabio Herrmann destaca que o que interessa é o problema da consciência "de", não da consciência "em si", trazendo para o âmbito da Psicanálise uma discussão que estava circunscrita à Filosofia. Metaforicamente concebe a consciência como um sistema óptico visual de lentes justapostas[7], no qual a retina e o resto do sistema nervoso detrás das lentes formam apenas um centro virtual despojado de concretude. É para esse centro, ou seja, para a "condição da consciência de" que o analista aponta na escuta e na interpretação, condição, a que Fabio chama "retina da consciência", que não se constitui mais como um lugar povoado de objetos, mas como um pressuposto de propriedades virtuais, entre elas a de ser consciência emocional. É a consciência emocional que colore de amedrontador um cão, que nos aterroriza à noite, e de um belo animal quando o vemos à luz do dia. Na condição de objeto de conhecimento, uma emoção não se reduz a sua experiência, evidentemente, mas ao mundo que origina, à diferença entre duas realidades. Assim é o medo sofrido para quem o experimenta – no exemplo usado, o medo é essa diferença entre o cão amedrontador visto no escuro e o belo cão do dia claro. Uma emoção em si nunca pode ser percebida ou experimentada, ela é "virtualidade pura", e não se permite habitar por objetos.

O inconsciente, por sua vez, só pode ser buscado na sucessão das consciências diversas com que o paciente se representa. Ao invés da condição de lugar, é dada ao inconsciente uma posição virtual de incidência. Assim, como em uma espécie de retina da consciência são certas

---

[7] Uma metáfora de ascendência freudiana, cf. capítulo VII de *Interpretação dos sonhos*, na concepção de aparelho mental de Freud, como um aparelho óptico – um espaço virtual entre as lentes de um telescópio.

propriedades que determinam sua extensão e seu modo visível, mas tais propriedades não podem ser contadas como elementos, sendo apenas "regras". Ora, se só a consciência se expressa, e se só dela sabemos, podemos considerar serem essas operações de consciência as que conformam os inconscientes teóricos da Psicanálise Por exemplo: o freudiano, tomado como uma segunda consciência sem temporalidade, mas servindo de lugar para conteúdos desconhecidos – as representações inconscientes –; o kleiniano, teatro interno de personagens – objetos internos e mesmo gente inteira – performando atuações que se expressam ideativa e emocionalmente; ou mesmo o inconsciente lacaniano, quando se mostra como uma segunda consciência, outra cena estruturada como linguagem.

Segundo ponto

Na quarta parte do livro já citado, sobre o método psicanalítico (Herrmann, 2001b), uma das afirmações fortes é a de que o inconsciente só se deixa conhecer pelo que a interpretação dele revela – no sentido de "criar os inconscientes". É essa a idéia central para duas importantes considerações:

a) A de que a Psicanálise, como método, não é uma criação ocasional, mas um requisito do inconsciente;
b) A de que o método psicanalítico cria o inconsciente num sentido muitíssimo mais radical que o método de uma ciência natural cria seu universo correspondente e, como correspondência conseqüente, o inconsciente cria o método psicanalítico de uma forma impensável no âmbito das ciências naturais.

É essa forma de pensar o inconsciente que permite a Fabio Herrmann formular a noção de espessura ontológica do método, noção que encontra para o método uma espessura ontológica inusual, pela qual o processo de ruptura de campo se hipostasia como modo da própria psique. Quer dizer, o método é simultaneamente caminho para o desvelamento do sentido humano e o próprio sentido, a psique. Como considero em minha tese, o pensamento crítico de Fabio "parece apoiar-se num idealismo virado de ponta cabeça, do qual a noção de espessura ontológica constitui o sintoma misterioso" (Herrmann, L. 2007, p.177). Ele se opõe ao realismo ingênuo que concebe o inconsciente como um outro reino de causas psíquicas, concedendo-lhe uma existência paralela à da realidade. Nesse movimento crítico, ataca também a noção psicanalítica de realidade objetiva. "Não se trata, pois, de relativização subjetiva da realidade, nem de objetivação realista da psique, mas de uma crise calculada e recíproca das duas opções" (idem, p. 177).

Terceiro ponto

Advém daí outro impacto para o conceito de inconsciente na Teoria dos Campos, na afirmação de que o inconsciente não existe, mas há – ele "há" como uma regra que opera sentidos. Ao inconsciente é, por isso, atribuída a condição de "estrato insubstancial de possibilidade de operação psicanalítica", o limite dos possíveis, uma negatividade que circunscreve para o sujeito as possibilidades da experiência concreta da consciência. Nessa concepção, citando minha tese,

> ...o inconsciente designa uma crítica e uma lógica da consciência do real, pois ele (o inconsciente) se dá lá onde não vigora a lógica da consciência e onde faltam as categorias da percepção. Resta ao inconsciente a condição de ser o referido pela fantasia e o perfeito contrário da realidade quotidiana consensual, não como segundo reino – realidade psíquica –, mas como crítica do real" (Herrmann, L. p.181).

Quarto ponto

O inconsciente, então, é apenas um "interpretado" (um produto) e sobre ele não é possível nenhuma asserção que ultrapasse a interpretação. Ele é somente a expressão usada para designá-lo e que vale pela eficácia em produzir:

a) Fantasias na análise, e
b) Coerência na construção teórica.

Nesta perspectiva, o inconsciente psicanalítico é puro predicado da interpretação que o desvenda. Consciente é o ser da consciência, o ser do inconsciente é ser consciência possível por operação interpretativa, e só a interpretação exprime o modo de ser do inconsciente, nada mais. Dessa forma, sendo o ser do inconsciente apenas produto da interpretação, só é possível afirmar dele o que dele se sabe pela interpretação. Ultrapassar esse limite é proferir sentença oca. Afirmar a idéia de "consciência inconsciente" constitui, no pensamento da Teoria dos Campos, o principal dos equívocos da Psicanálise, que vai permitir as concepções de percepção inconsciente, de memória inconsciente, de sentir inconsciente, expressões que são contraditórias em seus termos.

Para a Teoria dos Campos, inconsciente não existe material ou psiquicamente, ele "há", no sentido de condição de determinação inapreensível pela consciência e que opera conjuntos de regras não conhecidas, cujos sentidos a interpretação desvela. Trata-se do real que cerca o sujeito por dentro e por fora, produzindo-o em desejo – no pensamento de Fabio Herrmann o desejo é a operação do real interno, que só se deixa conhecer pelas marcas invertidas de sua ação postas à vista na ruptura de campo. Em suma e resumindo a questão do impacto da ruptura de campo no conceito de inconsciente, posso afirmar com Fabio que "o inconsciente é o avesso da consciência".

A Teoria dos Campos toma a noção central da Psicanálise, o inconsciente, e submete-a a uma exegese atravessada pelo tratamento exaustivo realizado com o método psicanalítico. A teoria resultante sobre o inconsciente, na Teoria dos Campos, é uma volta teórica ao método.

Penetrando os fundamentos da Psicanálise, desvelando seu método escondido no ato clínico e, a partir daí, trabalhando na construção de psicanálises possíveis, a Teoria dos Campos constitui-se um sistema de pensamento psicanalítico original e em uma psicanálise brasileira.

Referências bibliográficas

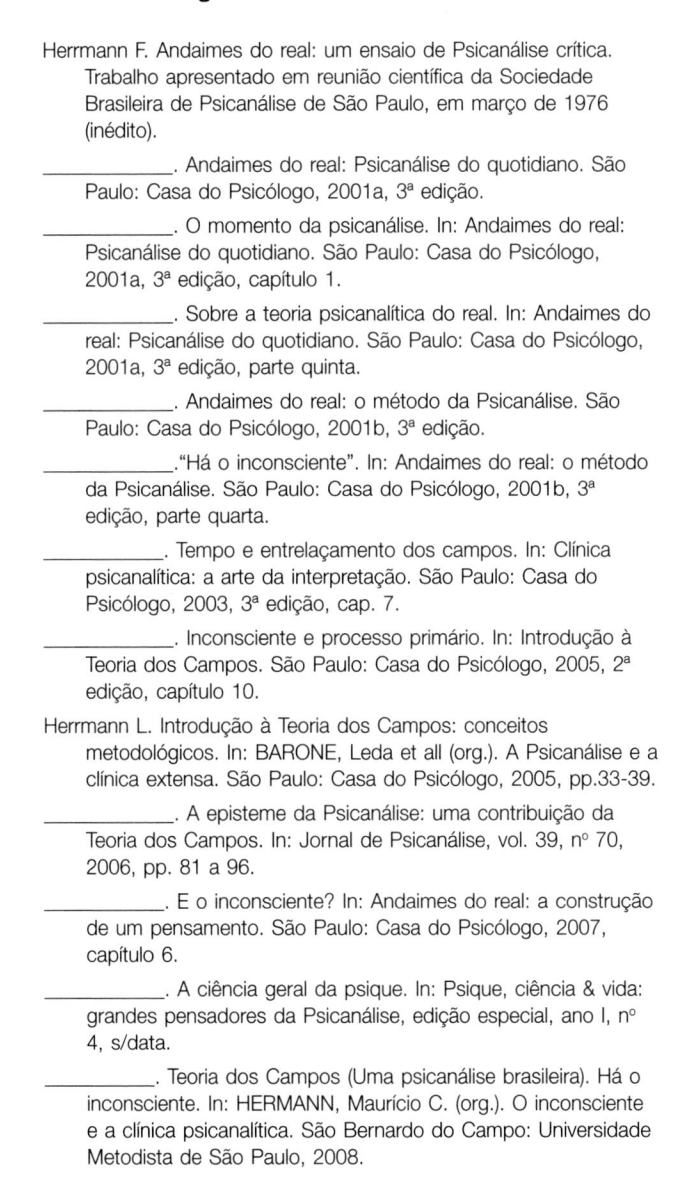

Herrmann F. Andaimes do real: um ensaio de Psicanálise crítica. Trabalho apresentado em reunião científica da Sociedade Brasileira de Psicanálise de São Paulo, em março de 1976 (inédito).

_____. Andaimes do real: Psicanálise do quotidiano. São Paulo: Casa do Psicólogo, 2001a, 3ª edição.

_____. O momento da psicanálise. In: Andaimes do real: Psicanálise do quotidiano. São Paulo: Casa do Psicólogo, 2001a, 3ª edição, capítulo 1.

_____. Sobre a teoria psicanalítica do real. In: Andaimes do real: Psicanálise do quotidiano. São Paulo: Casa do Psicólogo, 2001a, 3ª edição, parte quinta.

_____. Andaimes do real: o método da Psicanálise. São Paulo: Casa do Psicólogo, 2001b, 3ª edição.

_____."Há o inconsciente". In: Andaimes do real: o método da Psicanálise. São Paulo: Casa do Psicólogo, 2001b, 3ª edição, parte quarta.

_____. Tempo e entrelaçamento dos campos. In: Clínica psicanalítica: a arte da interpretação. São Paulo: Casa do Psicólogo, 2003, 3ª edição, cap. 7.

_____. Inconsciente e processo primário. In: Introdução à Teoria dos Campos. São Paulo: Casa do Psicólogo, 2005, 2ª edição, capítulo 10.

Herrmann L. Introdução à Teoria dos Campos: conceitos metodológicos. In: BARONE, Leda et all (org.). A Psicanálise e a clínica extensa. São Paulo: Casa do Psicólogo, 2005, pp.33-39.

_____. A episteme da Psicanálise: uma contribuição da Teoria dos Campos. In: Jornal de Psicanálise, vol. 39, nº 70, 2006, pp. 81 a 96.

_____. E o inconsciente? In: Andaimes do real: a construção de um pensamento. São Paulo: Casa do Psicólogo, 2007, capítulo 6.

_____. A ciência geral da psique. In: Psique, ciência & vida: grandes pensadores da Psicanálise, edição especial, ano I, nº 4, s/data.

_____. Teoria dos Campos (Uma psicanálise brasileira). Há o inconsciente. In: HERMANN, Maurício C. (org.). O inconsciente e a clínica psicanalítica. São Bernardo do Campo: Universidade Metodista de São Paulo, 2008.

12
A MATERNIDADE NO SÉCULO XXI: DESTINO E VICISSITUDES

Júlio Campos
Sociedade Brasileira de Psicanálise de Porto Alegre – SBPdePA.
Analista Didata do Instituto de Psicanálise da SBPdePA.
j_campos@terra.com.br

Ceres Faracco
Etnóloga.
Pontifícia Universidade Católica do Rio Grande do Sul.
ceresfaraco@terra.com.br

Denise Martinez Souza
CEPdePA.
Psicanalista do Centro de Estudos Psicanalíticos de Porto Alegre.
denisesouza@terra.com.br

Eluza Nardino Enck
SBPdePA.
Psicanalista da Sociedade Brasileira de Psicanálise de Porto Alegre.
eluza.ne@terra.com.br

Ester Malque Litvin
SBPdePA.
Psicanalista da Sociedade Brasileira de Psicanálise de Porto Alegre.
esterlit@terra.com.br

Nazur Aragonez de Vasconcellos
SPPA e IC.
Psicanalista - SPPA - Sociedade Psicanalítica de Porto Alegre.
nazurvas@terra.com.br

Tentaremos, neste ensaio, explanar os desvelamentos conseguidos e tropeços inevitáveis sofridos por um grupo de psicanalistas, todos com longa experiência clínica e didática, que decidiu reunir-se, a partir do início de 2007, para discutir sobre o tema maternidade. Nosso intuito, naquele momento, era relativamente claro e objetivo: estudar as diferentes formas como o ser humano exerce esse nobre papel, com vistas a uma tipificação posterior. Partíamos da constatação de que os autores psicanalíticos haviam sistematizado o tema com premissas muito variadas e encontrávamos as categorizações existentes confusas, com superposições e lacunas consideráveis. Denominações como "mãe suficientemente boa", "mãe devotada comum", "mãe perversa", "mãe adicta", "mãe esquizofrenizante", "mãe morta", "inversão da pulsão materna" faziam parte desse enleado cardápio. Nossa intenção era também compilar todos esses postulados e, na medida do possível, desenhar seus limites. Ou seja, produzir uma grade ampla na qual pudéssemos visualizar os diferentes vínculos possíveis da relação mãe-filho.

Começamos por uma dessas categorizações, "inversão da pulsão materna", já que esta havia sido estudada por um de nós, tomando como base o livro-filme *Como água para chocolate* de Laura Esquivel e *O Corcunda de Notre-Dame*, de Victor Hugo.

Para nossa surpresa, cada vez que uma aproximação era iniciada e uma análise nos ocorria, a idéia ia desdobrando-se em uma cadeia de associações que se deslocavam em múltiplas direções, condensando-se em estruturas cada vez mais complexas e uma montanha interminável de perguntas.

Um exemplo ilustrativo desse momento do grupo foi a discussão teórica sobre o repisado conceito winnicottiano de "mãe suficientemente boa", em que não encontramos todo o consenso que imaginávamos. Surpresos com esse acontecimento, resolvemos fazer uma "aplicação prática" e estudar alguns exemplos de histórias de mães, nas quais aquelas "suficientemente boas" pudessem aparecer. Para isso, escolhemos o filme "Clube da Felicidade e da Sorte". Trata-se de uma obra contextualizada nos Estados Unidos, no final dos anos 1990, que apresenta a trajetória de quatro jovens mulheres americanas de origem chinesa e imbrica seus desenvolvimentos atuais com o passado das mães, todas imigrantes da China na época pós-revolução maoísta.

A discussão foi muito rica, mas além de não ajudar substancialmente no esclarecimento da proposição de Winnicott, agregou outro complicador. Fomos induzidos a concluir, pelas histórias, que vários dos aspectos estudados dessas mães somente poderiam ser compreendidos desde dentro da cultura em que elas forem criadas e concebem seus filhos. Os acontecimentos do entorno social produzem muito mais diferenças na forma de ser mãe do que todos nós, no principio, estávamos dispostos a admitir. Parece ser muito diferente, em vários aspectos, ser mãe na China do que nos EUA. Um exemplo: na China, quando os cônjuges se casam, a mulher vai morar na casa dos pais do marido e o novo casal tem a obrigação de cuidá-los por toda a vida. Um tipo de seguro, de aposentadoria, sancionada por uma tradição totalmente inquestionável e distinta da ordem que temos no Ocidente, onde o natural é que exista uma aproximação maior do noivo com a família de sua mulher. E, no Ocidente, há incomparavelmente menos rigor nesse funesto destino. Com o advento do regime comunista com sua política antiexplosão demográfica, essa marcada prevalência do filho homem desencadeou um generalizado infanticídio feminino. (Esses acontecimentos hoje cobram um alto preço, com uma diminuição significativa de mulheres, causando um problema social de grande vulto.) E detectamos o que nos pareceu um endurecimento da empatia daquelas mães com suas crias de sexo feminino a par de um notório favorecimento aos varões.

A essa altura nos perguntávamos incrédulos: é possível que o exercício da maternidade seja tão lábil que se altere em seu exercício dependendo dos costumes e da cultura em que a pessoa está inserida? Não acreditamos. Concluímos, após longas discussões, de que nos havíamos equivocado em algum ponto importante no transcurso de nossa análise.

Algumas informações provenientes de outras áreas não-afins à psicanálise e a sociologia, como os estudos popularizados sobre o comportamento das outras espécies animais, pareciam ratificar nossa (agora questionada) construção teórica. É possível encontrar com certa facilidade (na Internet, por exemplo) muitos exemplos de cuidados femininos dedicadíssimos a crias pequenas, exercidos até fora dos cânones naturais das espécies. Vai desde uma tigresa em um zoológico da Califórnia, deprimida com a perda de suas três crias, adotando e vivendo em harmonia com três porquinhos (http://www.adrenaline.com.br/forum/geral/106360-mae-tigre-filhos-adotivos.html), até uma tartaruga que desempenha o papel materno para um hipopótamo pequeno que havia perdido a mãe no *tsunami* (http://lovepet.com.br/2008/12/maes-adotivas-4-tartaruga-e-hipopotamo/). Todas as reportagens dessas adoções inusitadas são corroboradas por uma quantidade avassaladora de fotos. A constatação mais emblemática é o vídeo do National Geografic Channel (http://www.youtube.com/watch?v=Qiy9Uo-naJM), no qual uma fêmea de leopardo encontra, após matar a fêmea de um babuíno, seu filhote recém-nascido, adotando, cuidando e defendendo o pequeno e perdido ser. São cenas tocantes. Pelo menos enquanto dura o longo vídeo, sem que se saiba, é claro, dos desdobramentos ulteriores desse incrível e inusitado relacionamento. E o mais impressionante. Não parou seu cuidado maternal em nenhum momento, nem para alimentar-se da babuína morta.

Não há dúvida de que o mundo é visto com os óculos que se tem. Esses dados foram interpretados por nós como a prevalência do instinto materno sobre até os outros instintos básicos de sobrevivência, como a fome, e nos surpreendíamos por não encontrar, no ser humano, um instinto maternal "tão nobre" como pensávamos existir nos outros animais. Concluímos que nossa perplexidade provinha do fato de que considerávamos, naquela época, a maternidade como algo "biológico", "intrínseco", "genético", um "instinto". Ou seja (visto de agora), quase uma dádiva fundamental que propiciava a organização psíquica do infante indefeso. A realidade histórica chinesa estudada parecia contradizer esse ideário, causando-nos confusão.

Apesar de muito desorganizante, foi esse um momento muito rico de nossa trajetória como grupo, pois, com o surgimento de tantas dúvidas básicas, muitas delas dadas por nós como resolvidas, nos demos conta de que, apesar de tratarmos diuturnamente desses temas nos nossos consultórios, entre o Céu e a Terra havia muitas coisas que nossa ciência não alcançava explicar. Foi quando começamos a considerar a possibilidade de haver algo equivocado em nossas premissas. As discussões que se desdobraram a partir dessas questões tomaram rumos bastante diversos. Iam desde a origem e a estrutura do aparelho psíquico, passavam pelas diferenças entre os conceitos de instinto e pulsão chegando até a realidade diuturna de nossos consultórios.

Sobre a realidade ocidental no século XXI

Esses múltiplos caminhos produziram o efeito de trazer-nos de volta a nossa realidade ocidental, fazendo com que passássemos a estudar nosso cotidiano, ou seja, as reais condições do exercício da maternidade na sociedade ocidental contemporânea. Deparamo-nos com um quadro, depois de vários meses de investigação, possível de ser sintetizado em quatro grandes pontos:

Primeiro ponto

De uma forma nunca ocorrida antes na Historia da humanidade tivemos, na última década, um crescimento negativo populacional em todos os países desenvolvidos da Europa e, pontualmente, em alguns lugares do mundo, como no Rio Grande do Sul, o estado em que vivemos. "Nasce, pela primeira vez, menos gente que morre".

Essa nova realidade é especialmente alarmante quando conjugada com a constatação do rápido aumento nos dados de envelhecimento da população, ampliando a desproporção ativos-aposentados, anunciando um visível caos econômico. Isso faz com que os governos europeus estejam reagindo, oferecendo muitos incentivos para que os relutantes pais tenham filhos e até para que os adultos jovens (que vivem mais tempo hoje na casa dos pais) se tornem independentes e constituam suas próprias famílias. Essas políticas parecem surtir algum efeito, pois já se pode observar, em alguns países do Velho Mundo, um panorama um pouco diferente do que existia há poucos anos, com bebês pelas ruas – mas não muitos. A evidência de que esses jovens casais optem por não ter filhos ou, apesar de todos os incentivos, escolham ter uma pequena prole, aponta no sentido de que as antigas fórmulas de constituição familiar estejam realmente agonizantes. O fenômeno é tão abrangente que produziu grupos organizados como o canadense No Kidding, com filiais em pelo menos quatro países e um site traduzido para 13 idiomas, inclusive o português (http://www.nokidding.net). Esses grupos são compostos por casais, autodenominados DINK, sigla para a expressão *Double Income No Kids*, ("Renda Dupla, Sem Crianças"), que não pretendem ter filhos por uma série de razões altamente contundentes, todas listadas e exaustivamente discutidas entre eles (Revista Veja. Edição 2064. 11 de junho de 2008).

Constatamos que, nos consultórios de todos os participantes do grupo, aparecem casos de mulheres que privilegiaram suas carreiras profissionais, alterando as escolhas que há poucas décadas seriam inquestionáveis. E já estamos todos familiarizados com o motivo de consulta girar em torno da premência em engravidar, nos casos de mulheres quase chegadas ao climatério e que nunca haviam se ocupado seriamente da questão de ter filhos. A expressão "data de validade" para descrever a situação é uma novidade a qual já estamos acostumados.

Segundo ponto

As famílias, outrora constituídas por mãe, pai e filhos, com forte tendência a perpetuar-se como estrutura inalterável, estão, desde algum tempo, sendo substituídas, de forma numericamente bastante expressiva, por organizações menos estáveis e, na maioria das vezes, com vínculos muito mais complicados. A chamada "família estendida" pode ser um exemplo típico. Pais separados que, ao se casarem novamente, convivem com os filhos dos casamentos anteriores de ambos, juntamente com os frutos dessa nova união. "Os Meus, os Teus e os Nossos" foi recentemente título de filme bastante conhecido e uma forma algo jocosa de apresentar a questão.

Além da família estendida hoje, podemos constatar todas as formas de vínculos matrimoniais imagináveis como socialmente aceitáveis, juridicamente defensáveis ou, pelo menos, bastante tolerados.

Terceiro ponto

Também é fundamental arrolar os últimos avanços da medicina com suas novidades de fertilização assistida. Há escassas duas décadas, um casal com dificuldades na procriação tinha somente a adoção como solução de seu impasse. Hoje, a medicina proporciona um arsenal de possibilidades que vão desde a administração de drogas que estimulem a gravidez até as fecundações *in vitro* com material proporcionado pelos próprios cônjuges, passando pelos bancos de espermatozóides e óvulos e a possibilidade das barrigas de aluguel. Nessa novidade, talvez a mais emblemática e inusitada: a avó que dá luz a gêmeos que são filhos genéticos dos óvulos de sua filha com os espermatozóides de seu genro.

Dentro dessa série (e considerando a clonagem como seu expoente), temos a possibilidade científica de casais homossexuais (inclusive masculinos) gerarem descendentes.

Quarto ponto

A justiça inglesa determina a uma mãe de 35 anos que cuide mais adequadamente de seu filho, sob pena da perda da guarda deste. O filho, de oito anos, estava com 89 quilos, peso razoável para quatro meninos de sua idade. Até onde temos notícia, nunca antes o sobrepeso havia sido considerado forma de abuso (http://www.bbc.co.uk/portuguese/reporterbbc/story/2007/02/070226_meninogordorw.shtml).

Também no Brasil a mídia tem noticiado, de forma inusitada, fatos como o de uma mãe que joga seu filho recém-nascido em um lago ou outra que atira o seu pela janela do barraco, em um esgoto. Esses fatos sempre existiram, pensamos, mas o grande diferencial dos tempos atuais é que são agora noticiados com alarde. E essas mães são presas como homicidas.

Depois de discutir o andamento de nosso trabalho no Congresso da Federação Latino-Americana de Psicanálise (Fepal), no Chile, em setembro de 2007, voltamos com plena consciência de que deveríamos ampliar nosso estudo e checar nossas premissas sobre a forma como as outras espécies animais procedem no que tange à procriação e à maternidade. Para isso, necessitaríamos de um etologista e a Dra. Ceres Faracco passou a integrar, de forma permanente, nosso grupo. Não seria um exagero retórico afirmar que novos horizontes se abriram a partir dessa comparação direta da espécie humana com as outras espécies animais com o que essa ciência que, embora tão jovem como a psicanálise, tem a nos oferecer pelos caminhos já trilhados por ela. Em primeiro lugar, é possível citar o "exercício" de deslocar a nossa espécie como o topo e principal objetivo da evolução. A evolução não culmina com o desenvolvimento do homem. Na visão dos etologistas não somos, decididamente, o supra-sumo do melhor, apesar de todos os esforços dos deuses. Vários dos nossos coetâneos de outras espécies, sejam parentes primatas ou não, nos superam em inúmeros pontos. As águias têm muito melhor acuidade visual; o faro e o olfato dos caninos é impossível de ser comparado aos nossos, todos os esquilos e as formigas são melhores poupadores que nós e inúmeros outros exemplos. É chocante (e revelador) o quanto da crença criacionista, embora nos declaremos decididamente agnósticos, persiste na base de nossos pensamentos e se insinua dentro dos raciocínios mais comezinhos. Um exemplo teríamos com a fêma do leopardo e o filhote da fêmea do babuíno. Para nossa etóloga, tratava-se de um animal muito jovem, sem muita experiência em caçar e que, principalmente, não estava com nenhuma fome. Em segundo lugar, parece ser que muitos etologistas nos consideram, aos seres humanos atuais, reféns do próprio desenvolvimento evolutivo. Em uma publicação emblemática, intitulada *Zoológico humano*, Desmond Morris retrata a nós e aos nossos problemas de convivência cotidianos como provenientes de uma "selva de asfalto". Diz:

> *Em condições normais, em seus habitats naturais, os animais selvagens não se mutilam a si mesmos, não desenvolvem úlcera, não atacam sua prole, não se tornam fetichistas, não sofrem de obesidade, não formam casais homossexuais nem cometem assassinatos.*

Continua dizendo que qualquer comparação elucidativa deve ser feita entre o habitante de uma cidade e um animal cativo em um zoológico. Afirmações inusitadas e até assustadoras. Em terceiro lugar, podemos dizer que também os etólogos (como os psicanalistas) consideram que existem forças naturais, filogenéticas, que levam os indivíduos de todas as espécies a procriar e a cuidar de sua prole de uma forma organizada e sistemática, com inúmeros mecanismos específicos para cada uma delas. Entretanto, que essas características positivas para a espécie podem desaparecer em algumas circunstâncias ecológicas desfavoráveis.

Alguns etologistas parecem ir além, seguindo essas mesmas premissas. Preconizam que o exercício da maternidade tem uma inextricável relação com a cultura desenvolvida por aquele grupo animal. E que podemos encontrá-las (cultura e maternidade) em todas as espécies que foram capazes de desenvolvê-las, em especial os primatas e os grandes mamíferos. Ou seja, a cultura não seria uma propriedade particular do ser humano, e outros animais a possuiriam em organizações de alta complexidade. Assim, o impulso maternal, tão comemorado por nós, seres humanos, não seria algo único e especial de nossa espécie.

Algumas idéias

Todos esses desdobramentos nos levaram a concluir que nosso objetivo inicial era pobre ou até mesmo ingênuo. Claro que sempre tivemos presente que é impossível pensar uma mãe sem ligá-la a trama transgeracional que a antecede. Como também é impossível compreender um filho sem pensá-lo ligado ao desejo materno, ao projeto identificatório por ela traçado, sem as antecipações que o precedem. É impossível pensar na maternidade deixando de fora as marcas da vida intra-uterina, assim como os posteriores pontos de fixação (Freud) e de ancoragem

(Piera Aulagner) das séries complementares. Apesar disso, nossa visão inicial, romântica diríamos agora, provinha do lugar comum de acreditarmos na pulsão (instinto) maternal como um impulso filogenético tal como nos ensina Freud em "Além do Princípio do Prazer". Um dos pontos muito discutidos pelo grupo foi sobre se Freud não havia, de alguma forma, defendido uma posição semelhante à Igreja Cristã, que explicitamente advoga a existência de um impulso materno primário e que a construção sexual do ser humano tenha, precipuamente, a finalidade da procriação. Entrevemos esse tipo de ideologia em certas passagens mais enfáticas quando Freud chega a afirmar que o orgasmo sexual seja, nada mais nada menos, "uma prima de prazer" que a espécie oferece ao indivíduo como estímulo para ter filhos. Quase um engodo da natureza. Em nossa forma de ver uma parte importante da teoria psicanalítica segue impregnada desse viés. Se nossa suposição é correta, essas teorizações devem ser revisadas e ampliadas.

Os novos dados apresentados produziram-nos algumas impressões indeléveis. Sugerem-nos que amplas e profundas modificações na noção conhecida de maternidade estão em andamento. Somente o dado sobre o inusitadamente baixo número de nascimentos seria argumento suficiente para essa tese. Essa constatação deve significar, entre outras coisas, que a população começa a pensar e decidir, maciçamente, sobre o seu desejo de ter filhos. O ideal de "um amor materno protetor sempre presente" se vê esfacelado frente à evidência dos Grupos DINK. Não nos passa desapercebido o dado de que muitos animais cativos ou em condições ecológicas não propícias, como os pandas na China, tenham muito problema em se reproduzir. Estaria o ser humano em situação similar? E aqui se encaixa o que deduzimos existir na China no período maoísta. Em um período ecológico (social) desfavorável, as mães perderam empatia com a prole que não lhe traria benefício.

Também é possível entrever, tanto nas atuais pesquisas e nos êxitos médicos sobre a fertilização como a mídia vem noticiando esse, considerado antes um mundo impenetrável, uma promissora desidealização da figura materna. Dizemos promissora, partindo do princípio de que toda idealização se manifesta com uma forte resistência ao conhecimento.

Uma digressão importante. As raízes inconscientes do poder materno que geram a idealização nos parecem possíveis de serem compreendidas. Devem provir da prerrogativa real de vida e morte sobre os filhos que os pais (e em especial as mães) são detentores. É inegável que uma mãe, se não quiser, consciente ou inconscientemente, que aquele filho nasça, ele não nascerá. Não nascerá seu corpo ou não nascerá seu espírito. As marcas mnêmicas desse secular privilégio estão inscritas em nosso inconsciente e são as responsáveis por produzir, por meio dos efeitos deletérios da citada idealização, as maiores resistências que enfrentamos nos nossos consultórios e em estudos como o que estamos empreendendo. Concordaríamos com todos que afirmassem que, somente por esta razão, a maternidade seria um dos temas mais complexos de todo o universo de enigmas que o ser humano tem para decodificar.

O que se pode afirmar, com certeza, é que presenciamos, nesse início do século XXI, uma grande modificação do ponto de vista da constituição da família. E pensamos ser essa uma modificação nas bases das estruturas vinculares ocidentais que são fruto do descolamento entre sexo, casamento e reprodução, ocorrência que foi consubstancializando-se paulatinamente nos últimos cinqüenta anos.

São todas novas formas de vínculos familiares que exigirão ao especialista, ou seja, nós, estudos detalhados e focais. E trazem, em seu bojo, pensamos, diferentes características e alternativas à maternidade tal como a conhecemos. "Decifra-me ou te devoro", diz a Esfinge a

Édipo. Será possível para o ser humano construído no útero da avó como barriga de aluguel da própria filha que teve os óvulos fertilizados pelo incerto genro?

Desse emaranhado, podemos avistar que existem diferenças entre o ato de procriar, o ato de cuidar da prole em seu desenvolvimento e a construção dessa categoria tão refinada que chamamos maternidade. Essa deve ser a direção que nossos esforços devem seguir.

Referências bibliográficas

Fleming AS, Day DHO', Kraemer GW. Neurobiologia das interações mãe-bebê: experiência e plasticidade do SNC através do desenvolvimento e gerações.Neuroscience and Biohavioral Reviews 23, 1999, p.673-685.

Bydlowski M. La dette de vie – Itinéraire psychanalytique de la maternité. Paris: Presses Universitaires de France, 1997.

Bydlowski M. Je rêve un enfant – L'expierience intérieure de la maternité. Paris: Editions Odile Jacob, 2000.

Faraco C. Interação Humano-Anima.- Ciênc. vet. tróp., Recife-PE, v. 11, suplemento 1, p. 31-35 abril, 2008.

Forna A. Mãe de todos os mitos – Como a sociedade modela e reprime as mães. Rio de Janeiro: Ediouro Publicações, 1999.

Goodall J. Uma janela para a vida. Rio de Janeiro: Jorge Zahar Editor, 1991.

Krebs JR, Davies NB. Introdução à ecologia comportamental. São Paulo: Athenu Editora, 1966.

Morin E. O enigma do homem. Rio de Janeiro: Zahar Editor, 1975.

Morris D. El zoo humano. Buenos Aires: Hyspamerica, 1986.

Miller A. Por tu propio bien – raíces de la violencia en la educación del niño. Barcelona: Ensayo Tusquets Editores, 2006.

Tan A. O oposto do destino. Rio de Janeiro: Editora Rocco, 2003.

Waal F. De. Eu, primata: porque somos como somos.São Paulo: Companhia das Letras, 2007.

Winnicott DW. Desenvolvimento emocional primitivo (1945). In: Textos Selecionados – Da Pediatria à Psicanálise. Rio de Janeiro: Livraria Francisco Alves Ed., 1988.

____. Preocupação materna primária (1956). In: Textos Selecionados – Da Pediatria à Psicanálise. Rio de Janeiro: Livraria Francisco Alves Ed., 1988.

____. Teoria do desenvolvimento paterno-filial (1960). In: O ambiente e os processos de maturação. Porto Alegre: Artes Médicas, 1990.

____. (1954) Les Aspects métapsychologiques et cliniques de La régression au sein de La situation analytique. In: De La pédiatrie à La psychanalyse. Paris: Petite Bibliothèque Payot, 1969.

Zelaya CR, Mendoza Talledo J, Soto De Dupuy E. La maternidad y sus vicisitudes hoy. Lima: Impresso en Siklos S.R. Ltda., 2006.

13 NARRATIVA E IDENTIDADE: TRANSTORNOS DA MEMÓRIA AUTOBIOGRÁFICA E PATOLOGIAS NARCÍSICAS

Narrativa autobiográfica e patologias narcísicas

Pacientes com problemas nos processos de simbolização são particularmente comuns na clínica psicanalítica atual. Trata-se daqueles indivíduos com vida subjetiva muito pobre, refletida num discurso de vocabulário restrito, em que não se percebe a presença de um eu participante ou observador, que apresente reações afetivas adequadas ao conteúdo da fala. Repetem-se fragmentos de lembranças sensoriais, ou, o que é pior, de frases vazias, já desprovidas da base na experiência. Não há propriamente um processo narrativo, porque não há narrador.

Roberto Santoro Almeida

Psicanalista, Membro Associado da Sociedade Psicanalítica do Rio de Janeiro – SPRJ.
Psiquiatra, Chefe do Serviço de Saúde Mental do Hospital Municipal Jesus, Rio de Janeiro.
Presidente do Comitê de Saúde Mental da Sociedade de Pediatria do Estado do Rio de Janeiro – SOPERJ.
Membro do Departamento de Saúde Mental da Sociedade Brasileira de Pediatria.

Percebe-se nestes pacientes uma série de deficiências nas funções do ego (deficiências de integração, de simbolização, de regulação dos afetos, etc.), reflexo de deficiências estruturais, decorrentes de falhas ambientais precoces. Incluem-se, portanto, no grupo de indivíduos com transtornos narcísicos, que constituem a maioria dos casos da clínica psicanalítica atual.

Diversos autores (Winnicott, 1958, Fairbairn, 1952, Guntrip, 1973, Balint, 1968) ressaltaram que o ambiente afetivo é mais importante que o conteúdo ideativo no trabalho com estes casos. A transferência e a regressão a etapas precoces do desenvolvimento, dentro do clima emocional propício criado pelo *setting*, permitem a introjeção do analista como objeto bom, corrigindo em parte as deficiências instaladas pelas experiências precoces traumáticas com objetos não-empáticos. Gradualmente, através das novas vivências afetivas proporcionadas pela análise, vai sendo possível a integração do ego fragmentado e seu desenvolvimento.

Aos aspectos afetivos devem se unir os aspectos ideativos. Com o progresso da análise, através da introjeção do analista, vai se enriquecendo o universo simbólico de tais pacientes, que se tornam capazes de representar seu próprio mundo interno.

A integração final do ego, que reúne aspectos afetivos e ideativos, se dá através da construção de uma narrativa autobiográfica, um relato internalizado da vida do paciente, em que as seqüências de eventos são representadas pelo ponto de vista de um ego observador e participante, que articula as diversas memórias numa história coerente.

A importância da construção da narrativa autobiográfica no processo analítico já havia sido salientada por Freud num de seus últimos trabalhos (Freud, 1937). Em toda análise, é fundamental a complementação ideativa do processo afetivo através da construção de uma narrativa autobiográfica, ao mesmo tempo completa a ponto de conferir solidez ao sentimento de identidade, e flexível para permitir a continuidade do processo de crescimento pessoal.

Identidade, memória autobiográfica e narrativa autobiográfica.

Erikson (1968), autor que introduziu o conceito de identidade na Psicanálise, define o termo como "o sentimento subjetivo de uma envigorante uniformidade e continuidade" (p. 17). Para fins da discussão que se segue, será utilizada uma definição operacional que reformula com maior clareza e objetividade o conceito de Erikson. Segundo o filósofo e psicopatologista Karl Jaspers (1913-1959), o sentimento de identidade se radica na "consciência de ser o mesmo na sucessão do tempo"[1] (p. 153). Percebe-se implicitamente nesta definição a necessidade de uma memória intacta: o registro mnêmico das diversas experiências vitais ao longo do tempo e sua rememoração presente. De fato, no caso de indivíduos com déficits extensos de memória, seja por causas orgânicas ou por presença de um quadro histérico (a chamada fuga psicogênica), ocorre concomitantemente o comprometimento da identidade.

Das inúmeras espécies de registros mnêmicos, são as memórias autobiográficas - memórias conscientes em que o indivíduo se vê como participante ou como espectador ativo dos eventos de sua vida – que constituem o alicerce ideativo do sentimento de identidade (a base afetiva será abordada adiante).

---

[1] Para Jaspers, "a consciência do eu possui quatro características formais: 1ª o sentimento de atividade, uma consciência de ação; 2ª a consciência da unidade: sou um no mesmo momento; 3ª a consciência da identidade: sou o mesmo que antes; 4ª a consciência do eu em oposição ao exterior e aos outros" (p. 148). Tais aspectos, que representam a face autoconsciente do ego, se encontram mais ou menos prejudicados nas patologias narcísicas, em que danos estruturais comprometem as principais funções egóicas (atividade consciente, integração, função sintética, teste de realidade). No presente trabalho, a consciência da identidade e suas patologias serão privilegiadas.

A consolidação do senso de identidade depende da articulação das memórias autobiográficas numa narrativa autobiográfica, uma espécie de história que o indivíduo constrói sobre si mesmo, conectando num fluxo temporal os diversos registros mnêmicos de episódios em que se vê como participante ou como observador ativo e reativo.

Metapsicologia da memória

De acordo com a teoria freudiana, os dois elementos básicos da mente são a representação (*Vorstellung*) e a quota de afeto (*Affektbetrag*). As representações são traços mnêmicos, registros de memórias das diversas modalidades perceptivas (visuais, auditivas, motoras, sensitivas, proprioceptivas, etc.). A partir das experiências, principalmente as experiências interpessoais, vão se formando as representações, que se associam em redes cada vez mais complexas (Freud, 1891, 1915a, 1915b).

As primeiras representações, que constituem o núcleo do ego, são aquelas de vivências corporais - sensações e sentimentos radicados no corpo, provenientes das primeiras experiências com os cuidadores (segundo Freud, 1923, p. 26, "o ego é primeiro e acima de tudo, um ego corporal").

Em seguida, quando aumenta a capacidade de percepção do mundo externo, criam-se as memórias de percepções provenientes dos órgãos dos sentidos – lembranças de diversas modalidades sensoriais (visão, audição, tato etc.) que articuladas vão formar as representações dos objetos (representação de coisa – *Sachvorstellung*).

Finalmente, memórias dos sons de palavras, proferidas pelos cuidadores, são internalizadas, por meio da identificação com estes cuidadores, se articulando com as representações de coisa para formar o universo simbólico das palavras (representação de palavra – *Wortvorstellung*).

Complementando e aprofundando o quadro traçado por Freud, vale a pena recorrer à classificação das memórias apresentada por Siegel (1999). O autor resume e organiza as pesquisas de diversos neurocientistas sobre os processos mnêmicos, podendo iluminar as reflexões psicanalíticas, porque se vale de uma perspectiva desenvolvimentista[2].

No primeiro ano de vida, formam-se unicamente as chamadas memórias implícitas – memórias de sensações corporais, de percepções, de padrões motores, de emoções – que não incluem a contextualização em termos de espaço e de tempo. As estruturas cerebrais responsáveis pelos registros de tais memórias já funcionam ao nascimento – as amígdalas para as memórias emocionais e os gânglios da base e o cerebelo para as memórias de procedimento. A evocação de tais memórias, que são inconscientes, não se dá com o sentimento subjetivo de rememoração, mas como revivescência de emoções, sensações ou padrões de comportamento. Assim, uma parte da amnésia infantil não se deve ao mecanismo de repressão – tais memórias simplesmente não podem ser trazidas à consciência porque não havia um eu observador organizado à época de seu registro.

No segundo ano de vida, o desenvolvimento do hipocampo, uma estrutura cerebral localizada na profundidade dos lobos temporais, permite o registro das memórias explícitas do tipo semântico – memórias de percepções localizadas no tempo e no espaço. As memórias explícitas necessitam, ao contrário das memórias implícitas, da consciência e da atenção focal para serem registradas, e são evocadas com um sentimento subjetivo de lembrança.

---

[2] A apresentação esquemática do desenvolvimento da memória não dá conta da complexidade do processo. Nenhum registro mnêmico é passivo – as experiências pregressas, o estado atual da mente, a presença ou ausência da consciência, o estado de atenção, as expectativas e emoções determinam fundamentalmente a construção dos registros. Além disto, na rememoração sempre há uma remodelagem dinâmica dos registros. Por fim, os modelos de memória usualmente utilizados realizam a divisão atomística de um fenômeno global, ao molde do associacionismo dos empiristas ingleses, tão criticado por Henri Bergson (1889) e William James (1891), propositores da idéia do fluxo da consciência. No entanto, mesmo considerando que nenhum modelo corresponde exatamente à riqueza e à complexidade do fato real, as classificações da memória mostram-se indispensáveis para qualquer reflexão sobre a mente.

No entanto, falta a estas memórias a experiência de um eu observador.

Do segundo ao quinto ano de vida, outro tipo de memória explícita se desenvolve, como conseqüência do desenvolvimento dos lobos frontais – a chamada memória episódica, que inclui um eu observador ou participante que vive a experiência registrada. Como a memória semântica, a memória episódica necessita da consciência e da atenção focal para seu registro e a rememoração se acompanha do sentimento subjetivo de lembrança (Siegel, 1999).

As memórias implícitas, principalmente aquelas de cunho afetivo, formadas na interação entre o bebê e a mãe, constituem o alicerce do sentimento de identidade. Sobre este alicerce, através principalmente dos registros mnêmicos do tipo episódico, se erige o aspecto ideativo do sentimento de si, que irá finalmente se consolidar pela formação da narrativa autobiográfica.

Integração do ego e desenvolvimento do sentimento de identidade

Nas primeiras etapas do desenvolvimento, pode-se supor que os registros mnêmicos das experiências corporais se dão de maneira não-integrada. Não há ainda um ego observador, mas uma matriz ego-id indiferenciada, um potencial geneticamente determinado para a formação do ego, que irá se concretizar através da interação com os cuidadores.

Nesta fase de identificação primária a mãe constitui uma espécie de ego externo do bebê, uma matriz egóica através da qual, por identificação, o ego do bebê se constituirá. As primeiras experiências de integração do bebê se dão através dos cuidados corporais realizados pela mãe. A mãe suficientemente boa, através do *holding* e do *handling* adequados, proporciona boas experiências afetivas, que constituirão o núcleo do ego (Winnicott, 1962, 1970).

As experiências táteis têm grande importância na formação da representação internalizada do eu como totalidade diferenciada do meio externo (Freud, 1923, já chamava atenção para o ego como uma representação mental da superfície corporal). As sensações provenientes da pele estimulada pela mãe formam a primeira representação dos limites do corpo

O ego inicial ainda frágil se vale de defesas esquizoparanóides (divisão, projeção, etc.) para lidar com os aspectos negativos das vivências (Klein, 1935, 1946). Neste período, os afetos mais intensos têm efeito desorganizador sobre a estrutura mental incipiente. A mãe funciona como ego do filho, servindo de continente para as vivências do bebê, organizando-as e integrando-as (Bion, 1962, 1967). Por identificação com a mãe, o indivíduo passa a conter em sua mente os seus próprios afetos, principalmente aqueles de grande intensidade ou de cunho desagradável, podendo cada vez mais unificar as experiências sob a égide de um ego observador ou participante.

Posteriormente, um ego um pouco mais forte utiliza a repressão para lidar com impulsos que não são aceitáveis para os padrões morais vigentes, internalizados no superego (Freud, 1915a, 1923). O uso maciço da repressão enfraquece os processos sintéticos do ego, por vedar o acesso ao material reprimido.

Sobre a camada dos registros mnêmicos de sensações corporais e afetos, vai se inscrever uma camada de registros que se poderia chamar de simbólicos, e que constituem o nível cognitivo da representação unificada do eu.

Na interação com seu bebê, ao longo dos cuidados que lhe são dispensados, vai a mãe representando através de palavras o mundo de vivências do filho, que capta pela compreensão empática. Identificando-se com a mãe, a criança vai construindo um repertório de símbolos que permitem a comunicação de seus estados internos, suas percepções e seus desejos a sua própria consciência, e ao meio circundante. Estes são os tijolos do aspecto cognitivo da consciência de si[3].

Há ainda outro nível de representação cognitiva de si mesmo. Enquanto cuidam de seus filhos, as mães vão tecendo uma narrativa, um discurso encadeado em que se articulam acontecimentos passados, o ocorrido no momento e projeções de fatos que acontecerão no futuro próximo. A interação entre a narrativa materna e a capacidade cognitiva crescente do filho permite que a criança vá elaborando a própria história.

Mães e pais empáticos mantêm momentos dedicados à construção da narrativa autobiográfica, ouvindo os filhos relatarem suas vivências do dia-a-dia, e ajudando-os a rememorar e contar experiências familiares conjuntas. Os contos de fadas e histórias infantis também fornecem recursos à criança para construir a própria história, através da identificação com os personagens.

Diante da multiplicidade de fatos vividos e da pluralidade de situações da realidade, são selecionados aqueles que fazem sentido na narrativa da individualidade em desenvolvimento. Os registros mnêmicos das experiências pessoais selecionadas organizam-se como narrativa direcionada para o futuro, e orientada por uma meta (criada a partir dos ideais do indivíduo).

A narrativa solidamente construída mantém um aspecto dinâmico e flexível, que possibilita sua reconfiguração e ressignificação ao longo da vida. A consistência da narrativa depende de sua flexibilidade, que permite a adequação às circunstâncias cambiantes do mundo externo. No correr do tempo, a história de vida vai sendo revista e ampliada, à medida que o ego vai incorporando as novas experiências à sua organização, sem que perca a solidez do seu cerne. É necessário manter-se uma abertura que seja consistente com a identidade formada, para que o indivíduo continue se desenvolvendo ao longo da vida.

---

[3] Percebem-se falhas deste processo nos casos de pacientes com quadros histéricos. Na histeria, idéias que representam impulsos contrários ao superego são reprimidas, e através da regressão, em vez de ser representadas por palavras, voltam a se manifestar corporalmente.

As narrativas representam o aspecto cognitivo da empatia. Se a base deste fenômeno é a identificação, que permite a captação do estado emocional, a complementação ideativa se faz através da projeção imaginária na vida do outro indivíduo. No autismo, tal capacidade se acha comprometida, condenando o paciente a uma perspectiva única através de seu próprio ponto de vista, com total incompreensão das diferentes visões de mundo de outras pessoas (segundo o psicólogo experimental David Premack, falta ao autista a capacidade de construir uma teoria da mente [Apud Gazzaniga, Heatherton, 2003, p. 358]).

Problemas da memória e da narrativa autobiográficas na clínica

Nos pacientes psicóticos, há um rompimento com a realidade externa, com a retirada dos investimentos afetivos dos objetos e o retorno destes investimentos ao ego. O ego se vê invadido pelos impulsos do id e ameaçado de fragmentação (Freud, 1924 [1923], 1924). Através do delírio, o psicótico tenta, por um processo racional-ideativo, manter a coesão do ego através da construção de uma narrativa autobiográfica que dá sentido às suas vivências e o mantém conectado, mesmo que de forma patológica, ao mundo externo[4]. A narrativa autobiográfica delirante constitui um fenômeno patológico por não admitir contestação (em contraste com as narrativas autobiográficas não-patológicas, caracterizadas pela flexibilidade e pela capacidade de sofrer modificações com as experiências), e por desrespeitar a realidade externa. O delírio é construído através dos impulsos do id, e de aspectos superegóicos dissociados da personalidade total, recusando a modulação habitual dos processos de pensamento através das percepções do mundo externo.

---

[4] Segundo o escritor inglês G. K. Chesterton (1908), "o louco não é o homem que perdeu sua razão. O louco é o homem que perdeu tudo, exceto sua razão" (p. 222). Pode-se dizer com o autor que o delírio não é falta de razão, é razão funcionando isoladamente, desconectada do investimento afetivo no mundo externo que permite o contato com a realidade.

Os pacientes sociopatas comumente relatam narrativas autobiográficas falsas, com o intuito de manipular o ouvinte, despertando sua compaixão (como se viu, o aspecto cognitivo do processo empático se dá através da revivescência imaginativa da história de vida de outra pessoa).

Em alguns indivíduos, a incapacidade de internalizar recursos narrativos para construir uma narrativa autobiográfica própria acarreta o apego a histórias de outros, fictícias ou não, como fuga da realidade e como forma vicária de vida.

A disseminação das tatuagens e dos *piercings* também parece se relacionar, pelo menos em parte, aos problemas dos processos autobiográficos. Em alguns indivíduos, a dificuldade de registro mnêmico das experiências, devida a deficiências nos processos de simbolização, obriga que sejam as mesmas inscritas no corpo.

Embora a base das patologias narcísicas se radique em problemas afetivos, comumente também existem falhas na memória e na narrativa autobiográficas. Na primeira fase do trabalho com estes pacientes, o clima afetivo proporcionado pelo *setting* permite a identificação estruturante com o analista que acompanha o paciente no seu mergulho regressivo a fases primitivas do desenvolvimento, onde ocorreram as falhas que geraram as deficiências estruturais. Aos poucos, se torna possível ao paciente enriquecer seu mundo simbólico. Finalmente, cabe ao analista construir com o paciente a sua história de vida, que permitirá a fase final de integração ideativa da identidade. Como as memórias dos primeiros tempos são implícitas, isto é, não podem ser evocadas como memórias localizadas no tempo e no espaço e referidas a um eu observador, somente se tornam acessíveis através dos movimentos afetivos ocorridos na transferência e nas atuações. A partir de inferências sobre tais movimentos afetivos do paciente, de informações de sua história e de acontecimentos das relações interpessoais atuais, o analista deve reconstruir hipoteticamente algumas situações da infância do paciente, preenchendo as lacunas de informação, a fim de ajudá-lo a organizar uma história completa e coerente.

Um exemplo clínico

Há alguns anos, atendi um menino de nove anos de idade, que apresentava um comportamento extremamente agitado e agressivo, principalmente com o irmão dois anos mais novo. Não brincava, e não se interessava por filmes, desenhos animados ou histórias. Os pais eram pessoas concretas, com pouquíssima abertura para a vida subjetiva e extrema dificuldade empática.

Ao longo da primeira fase do tratamento, enquanto o menino, muito agitado, se movia de um lado para o outro, se jogava no chão, e reproduzia vozes e sons de *videogames*, eu me mantinha sentado, observando, por perceber sua necessidade de que eu presenciasse seus movimentos desordenados. Na falta de uma capacidade mais desenvolvida de representação simbólica, tais movimentos correspondiam a comunicações de seus processos mentais.

Gradualmente, comecei a representar verbalmente o que por empatia eu captava dos seus estados internos. De comunicações mais simples, minhas intervenções foram se enriquecendo. Depois de algum tempo, passei a utilizar uma linguagem bastante colorida, cheia de exemplos, comparações e pequenas histórias.

Correspondentemente, o menino começou a falar mais de si mesmo. A agitação foi cedendo. Então, desenvolveu um grande interesse por narrativas, em filmes, livros e quadrinhos. Contava-me várias histórias, e pedia que eu lhe contasse outras. Em certa ocasião sugeriu que inventássemos juntos uma história. Buscava recursos para elaborar a própria história. Ao longo do tempo, ajudei-o a desenvolver a capacidade de representar simbolicamente suas vivências, e articulá-las numa narrativa autobiográfica. As histórias ficcionais que buscava forneceram elementos para isto.

Pudemos então abordar seus conflitos edípicos, a rivalidade com o irmão, e uma série de problemas que antes não podiam ser verbalizados nem elaborados porque não havia suporte cognitivo para desenvolver qualquer pensamento.

Em resumo, na primeira etapa do processo, predominaram os aspectos afetivos, através da captação empática de que o paciente necessitava da experiência de ser testemunhado de modo compreensivo, como base para a edificação de seu sentimento de si. Por meio da identificação com o analista, a experiência pôde ser internalizada, e o paciente adquiriu a capacidade de testemunhar-se a si mesmo. Em seguida, foi se tornando possível ajudá-lo a representar simbolicamente suas vivências. De descrições simples de seus estados internos, gradualmente pude introduzir comunicações simbólicas mais complexas, ao modo das mães que vão representando para os filhos os mundos interno e externo por meio da linguagem. As comunicações mais coloridas, com pequenos exemplos e histórias, visavam dotar o paciente de recursos narrativos para construir sua própria história.

Reflexos culturais das falhas da memória e da narrativa autobiográficas

Como visto em trabalho anterior (Almeida, 2004), mudanças sociais ocorridas ao longo do século passado estão possivelmente implicadas na inflexão dos quadros neuróticos dos primeiros tempos da Psicanálise em direção à predominância das patologias narcísicas. Se na sociedade patriarcal as medidas repressivas na educação das crianças geravam uma tendência ao surgimento de neuroses, nos tempos atuais tornaram-se freqüentes os quadros de privação de cuidado, ou de cuidados insuficientes, nos primeiros anos, conducentes a patologias narcísicas, em que por falhas ambientais ocorre uma estruturação deficiente do psiquismo. A generalização de tais problemas marca profundamente as características sociais e culturais da contemporaneidade.

Vários fenômenos da atualidade podem ser entendidos à luz das deficiências de integração do ego, tanto em seus aspectos afetivos quanto ideativos. Em particular, falhas da construção da narrativa autobiográfica, aspecto cognitivo do senso de identidade, se fazem bastante presentes nos aspectos sociais e culturais do Espírito do Tempo. Seus reflexos podem ser sentidos na Literatura (o surgimento do romance sem enredo, exemplificado pelo *Nouveau Roman*), nas Artes Plásticas e no Cinema. Para não aumentar indevidamente a extensão deste trabalho, foram escolhidos, entre as inúmeras manifestações do problema, três exemplos característicos: a descrição sociológica do ser humano contemporâneo, a filosofia pós-moderna e os fundamentalismos

Sociólogos e historiadores (Lasch, 1979, Bauman, 1997, 2000, 2003, 2005, Sennett, 1980, 1998, Giddens 1990, 1999) têm descrito o ser humano contemporâneo como fragmentado, impulsivo, hedonista, desprovido de senso de história e de planos para o futuro, características de problemas de construção da narrativa autobiográfica[5]. Sem uma história internalizada que ligue o passado ao presente e dê uma direção à vida, através de ideais projetados no futuro, vive-se apenas o momento presente, reagindo impulsivamente aos estímulos do ambiente. A falta de senso histórico, de desdobramento da personalidade

---

[5] Já em 1930, o filósofo espanhol Ortega y Gasset chamava a atenção para o surgimento de um tipo de ser humano que se caracterizava pela satisfação consigo mesmo (no sentido de falta de um ideal de desenvolvimento pessoal), ausência de senso histórico, desinteresse pela cultura, superespecialização num ramo técnico-científico e total desconsideração dos valores humanísticos. Para o autor, tais indivíduos eram responsáveis pelo surgimento e pela propagação dos fundamentalismos políticos da época (fascismo, nazismo, comunismo) e representavam séria ameaça à Civilização (Ortega y Gasset, 1930).

no tempo, impede o aprendizado com a experiência, por que não há um eu integrado em progresso, alimentado pelas situações vitais.

Reflexos dos problemas de integração do ego também parecem se manifestar na filosofia pós-moderna, dominada por pensadores franceses como Deleuze, Derrida e Foucault[6]. O relativismo, a preocupação com fragmentos de discurso e a negação da realidade objetiva, apresentada como construção cultural, são características bastante próximas daquelas dos pacientes narcísicos com falhas da narrativa autobiográfica. A tendência à retórica, à linguagem obscura e ao barroquismo estilístico, acompanhada da desconfiança da existência do mundo objetivo, assemelha-se à valorização da linguagem como objeto concreto pelos psicóticos, que através das palavras tentam criar um novo mundo em substituição ao mundo externo perdido pela retirada dos investimentos afetivos. A construção de sistemas dedutivos sem base em experiências concretas está próxima dos delírios. Finalmente, a negação de modelos globais parece corresponder à dificuldade de construção de narrativas totalizantes consistentes e coerentes.

Falhas de estabelecimento de um senso de identidade podem também ocasionar o apego a narrativas rígidas oferecidas pelos fundamentalismos.

A característica básica de uma narrativa autobiográfica bem desenvolvida é sua abertura para revisões, para o crescimento do eu em direção ao futuro. O indivíduo não mantém um apego rígido à sua história, que pode ser contestada sem ameaçar a estabilidade do ego. A narrativa autobiográfica estável tem o caráter de uma construção, aberta para modificações, de acordo com as

---

[6] Aqui se analisa a filosofia pós-moderna como fenômeno cultural, ao modo do artigo de Mircea Eliade (1965) sobre as modas culturais, sem haver a pretensão de aprofundamento na obra dos filósofos citados. Trata-se de perceber que os aspectos de narcisismo patológico que caracterizam a sociedade contemporânea constituem um solo fértil para o sucesso da filosofia pós-moderna como moda cultural.

experiências. Sua própria abertura lhe confere um aspecto único, individual, diferente para cada pessoa, como são diferentes as trajetórias de vida.

Indivíduos que não conseguiram construir sua própria narrativa encontram nos movimentos radicais uma história já pronta, que pode ser seguida cegamente. Os fundamentalismos, como manifestação de desenvolvimento incompleto do ego, acompanham a Humanidade desde seus primórdios. Nos últimos tempos, têm adquirido feições características. Se no século passado os radicalismos políticos predominavam (nazismo, fascismo, comunismo), nos tempos atuais imperam os fundamentalismos religiosos.

Na base da crença fundamentalista se encontra um processo afetivo. A falta de integração do núcleo afetivo do ego torna-o frágil e passível de fragmentação, tornando necessária a utilização de defesas características da posição esquizoparanóide. A narrativa fundamentalista se constrói sobre tal base esquizoparanóide, através de racionalizações, visando a estabelecer a coesão do ego através de um suporte externo. A utilização maciça da divisão e da projeção para lidar com os aspectos afetivos contraditórios, que não podem ser conciliados pelos egos não integrados, explica uma característica básica de todo movimento fundamentalista: a existência de inimigos externos, sobre os quais são projetados todos os aspectos próprios negados pelos indivíduos do grupo.

Como mostrou Freud (1921), na formação de grupos humanos a identificação dos egos dos indivíduos ocorre através da colocação de um mesmo objeto externo no lugar do ideal do ego. Tal processo gera um sentimento de segurança pelo pertencimento ao grupo, suprindo as funções superegóicas (auto-observação, consciência moral e função de ideal) e egóicas que não foram devidamente internalizadas.

No aspecto ideativo, o apego à narrativa fundamentalista fornece um suporte externo que mantém integrado o ego sujeito ao risco de fragmentação. Além disto, organiza a vida do indivíduo, concedendo-lhe uma direção.

Narrativa fechada e fundamentalismo pseudocientífico

Existem outras formas de fundamentalismo além do político e do religioso. Entre outros, se destaca nos tempos atuais o fundamentalismo pseudocientífico.

Como desdobramento do processo racional que caracteriza a mente humana, a ciência se realiza através da construção de modelos, mapas conceituais que procuram refletir o mundo externo[7]. Segundo a artista plástica e teórica da Arte Fayga Ostrower (1998), a construção destes modelos ocorre através de um processo criativo que em nada difere do processo de criação artística. Os maiores avanços do conhecimento científico se dão pelas mentes privilegiadas que elaboram os grandes modelos.

Todo modelo opera diversas reduções. Dos fatos brutos da realidade, apreendidos através de instrumentos que necessariamente limitam a visão, destaca certos aspectos que são reduzidos a conceitos, que por sua vez são articulados entre si na construção das teorias.

À diferença dos modelos de cunho subjetivo dos artistas e dos indivíduos no seu dia-a-dia, os modelos científicos são confrontados com a realidade através de experimentos, na busca de uma abordagem objetiva do mundo. Para o filósofo da ciência Karl Popper (1934), uma boa teoria científica se caracteriza pela capacidade de fazer previsões que possam ser refutadas pela observação.

Os grandes modelos científicos (os paradigmas) e as teorias de que são compostos devem ser passíveis de

---

[7] Para o físico Stephen Hawking (1988), "a teoria é apenas um modelo do universo, ou uma parte restrita de seu todo; um conjunto de regras que referem quantidades ao modelo de observação que se tenha escolhido. Ela existe apenas em nosso raciocínio e não apresenta qualquer outra realidade (seja lá o que isto signifique)." (p. 28).

revisão e de modificações. Os modelos correspondem assim às narrativas abertas, sujeitas a enriquecimento pelas novas experiências. Segundo o físico e filósofo da ciência Thomas Kuhn (1962), o progresso da Ciência ocorre pelo surgimento de novos paradigmas que substituem os paradigmas vigentes.

Muitos cientistas mantêm clara a visão do aspecto limitado e provisório do conhecimento científico. Percebem que questões de cunho subjetivo, afetivo, não podem ser resolvidas através da objetividade desapaixonada dos modelos científicos.

Não se pode, por exemplo, desenvolver uma Ética de base exclusivamente científica. Para a Ciência, não existem diferenças de valor. Por este ponto de vista, um ser humano não se diferencia qualitativamente de uma bactéria, a não ser pela complexidade biológica.

A base da Ética são as experiências afetivas. Os afetos têm a função de avaliar qualitativamente as vivências do indivíduo. Através da elaboração ideativa desta base afetiva constroem-se os sistemas éticos, que podem se valer inclusive da objetividade dos conhecimentos científicos para se adequar à realidade externa.

No entanto, alguns indivíduos, inclusive cientistas, de forma não-científica, acabam entronizando a Ciência como divindade de uma crença religiosa fundamentalista. Passam então a repetir todos os processos do discurso fundamentalista. Confundem os modelos científicos com a realidade em si, tomando-os como dogma, substituindo a objetividade da visão científica pela crença salvacionista de que a Ciência resolverá todos os problemas da Humanidade. Também são comuns a intolerância e a não aceitação de outros modelos que não o seu dogma pseudocientífico, e a escolha de inimigos em que são projetados todo o mal e todo o erro.

O livro de Richard Dawkins, *Deus, um delírio* (2007), é um exemplo claro de fundamentalismo pseudocientífico. O autor, um destacado cientista, é reconhecido no meio acadêmico por suas importantes contribuições para a biologia evolucionista. No entanto, como um pregador religioso, no livro citado se lança a uma verdadeira cruzada contra a crença em Deus, propondo sua substituição por uma religião darwinista, cujo dogma central é a Teoria da Evolução. O livro chega a tal ponto de dogmatismo que o autor insinua que o ensino religioso é tão ruim ou talvez até pior que os abusos sexuais de padres pedófilos![8] Para coroar sua maneira fundamentalista, no final do seu trabalho, Dawkins apresenta uma "Lista parcial de endereços úteis para indivíduos que precisem de apoio para fugir da religião" (p. 477).

Narrativa aberta e desenvolvimento pessoal

Em oposição aos fundamentalismos, o ideal de desenvolvimento pessoal garante que a narrativa autobiográfica se mantenha aberta e flexível, pois o indivíduo que tem como meta o crescimento de sua personalidade naturalmente revê e amplia sua história a partir das novas experiências.

Ao longo de milênios, os grandes sistemas éticos que fazem parte das tradições filosóficas e religiosas do mundo têm preservado os ideais de progresso humano, necessários para o desenvolvimento pleno da Humanidade, porque o progresso científico desvinculado do progresso humano muitas vezes gera recursos que serão usados de forma destrutiva.

Uma vez que as tradições mítico-religiosas são pouco aceitáveis no mundo contemporâneo, outros caminhos se abrem para o desenvolvimento pessoal. Em primeiro lugar, estão as experiências com a família, nos primeiros

---

[8] De acordo com o autor, "uma vez, depois de uma palestra em Dublin, perguntaram-me o que eu achava dos casos amplamente divulgados de abuso sexual por padres católicos na Irlanda. Respondi que, por mais horrível que o abuso sexual sem dúvida seja, o prejuízo pode ser menor que o prejuízo infligido pela atitude de educar a criança dentro da religião católica." (Op. cit, p. 404).

anos de vida, que constituem a base sólida de uma personalidade aberta para o crescimento. Ao longo da vida, tais caminhos também podem ser encontrados no trabalho, nas relações interpessoais, na reflexão filosófica, na Arte e nas demais atividades criativas.

A Psicanálise constitui um recurso privilegiado para o desenvolvimento da personalidade, não somente no seu aspecto formal, como prática psicoterapêutica, mas como processo que continua ao longo da vida, na forma de auto-análise.

De um modo geral, os psicanalistas têm evitado o perigo de tomar o discurso psicanalítico como crença dogmática. Considerar o modelo de mente proposto por Freud ou qualquer de seus seguidores como realidade concreta acarretaria a negação da existência de tudo que não se enquadrasse nos conceitos psicanalíticos previamente estabelecidos. Tal abordagem se mostraria francamente anti-psicanalítica, por comprometer um dos pilares do processo analítico: a capacidade de o analista colocar-se no estado de atenção flutuante. Além disto, o próprio progresso do pensamento psicanalítico estaria impedido.

Ao mesmo tempo, a coerência teórica e um arcabouço conceitual sólido constituem necessidades para que o psicanalista não se perca em divagações inconsistentes. Infelizmente, na Psicanálise, não se dispõe de um modelo único de mente e de conceitos tão solidamente estabelecidos como, por exemplo, na Física e em outras Ciências. À semelhança do que ocorre no restante da Psicologia, a Psicanálise dispõe de vários modelos teóricos, com suas terminologias correspondentes, nem sempre compatíveis uns com os outros. Talvez a complexidade de seu objeto de estudo, a mente humana, torne necessária a utilização dos diversos modelos, da mesma forma que para se fazer o registro cartográfico de uma região, são confeccionados diversos mapas (político, hidrográfico, populacional etc.).

Por outro lado, para Andrade (2003), o pensamento psicanalítico poderia e deveria ser unificado através da Metapsicologia freudiana, capaz de dar conta dos diversos aspectos da mente humana abrangidos pelos outros sistemas teóricos psicanalíticos[9]. A unificação, se possível, teria a grande vantagem de

permitir a adoção de uma linguagem comum entre os psicanalistas, e um avanço mais linear do conhecimento psicanalítico[10].

Conciliar coerência teórica e abertura de pensamento representa um grande desafio para todo psicanalista. Ao contrário do que dizem os detratores da Psicanálise, a abertura de pensamento necessária ao analista não significa falta de rigor. A própria natureza do processo analítico exige um rigor ainda maior que o necessário nos processos convencionais de pensamento, dirigidos pela atenção consciente. Ao longo da sessão, vão se desenvolvendo várias idéias e imagens na mente do analista, que as deixa correr, sem interferir. Aos poucos, das idéias e imagens cristalizam-se hipóteses que devem ser deixadas por um tempo em aberto, para que se verifique se o material do paciente as confirma ou infirma. Confirmada a hipótese, a intuição do analista indicará o momento da comunicação ao paciente. E mesmo aí, o material que surge a partir da comunicação indicará se o analista está no caminho correto, ou não.

---

[9] A discussão sobre a possibilidade de uma Teoria unificada do fenômeno humano, nos moldes da Teoria unificada buscada pela Física, por certo ultrapassa o escopo deste trabalho. No entanto, seguindo os passos de Jaspers (1913-1959), que precede seu trabalho de Psicopatologia com uma apresentação dos fundamentos epistemológicos e metodológicos utilizados, e a distinção de Bergson (1903) sobre as abordagens subjetiva e objetiva da realidade, pode-se supor que tal Teoria deveria contemplar quatro perspectivas ou pontos de vista: 1) o individual objetivo (descrição objetiva do comportamento, campo da Psicologia descritiva; análise da biologia humana, em particular a neurobiologia, e sua base físico-química); 2) o individual subjetivo (o universo das vivências, das emoções e dos significados); 3) o coletivo objetivo (descrição objetiva das coletividades humanas, nos moldes da Sociologia e da Antropologia descritivas); e o coletivo subjetivo (desde a intersubjetividade até os aspectos subjetivos dos relacionamentos humanos nos grupos sociais, os rituais, as religiões etc., objetos da Sociologia e da Antropologia compreensivas).

[10] Na direção contrária, Charles Brenner (2003) propõe o abandono do modelo estrutural freudiano, que corresponderia ao abandono da Metapsicologia.

Toda análise que se queira completa deve contemplar a co-construção de uma narrativa autobiográfica aberta e flexível, que constituirá a base ideativa do sentimento de identidade. Complementando as mudanças devidas às novas experiências afetivas ocorridas no processo analítico, a elaboração da história pessoal permite a integração consciente da personalidade, articulando o passado com as experiências presentes do paciente, de forma a direcionar sua vida para o futuro, orientando-a por metas correspondentes a seus ideais. O aspecto aberto e flexível da narrativa construída em colaboração permite sua revisão e enriquecimento ao longo do tempo, a partir das novas experiências. Neste sentido, idealmente toda análise deve proporcionar ao paciente condições para que dê continuidade ao seu desenvolvimento, mesmo após a alta do tratamento analítico, pois o processo de crescimento da personalidade tem o potencial de ocorrer ao longo de toda a vida.

Referências bibliográficas

Almeida R. (2004). "Freud e Ésquilo: uma visão psicanalítica das relações da tragédia grega com o desenvolvimento da civilização". Rev. Bras. Psicanál., vol. 38 (3): 943-966, 2004.

Andrade V. (2003). Um diálogo entre a Psicanálise e a Neurociência. São Paulo: Casa do Psicólogo, 2003.

Balint M. (1968). A falha básica. Porto Alegre: Artes Médicas, 1993.

Bauman Z. (1997). O Mal-estar da Pós-modernidade. Rio de Janeiro: Jorge Zahar Editor, 1998.

_____. (2000). Modernidade líquida. Rio de Janeiro: Jorge Zahar Editor, 2001.

_____. (2003). Amor Líquido. Rio de Janeiro: Jorge Zahar Editor, 2004.

_____. (2005). Vida Líquida. Rio de Janeiro: Jorge Zahar Editor, 2007.

Bergson H. (1889). Essai sur les donées immédiates de la conscience. In: _____. Oeuvres. 6e Edition. Paris: Presses Universitaires de France, 2001.

_____. (1903). "Introduction à La Métaphysique". In: _____. La pensée et le mouvant. Oeuvres. 6e Edition. Paris: Presses Universitaires de France, 2001.

Bion WR. (1962). O aprender com a experiência. Rio de Janeiro: Imago, 1991.

_____. (1967). Estudos psicanalíticos revisados. 3ª. Edição revisada. Rio de Janeiro: Imago: 1994.

Brenner C. (2003). "O modelo estrutural ainda é útil?". Livro Anual de Psicanálise (2005), XIX, 37-47 (IJPA 2003).

Chesterton G. K. (1908). Orthodoxy. In: _____. Collected Works, vol. 1. San Francisco: Ignatius Press, 1986.

Dawkins R. (2006). Deus, um delírio. São Paulo: Companhia das Letras, 2007.

Eliade M. (1965). "Cultural Fashions and History of Religions". In: _____. Occultism, Witchcraft and Cultural Fashions. Chicago: The University of Chicago Press, 1976.

Erikson E. (1968). Identidade, juventude e crise. Rio de Janeiro: Zahar Editores, 1976.

Fairbairn WRD. (1952). Psychoanalytic Studies of the Personality. London, New York: Routledge, 1992.

Freud S. (1891). Contribution à la Conception des Aphasies. Paris: Presses Universitaires de France, 1983.

_____. (1915a). "Repression". S. E. London, Hogarth Press, vol. XIV.

_____. (1915b). "The Unconscious". S. E. Op. cit, vol. XIV.

_____. (1921). "Group psychology and the analysis of the ego". S. E. Op. cit, vol. XVIII.

_____. (1923). "The ego and the id". S. E. Op. cit, vol. XIX.

_____. (1924 [1923]). "Neurosis and Psychosis". S. E. Op. cit, vol. XIX.

_____. (1924). "The loss of reality in neurosis and psychosis". S. E. Op. cit, vol. XIX.

_____. (1937). "Constructions in Analysis". S. E. Op. cit, vol. XXIII.

Gazzaniga M, Heatherton T. (2003). Ciência Psicológica: mente, cérebro e comportamento. Porto Alegre: Artes Médicas, 2005.

Giddens A. (1990). As Conseqüências da Modernidade. São Paulo: Editora UNESP, 1991.

_____. (1999). Modernidade e identidade. Rio de Janeiro: Jorge Zahar Editor, 2002.

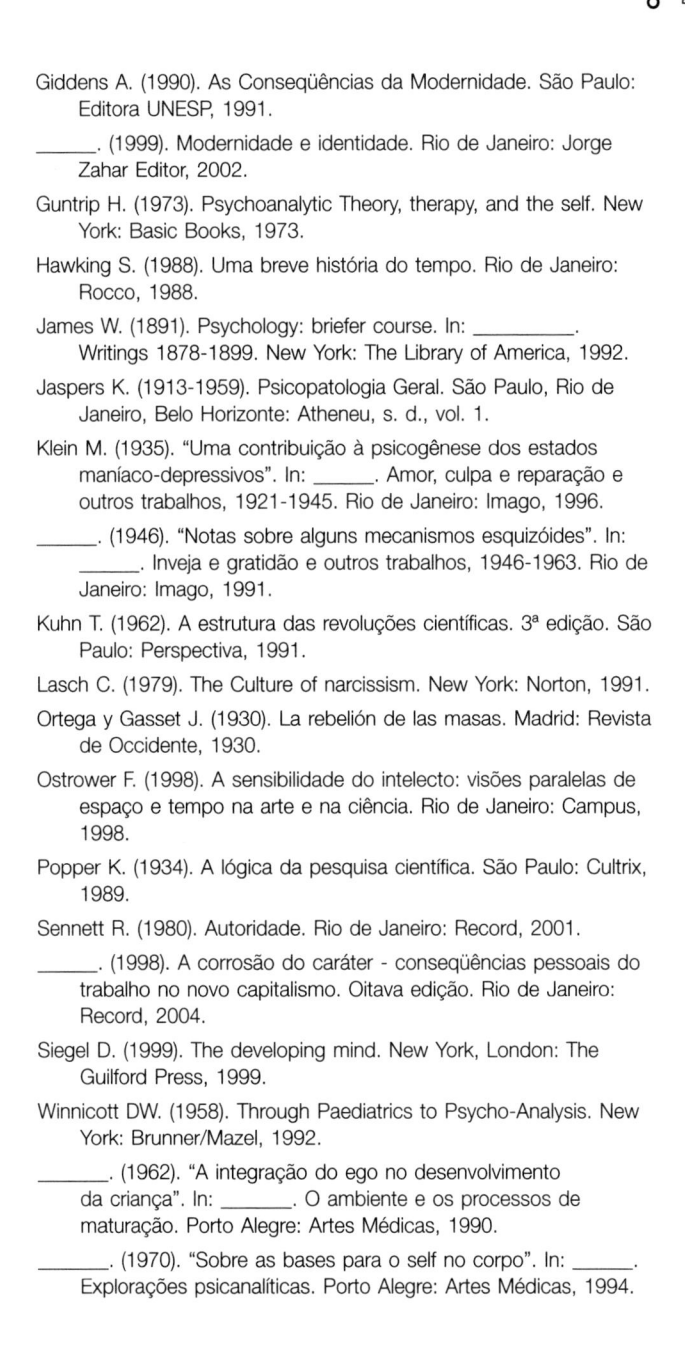

Guntrip H. (1973). Psychoanalytic Theory, therapy, and the self. New York: Basic Books, 1973.

Hawking S. (1988). Uma breve história do tempo. Rio de Janeiro: Rocco, 1988.

James W. (1891). Psychology: briefer course. In: _____. Writings 1878-1899. New York: The Library of America, 1992.

Jaspers K. (1913-1959). Psicopatologia Geral. São Paulo, Rio de Janeiro, Belo Horizonte: Atheneu, s. d., vol. 1.

Klein M. (1935). "Uma contribuição à psicogênese dos estados maníaco-depressivos". In: _____. Amor, culpa e reparação e outros trabalhos, 1921-1945. Rio de Janeiro: Imago, 1996.

_____. (1946). "Notas sobre alguns mecanismos esquizóides". In: _____. Inveja e gratidão e outros trabalhos, 1946-1963. Rio de Janeiro: Imago, 1991.

Kuhn T. (1962). A estrutura das revoluções científicas. 3ª edição. São Paulo: Perspectiva, 1991.

Lasch C. (1979). The Culture of narcissism. New York: Norton, 1991.

Ortega y Gasset J. (1930). La rebelión de las masas. Madrid: Revista de Occidente, 1930.

Ostrower F. (1998). A sensibilidade do intelecto: visões paralelas de espaço e tempo na arte e na ciência. Rio de Janeiro: Campus, 1998.

Popper K. (1934). A lógica da pesquisa científica. São Paulo: Cultrix, 1989.

Sennett R. (1980). Autoridade. Rio de Janeiro: Record, 2001.

_____. (1998). A corrosão do caráter - conseqüências pessoais do trabalho no novo capitalismo. Oitava edição. Rio de Janeiro: Record, 2004.

Siegel D. (1999). The developing mind. New York, London: The Guilford Press, 1999.

Winnicott DW. (1958). Through Paediatrics to Psycho-Analysis. New York: Brunner/Mazel, 1992.

_____. (1962). "A integração do ego no desenvolvimento da criança". In: _____. O ambiente e os processos de maturação. Porto Alegre: Artes Médicas, 1990.

_____. (1970). "Sobre as bases para o self no corpo". In: _____. Explorações psicanalíticas. Porto Alegre: Artes Médicas, 1994.

14 REFLEXÕES SOBRE A RECIPROCIDADE ESTÉTICA E SUA APLICAÇÃO CLÍNICA

Introdução

Dificilmente encontraremos, nos dias de hoje, algum psicanalista que discorde da afirmativa que sustenta ser, a prática clínica da psicanálise, um fato intersubjetivo. No entanto – como ficou demonstrado durante o sincero diálogo entre Owen Renik e Elizabeth Spillius, nas *Controvérsias psicanalíticas* de 2004 – o consenso termina por aí, pois variam muito as opiniões a respeito de como se dá essa intersubjetividade, seu grau de extensão e a maneira como pode ser utilizada na clínica.

No texto a seguir – no qual tento manter o tom coloquial e mais vivo da reflexão original apresentada durante o Congresso –, não tomarei partido nesse debate, pois quero, apenas,

Juarez Guedes Cruz
Sociedade Psicanalítica de Porto Alegre – SPPA.
Médico, Psiquiatra,
Analista Didata do Instituto de Psicanálise da SPPA
jgcruz@pro.via-rs.com.br

comentar uma das vertentes da intersubjetividade num aspecto que considero bastante valioso e clinicamente útil: refiro-me às repercussões, no processo psicanalítico, da "reciprocidade estética" tal como foi conceituada por Meltzer (Meltzer e Williams, 1988). Reciprocidade que, fundamental nos movimentos inaugurais de uma análise, precisa ser mantida e renovada no dia a dia de um tratamento, como forma de sustentá-lo nos períodos em que o campo psicanalítico tende a ser invadido pela desesperança.

01 Em um ensaio a respeito da pintura, Kurt Vonnegut compara os momentos de inspiração de um pintor, em seu desempenho com as tintas sobre a tela, com a atividade de uma criança absorta em suas fantasias e brincadeiras. Diz, a certa altura, que

"A vida, sem momentos de intoxicação, não vale um tostão furado. (...) Bons exemplos de vícios inofensivos são algumas das coisas que as crianças fazem. Elas ficam chapadas por horas em algum aspecto estritamente limitado do Grande Todo, do Universo, como água ou neve ou lama ou cores ou pedras (jogando pequenas, olhando debaixo de grandes), ou ecos ou sons engraçados das cordas vocais ou de um tambor e assim por diante. Apenas duas pessoas estão envolvidas: a criança e o Universo. A criança faz alguma coisinha para o universo, e o Grande Todo faz algo engraçado ou bonito ou às vezes frustrante ou assustador e até mesmo doloroso em troca. A criança ensina ao Universo como ser um bom colega de brincadeiras, a ser bom em vez de mau" (Vonnegut, 1991, p.43).

02 Penso que, no referido parágrafo, Vonnegut descreve, literariamente, o que Meltzer chamou de "reciprocidade estética", situação mental em que o bebê fica "chapado", durante horas, na contemplação de algum aspecto de sua mãe e no qual só ele e a mãe estão envolvidos: três é demais. O bebê faz alguma coisinha para a mãe que, reciprocamente, se encontra em um estado mental de encantamento e, esta, por sua vez, faz algo engraçado ou bonito ou, às vezes, frustrante ou assustador e até mesmo doloroso em troca. O bebê ensina a mãe a ser uma boa colega de brincadeiras.

03 Meltzer, ao anunciar a centralidade que atribui à reciprocidade estética e ao conflito estético na estruturação da mente, assim se expressa:

> *"É este momento, no qual a bela e devotada mãe comum segura seu belo bebê comum, e ambos estão imersos em um recíproco impacto estético, que eu pretendo demonstrar com todo o seu poder"* (Meltzer & Williams, 1988, p. 26).

04 Ao detalhar esse estado de encantamento recíproco, comenta:

> *"...um recém nascido não é belo se considerarmos, apenas, suas qualidades formais. Precisamos olhar mais profundamente para descobrir a essência de 'bebitude' [baby-ishness, no original em inglês] que o tornam um objeto tão poderosamente evocativo. Mas não acontece o mesmo com o impacto estético causado no bebê pela mãe, seu seio, sua face e seus braços aconchegantes? Não é, essencialmente, sua 'mamitude' [mother-liness] a manifestação das qualidades interiores que despertam, no bebê, um tumulto de admiração, reverência e deslumbramento? É (...) também assim com o bebê: suas qualidades interiores, que ultrapassam aquelas de todas as outras criaturas, provocam uma comoção semelhante em seus genitores. O que ele possui como essencial em sua 'bebitude' é a potencialidade de tornar-se um Darwin, um George Elliot, um Rembrandt, uma madame Curie, um ser humano. Sua 'bebitude' arrebata diretamente a imaginação e nos põe a cogitar a respeito de seu futuro"* (Meltzer & Williams, 1988, p. 57).

05 Isto posto, introduzo a idéia central de minha reflexão: a importância clínica dos fenômenos estéticos no primeiro encontro do paciente com aquele que será o seu analista. Poderíamos imaginar, inspirados pelas palavras de Meltzer, que um paciente não é belo se considerarmos, apenas, suas qualidades formais. Precisamos olhar mais profundamente para descobrir a essência do que o torna um objeto tão poderosamente evocativo. Suas qualidades interiores, escondidas sob a sombria capa neurótica, provocam um estremecimento em seu analista. O que ele possui como essencial é a potencialidade de tornar-se uma pessoa amorosa, independente, responsável por seu mundo interno, um ser humano. Tal humanidade alvoroça diretamente a imaginação do analista e o põe a cogitar a respeito do processo analítico que está se iniciando. Entretanto, não acontece o mesmo com o impacto estético causado no paciente pelo analista? Seu suposto saber, seu consultório e seu divã aconchegantes? Não é, essencialmente, seu "ser um psicanalista" a manifestação das qualidades interiores que provocam, no paciente, uma turbulência de admiração, apreço e deslumbramento?

06 Reforçando essas idéias, lembro que Meltzer assim imagina os proto-pensamentos de um recém-nascido ao ser apresentado, por sua mãe, ao seio:

> *"Então ela me mostrou a coisa mais linda do mundo (...) Realmente, muito gentil da parte dela. Minha boca parou de gritar e eu comecei a sugar a coisa anestésica com a qual eu seria posto a dormir. Muito humana. Eu poderia morrer de rir e chorar, sonhando em ser grande e amado por ela"* (Meltzer & Williams, 1988, p.44).

07 Ao conjeturarmos a respeito do primeiro encontro de um belo paciente comum com seu belo e devotado analista comum, poderíamos dizer: o paciente chega ao consultório, sem quase saber de si, sofrendo e perdido em "um universo vazio e sem forma". Assim como para o bebê ao nascer, para o paciente em tal situação, impõe-se "...a presença inflexível da incerteza inundando a vida mental... estar a descoberto, nesse momento é parte de sua situação" (Buschinelli, 2007, p.110). É nesse estado mental que o paciente encontra alguém disposto a recebê-lo e a entender seu mundo interno. Ao ouvir uma primeira interpretação – por meio da qual se sente compreendido e iniciado em seu vínculo de amor, de ódio e, felizmente, de conhecimento com o processo psicanalítico – imagino, novamente inspirado em Meltzer, que ele pensará: então meu analista, me mostrou a coisa mais linda do mundo, o fato de que podemos ser compreendidos em nosso caos. Realmente, muito gentil da parte dele. Parei de gritar e chorar e comecei a usufruir, aos poucos, a beleza do processo analítico. Muito humano, mesmo. Eu poderia ficar horas naquele divã, rindo e chorando, sonhando em ser grande e novamente amado pelos meus objetos internos.

08 Falei em "novamente amado pelos meus objetos internos" porque estou convicto de que o paciente, por mais infeliz que seja a sua história, foi, no início da vida, tocado pela beleza do bom objeto. Lembro Meltzer novamente:

> "Nem mesmo em minha extensa experiência com pacientes esquizofrênicos e com crianças psicóticas, deixei de encontrar evidências de eles terem sido tocados pela beleza – e se afastado violentamente dela como o fazem muitas vezes ao longo da análise. Há muitas evidências a sugerir: não ser tocado é incompatível com sobrevivência. No mínimo, com a sobrevivência da mente" (Meltzer & Williams, 1988, p.29).

09 Embora não tenha maior experiência com pacientes esquizofrênicos e com crianças psicóticas – e, portanto, não me atreva a ir tão longe em minha reflexão – posso afirmar, no que se refere aos pacientes neuróticos que nos procuram espontaneamente para uma análise, que coincido com a idéia de que a reciprocidade estética é algo a ser "reencontrado" e restaurado durante o processo psicanalítico. Ou seja, o paciente é motivado, em sua adesão ao tratamento, por uma experiência inspiradora na relação com o objeto primitivo. E é essa vivência que ele espera reencontrar. Sei que a vida pode apresentar desgraças muito poderosas, a começar pela doença da própria mãe, e que as experiências posteriores a esse período inicial de encantamento podem ser tão dramáticas e terríveis que esse quadro idílico submerge em um cenário de incertezas. No entanto, penso, também: quem chega a encaminhar-se para os nossos consultórios, por mais afogado e submetido que esteja por um funcionamento neurótico, nos solicita em busca desse bom objeto de sua infância remota, anseia por um olhar que ajude a desenvolver aquele bebê tocado pela beleza e, posteriormente, intimidado pelos ferimentos da existência.

10   O analista, com a experiência pessoal de sua própria análise, seu relacionamento com a psicanálise como um objeto estético[1], é a pessoa qualificada a proporcionar esse olhar. Por isso, é muito injusto confundir com idealização o entusiasmo inicial do paciente por seu analista. Ele se encontra, junto ao analista, da mesma forma em que esteve, quando bebê, junto à bela e devotada mãe comum, que cuidou dele. É necessária essa idealização inicial e, não fosse assim, o paciente sequer entraria no consultório de um desconhecido. Insisto: tal encantamento inicial não deve, nesse caso, ser confundido com uma simples defesa maníaca contra a ambivalência.

---

[1] "...o método [psicanalítico], com sua intimidade, privacidade, ética, abstinência, sem julgamentos, sua continuidade, sem prazo para terminar, sua disposição para o sacrifício por parte de analista, compromisso para reconhecer erros, senso de responsabilidade com relação ao paciente e sua família – tudo isso compreendido na dedicação em escrutinar o processo transferencial-contratrasferencial – todas essas facetas unidas graças a um esforço sistemático, fazem do método, inequivocamente, um objeto estético" (MELTZER & WILLIAMS, 1988, p.22/23).

11 Essa admiração inaugural por parte do paciente, possui um componente de verdade, que se origina na percepção profunda de que aquela experiência pode dar um outro rumo à sua vida. A capacidade de olhar o paciente a partir dessa perspectiva é um dos fatores que sustenta a "fé" como um dos elementos da psicanálise (Bion, 1963). O paciente chega para a análise com a vida mental em perigo. Suas táticas de sobrevivência psíquica falharam. Sua aproximação com relação ao analista é própria de quem confia, por mais que desconfie, e espera reencontrar ("todo encontro é um reencontro") o bom objeto. De modo recíproco, o analista acolhe seu novo paciente em um misto de confiança e temor respeitoso por seu mistério, pois conhece um método, o método psicanalítico, que funciona – inclusive já funcionou com ele próprio – no alívio da dor psíquica. Penso que esse recíproco arrebatamento à primeira vista é condição *sine qua non* na manutenção da esperança e os ajuda, paciente e analista, a enfrentar as vicissitudes, muitas vezes dolorosas, do processo analítico.

12 Em seu artigo *'Reflections on Aesthetic Reciprocity'*, Gianna Williams (2000) apresenta, entre outros, dois breves exemplos da prática clínica que ilustram, de modo soberbo, as idéias centrais de minha reflexão. O primeiro deles refere-se a um pequeno paciente que transforma o nome da terapeuta de *"Mendelson"*, para *"Medicine"* em uma óbvia indicação de estar pensando nela como um objeto capaz de acolher a dor e ajudá-lo a sentir-se melhor. Penso que tal captação da essência "medicinal" da Dra. Mendelson está baseada em uma primitiva relação com um objeto bom e continente e na esperança do menino em reencontrá-lo.

O segundo exemplo, apresentado nesse mesmo artigo, refere-se a um pequeno paciente, Darren, cujos primeiros meses de vida foram bastante felizes e cercados por uma boa relação com a mãe. Quando sua irmã nasceu – Darren contava com 18 meses – a mãe adoeceu mentalmente e passou a maltratá-lo, a ponto de que o mesmo, para ser protegido, precisou ser retirado do lar. Aos cinco anos, em decorrência de uma conduta extremamente agressiva, Darren foi encaminhado para tratamento. Depois de três anos de árduo trabalho analítico, esse paciente, embora tendo muitas razões para suspeitar dos objetos, consegue, a respeito de uns mapas de estradas que estava desenhando em uma sessão, dizer para a analista:

> *"Todas essas estradas unem as coisas, gosto que as coisas sejam claras. Eu sei que você estava pensando justamente nisso – muitas vezes, quando vejo sua face pensando, eu estou pensando também"* (Williams, 2000, p. 148).

Segundo o referencial que fundamenta minha reflexão, podemos pensar que essa vinheta indica um momento do processo psicanalítico, no qual acontece a recuperação, mesmo que transitória, de uma fecunda experiência inicial de reciprocidade estética. Mais adiante, nesse mesmo tratamento, depois de uma nova fase de ataques e tentativas de desvalorização da terapeuta, Darren dirige-lhe, em um momento de desespero, uma súplica extremamente significativa para quem já estudou Bion: *"Por favor, me ajude a pensar meus pensamentos"* (Williams, 2000, p. 148), o que parece apontar para a sua percepção de um potencial amoroso e protetor nesse bom e belo objeto primitivo tão atacado por ele.

13 Um terceiro exemplo encontra-se no livro *A apreensão da beleza*, tantas e merecidas vezes citado nesta reflexão: Meltzer relata um trecho da supervisão da psicanalista italiana Diomira Petrelli, em que um menino, Francesco, "...entrou no consultório para sua primeira sessão e, detendo-se espantado frente a Diomira, perguntou 'Você é uma mulher ou uma flor?" (Meltzer & Williams, 1988, p. xv/xvi). Seguindo as idéias que estou expondo nessa reflexão, imagino que, nesse momento, o paciente está podendo reviver sua experiência primitiva na relação com o bom objeto, transferindo-a para a pessoa da analista, com todo o seu potencial (uma mulher? uma flor?) de beleza, conhecimento e competência para ajudá-lo.

14 A condição de Francesco e, do mesmo modo, a capacidade de os pacientes de buscar nossa ajuda, é expressão da procura do ser humano, desde o início da vida, de objetos que o ajudem em seu caminho no sentido de um desenvolvimento da mente, projeto que Rapeli (2006), com muita propriedade, denomina "...nossa vocação autoral para nos tornarmos pessoas" (p. 57). Essa autora lembra que a experiência, penosamente reconstituída por meio da transferência analítica, é o primitivo contato entre "...nosso mítico e pequeno bebê e sua mãe capaz de sonhar". Experiência que possibilita, ao bebê, a "...incorporação dessa 'penumbra de significados' ao elemento sensorial rudimentar..." e proporciona um decisivo primeiro passo na evolução de seu psiquismo (Rapeli, 2006, p.56). Penso que essa constelação emocional é a música de fundo que, dos bastidores, nos orienta, na busca de uma análise numa época em que nem sabemos por que a estamos procurando: "Que analista pode pensar nos motivos que o levaram a entrar em análise, sem imaginar aquele 'acaso mudo', e não a astúcia de julgamento que o trouxe ao divã?" (Meltzer, 1967, p.16).

15 Seria tema para uma discussão posterior abordarmos de que modo, tanto na vida quanto no processo psicanalítico, este encantamento inicial, quase uma sedução a serviço da integração e estruturação da mente, precisa ser desfeito com habilidade para que não se torne uma crença delirante de que a existência é sempre bela, que nos apresenta olhares encantadores e de uma reciprocidade incondicional. Dá até pena imaginar que tal constelação afetiva deva ser desmanchada e reduzida à dimensão real para se constituir numa base para enfrentar a vida com todas as suas vicissitudes. Contudo, afinal, o compromisso ético da psicanálise não é com a felicidade, mas com a realidade. Mesmo que doa.

Referências bibliográficas

Bion WR. Elements of Psycho-analysis. London:Jason Aronson Inc.. 1963.

Buschinelli C. Experiência estética: na sala de análise e no cinema. In: Revista Brasileira de Psicanálise (41) n°. 4, p. 103-112, 2007.

Meltzer D. (1967) O processo psicanalítico. Rio de Janeiro: Imago Editora Ltda., 1971.

Meltzer D & Williams MH. The Apprehension of Beauty. Scotland: The Clunie Press, 1988.

Rapeli ARR. O encontro psicanalítico como experiência estética. In: Revista Brasileira de Psicanálise (40) n°. 3, p. 48-59, 2006.

Renik O & Spillius E. Psychoanalytic Controversies: Intersubjectivity in psychoanalysis. In: International Journal of Psychoanalysis. 2004; 85: 1053-1064, 2004.

Vonnegut K. (1991) Destinos piores que a morte. Rio de Janeiro:Editora Rocco Ltda, 1996.

Williams G. (2000) Reflections on 'aesthetic reciprocity'. In: Cohen, M. & Hahn, A. Exploring the work of Donald Meltzer. A Festschrift. London & New York: Karnac Books, 2000.

15 A CIRCULARIDADE COMPULSIVA DA PAIXÃO

*A*circularidade é uma palavra que não existe em nossos dicionários. Existe, apenas, em nossa fala comum. Há circulação como a palavra mais próxima que procura explicar um movimento ordenado e contínuo de um corpo que se move em círculos ou descreve um trajeto circular com retorno ao ponto de partida. É melhor, então, circulação, já que podemos desmembrar a palavra e teremos "circular" e "ação", ou melhor, uma ação circular sempre no mesmo ponto. A relação analítica, analista-analisando, representa bem essa circularidade: o investimento do paciente no analista que retorna ao paciente sob diferentes formas. Veremos o sentido desse "mesmo ponto" que encontramos representado na própria compulsão (com-pulsão), tradução do termo alemão *Zwang* (Freud, 1909/1980-p.149)(1), empregado por Freud para dissecar a "Zwangsneurose", a neurose obsessiva.

Leonardo A. Francischelli
Sociedade Brasileira de Psicanálise de Porto Alegre.
Médico, Psiquiatra,
Analista Didata do Instituto de Psicanálise da SBPdePA.
leofrancischelli@yahoo.com.br

Paixão pode ser representada pela "paixão de Cristo na cruz". Também grande sofrimento ou amor intenso capaz de ofuscar a razão. Um furor incontrolável. Um sentimento que domina a conduta humana.

Freud fala em símbolos das paixões, sempre ligado ao pulsional sexual. Lacan refere-se a "essa paixão do significante". (Lacan, 1958,p.695)(2)

> A condição do sujeito humano lhe impõe adquirir sua existência no preço
> de uma verdadeira paixão.Mas o que pode existir de mais apaixonante que
> esse ser ambíguo, em busca incessante de equilíbrio no cruzamento das
> linhas de força entre natureza e cultura?,

nos fala Penot, (Eros, 2001); (3).

Brincando com as palavras, empregando o legado de Freud, podemos escrever "pai-xão" e lermos "pai" e "xão", que torna passível de ouvirmos: "sem pai não há chão". O material apresentado a seguir indica algo sobre isso. Um homem de 45 anos relata em sessão: "Sonhei um sonho estranho. Nunca tinha sonhado nada semelhante. Sonhei que matei meu pai. Acredito que com seis tiros à queima roupa. Um deles bem no meio da testa. Eu vi que ele estava morrendo. Seu olhar não era de surpresa nem de nada. Era normal. Então, quando já estava morrendo, eu me abracei nele e disse: eu te amo. Isso eu não teria dito nunca em minha vida para ninguém. Nem em sonhos eu teria dito para nenhuma pessoa: eu te amo."

As associações começaram pela sua infância:"Quando eu tinha 4 anos... Não, 3 anos e nove meses mais precisamente, minha mãe ficou grávida do meu irmão menor e eu fui para o jardim de infância, onde meu irmão mais velho já estava. Lembro que, ali, uma vez, derramei a bandeja da gelatina da turma e fui censurado pela professora. Recordo também, que, no pátio do jardim, eu brincava com os colegas e o meu irmão. Eu era o comandante do navio e só entrava nele quem eu queria".

Minha intervenção: "Eu te amo".

Após essa sessão, o analisando falta a três sessões seguidas. Na sessão seguinte, ele comparece com queixas muito pouco específicas, mas que se resumiam em: "Esta semana não estou nada bem. Bom..., bem...eu não estou há quarenta anos, porém esses dias estou pior".. Em seguida procura razões para esse mal-estar nas atribuições do trabalho, no qual ele não se sente nada confortável.

Na medida em que ele ia se convencendo, por meio de um raciocínio lógico, que seu desconforto da semana advinha das amarguras do emprego, eu lhe disse: "É provável que sim. Contudo, tiveste um sonho essa semana que talvez tenha contribuído para suas oscilações de humor desses dias". Então, ele lembra do sonho, sobretudo daquele em que executa o pai.

Entretanto, não se refere à declaração de amor ao velho. Seguem-se duas faltas consecutivas.

Retoma sua análise como se nada houvesse ocorrido. Volta com sua fala queixosa da última sessão e relata outro sonho.

"Éramos uma equipe integrada por dois sujeitos: eu e o Pedro. O Pedro chefiava a equipe. Eu telefono para alguém que não sei quem era, pedindo informações e a pessoa me diz que eu devo me reportar ao Pedro, porque só ele pode telefonar pedindo informações." O analisando associa que estaria, no sonho, telefonando para seu chefe ou seu pai. "Bom...,.Isso me faz sentir muito mal-humorado, como venho me sentindo nessas últimas semanas. Lembro-me de quando criança, mais ou menos de 1 a 9 anos, ali na rua onde morava, brincávamos de soldado, mas eu era sempre a autoridade máxima, o general. Não tinha ninguém acima de mim".

Observa-se que nosso analisando expressa em seus sonhos claros desejos parricidas. Contudo, estes mesmos desejos não promovem maiores convulsões afetivas. As repercussões aparecem por meio das ausências imediatamente posteriores aos seus relatos e também nos mal-estares que emergem após as sessões as que não comparece.

As ausências podem ser pensadas como a não-presença na cena analítica, já que esta representa o cenário edípico-sonhado, portanto, o local do crime parricida-incestuoso é fobicamente evitado. Ele "mata" as sessões e o analista-pai, tornando-se o general que dá às regras.

Em outro momento da análise, o analisando relata outro sonho: "Sonhei com a casa da rua onde morei até os 9 anos, só que nós morávamos no térreo e, no sonho, a gente morava no terceiro andar. Era um edifício de três andares. No sonho, eu estava com uma menina e havia um clima muito erótico, mas eu não fazia nada. Nós subíamos as escadas naquele clima e logo aparece um homem falando no celular e nos olhando. Eu fico com muito medo e entro no nosso apartamento, que ficava no terceiro andar, e fecho muito bem a porta".

A presença do telefone celular é algo atual já que, naquela época, ainda não havia; e da menina não tinha nenhuma lembrança. "O apartamento era no terceiro andar e eram três os personagens do sonho". O analisando reage, sem que eu terminasse de pronunciar tais palavras: "Já sei, quer dizer que as pessoas são meu pai e minha mãe. Uma situação, como dizem vocês, do Édipo".

Sabemos que a transferência está operando por meio do celular que liga o passado ao presente da sala de análise. É momento de lembrar aqui que esse jovem analisando tem uma longa história analítica. Realizou, no passado, dez anos de análise clássica quatro vezes por semana. Sem dúvidas, acredito que foi com base nessa experiência que nasceu esse "já sei" do analisando.

Outro fragmento infantil. "Eu era um menino da pré-escola que costumava fantasiar que quando adulto gostaria de ser astronauta. Eu dizia isso ao pai que respondia: 'Olha, para ser um astronauta, na tua idade, você já deveria saber ler. Vai te enxergar, menino"'.. Esse fato é recordado após uma conversa com o pai, na qual ele o desabona mais uma vez. É possível que essa marca paterna tenha congestionado a fúria infantil do nosso analisando, justificando seus desamores contra o pai e seus ódios dirigidos às chefias atuais.

Comenta, algumas vezes, que sua fúria contra o pai, ainda hoje, é tamanha que sente vontade de chutar a cabeça dele contra o meio da calçada até fazê-la explodir. Certo dia, durante uma sessão, ele fez um relato extravasando seu ódio contra o atual chefe. "Gostaria de dar-lhe um tiro na cara como, em sonho, fiz com o meu pai. Quisera quebrar-lhe a cara com um tijolo e fazer saltar-lhes os miolos."

Gostaria muito também de colocar a cabeça desse chefe no meio-fio da calçada e fazê-la explodir, como manifestou ter vontade de fazer com seu pai, na mesma posição.

Penso que essas palavras representam verdadeiras ações. As palavras do analisando são atos. É notável a comoção que se produz nele ao pronunciá-las e o prazer que seu tom de voz revela. Estaríamos falando do "Homem dos atos", de Freud, em 2009 (Freud,1909/1980,p.119(4). Em conseqüência de movimentos grevistas, o odiado chefe de nosso analisando é deslocado para outro setor e aumenta seu poder no trabalho. Ele indica seu amigo para a chefia e assume a função de subchefe.

Nesse clima em que ele havia triunfado sobre seu ex-chefe, em algum momento eu disse: "Venceste a guerra." Ele responde com convicção: *Foi apenas uma batalha.* Minha intervenção foi para marcar um instante de sua luta pessoal, na qual ele havia derrotado alguém no exercício da autoridade, ou melhor, matado um representante paterno, mas sua urgente argumentação anula minha interpretação.

Algumas semanas depois, já coloca outra pessoa nesse lugar do antigo chefe. Hoje sua guerra prossegue. Agora seus ódios-amores são depositados em um senhor de maior representatividade. Ele ocupa um lugar hierárquico superior ao anterior. Este é mais inteligente que o destituído. Emprega, segundo meu analisando, métodos nazistas do campo de concentração: as regras são as da chefia. A cada dia, as leis mudam. Não há como conhecê-las.

Ele sustenta que seu pai era exatamente igual e relembra que ele sempre falava "Porque sou teu pai. Por isso, tens de me obedecer." Não é porque era o certo ou porque não se deve fazer aquilo e assim por diante.

Transferencialmente, ele assume um lugar como o do pai. Identifica-se com ele quando diz ao analista o que é verdadeiro ou falso. Sempre relata, em sessão, que é um homem que sabe "paquerar" uma mulher. Isso ele sabe e faz muito bem. O problema se inicia quando ele, efetivamente, chama sobre si o interesse de alguém. Aí começa seu calvário. "Não. Hoje eu não vou falar com ela. Vou deixar para amanhã." No dia seguinte, ele repete para si mesmo o mesmo estribilho."Hoje não, amanhã sim."

Esse processo avança até o limite do tempo em questão: as férias acabam ou a festa termina. Chega o momento do fim, não há mais amanhãs. E ele não falou com ninguém.

Batizou-se esse mecanismo com o nome esdrúxulo de "procrastinar". Enquanto, na terminologia lacaniana, seria o de promover o "desejo impossível". Dessa maneira, esses autores fazem uma tradução exata do trabalho que a neurose faz para evitar o encontro com o objeto de seu desejo. São essas histórias que ocupam sua vida. O mesmo acontece com seus ódios-amores. "Eu não tenho paz", afirma o analisando. "Vivo em guerra constante. Sou como um soldado na guerra que caminha em um campo minado. A qualquer instante, posso pisar em uma mina. Por isso, estou sempre alerta. Não posso viver tranqüilo."

Vamos agora a outra situação.

Certo dia, escutava uma jovem mulher. Ela dizia que sua dor de cabeça havia passado para o estômago. Além de falar, ela fazia um movimento com as mãos de contração e descontração, como nos movimentos cardíacos. Interpretei:"Tu falas como se estivesse tendo um orgasmo estomacal". A pontuação abriu caminho para a história sexual da jovem analisanda. Disse-me ela, com certo pudor, que nunca tinha, até agora, experimentado um orgasmo vaginal. Contudo, dispunha de uma vaga lembrança de um orgasmo vaginal em um sonho que teve em algum momento de sua vida. Acrescenta que esse orgasmo aconteceu sem penetração. Também se confessa desesperançada quanto à possibilidade futura de chegar a "orgasmar" algum dia.

Em um primeiro momento, todos poderíamos considerar essa patologia dentro do campo das neuroses histéricas. Sabe-se, com base nos ensinamentos de Freud, que a neurose histérica é a que melhor simboliza esse tipo de situação. Aquela que atinge o mais alto grau de simbolização por atravessar sem muitos traumas a castração.

Como alguém que não "orgasma" pode se localizar nessa posição simbólica? Estamos de acordo. Há um grande avanço na simbolização. Entretanto, algo acontece que impede a possibilidade de orgasmo; a não ser o estomacal! E o processo se conserva inalterado. Vence o tempo.

Onde localizar esse impedimento?

Antes de considerar o que acontece com essa jovem mulher, precisamos olhar o que acontece no homem quando ejacula precocemente. Há muito tempo, atendi um homem que procurou a análise por apresentar sintomas de ejaculação precoce. Sem tempo para ingressar nas particularidades do seu caso, aqui irei me limitar a comentar o seguinte. Ele chegava, deitava-se no divã e começava seu trabalho. Em diferentes momentos de cada sessão, ele saía do divã e ia para a poltrona. Há distintas formas de olharmos essa ação sintomática. O deita/levanta do pênis. Temor à impotência? Tem de levantar às pressas. Esta seria uma delas. A outra, que foi considerada em nosso trabalho, foi de que o deita/levanta era a própria ejaculação precoce acontecendo durante a sessão.

Assim íamos, até que em uma certa vez, no exato momento em que se levantou do divã, convidei-o a voltar, caso contrário, aquela sessão estava suspensa. É claro que não tínhamos isso contratualmente, porém entendia que o suporte transferencial poderia avalizar minha tática. A idéia procurava uma mudança na estrutura da repetição do deita/levanta.

Não funcionou. Ele não só disse que não deitava como que não voltaria e queria me pagar. Não recebi e, como julguei que não poderia voltar atrás no que tinha acabado de dizer, disse que era aquela sessão que ficava suspensa. Retomaríamos nosso trabalho na próxima.

Ele se foi e não houve próxima. Hoje, penso que minha precipitação fez ressonâncias com o sintoma da ejaculação precoce do nosso analisando. Não dei à repetição a tolerância que ela estava pedindo. Suportar a compulsão à repetição talvez represente uma das tarefas mais duras do nosso ofício. Particularmente, a repetição de descarga pura, sem representação.

Podemos voltar agora e nos debruçar sobre a seguinte pergunta: o que é que se repete na compulsão de segurar (orgasmo) e na compulsão de descarregar logo (ejaculação precoce)? Uma falha na castração simbólica? Sempre que a castração simbólica não opera, há um furo no simbólico. Um buraco. Em outras palavras, o conteúdo permanece sem representação.

É, portanto, na passagem do narcisismo para o objeto que algum evento marcou a falha simbólica e condicionou o sofrimento desses pacientes. Contudo, não é nosso objeto avançar por esses caminhos. O que desejamos é falar do ponto de intersecção que une os analisandos aqui apresentados. A compulsão os colocaria em uma mesma perspectiva, a compulsão à repetição.

Penso que a compulsão a repetir assinala que alguma coisa não chegou onde deveria. Representa uma irrealização. E procura colocar um fim nessa insistência louca. Qual seria essa insistência louca? Que loucura é essa? Loucura de pensar o homem perfeito, sem nenhuma divisão?

Se, verdadeiramente, a compulsão à repetição representa uma irrealização que procura se realizar no sentido que não tolera o homem dividido, na clinica, a transferência adquire um valor de grande importância.

Considera-se a transferência como uma denúncia a essa falência. Estamos nos referindo a algo que deveria acontecer e, em lugar disso, resulta num sintoma em forma de ejaculação precoce, anorgasmia e na pulsão destrutiva, no ódio ao pai, na neurose obsessiva.

O sintoma seria a testemunha de uma irrealização? Em outras palavras, de algo que não atravessou o processo da castração. Não realizou todo o percurso, isto é, a castração foi aceita, mas de forma parcial. Poderíamos sustentar que o mecanismo defensivo foi o recalque? Entretanto, se é o recalque, como não se deu a castração? Talvez, outras defesas como a recusa ou mesmo o repúdio devam ser consideradas.

Nessa dimensão, podemos considerar a transferência como um lugar em que não se materializa a totalidade simbólica; se pudéssemos dizer e que aparece na transferência como uma falha, um buraco. O mesmo que aconteceu no mecanismo da simbolização.

Daí o trabalho de construção em análise (Freud, 1909/1980, p.145)(5) assumir um papel fundamental maior hoje do que ontem, tendo em vista que os processos de subjetivação estão mais comprometidos em nosso tempo do que nos de Freud. Ou conhecemos mais acerca desses mecanismos.

Enquanto trabalhávamos na construção deste texto, surgiu em nossa clinica uma situação exemplar de compulsão à repetição: uma paciente, quando vai se referir ao seu lugar de nascimento, por meio de lapsos, coloca o irmão em primeiro lugar, quando, na verdade, ela é a primeira filha na ordem dos nascimentos. Como essa ação vem se repetindo ao longo do tratamento e a própria paciente se interroga sobre essa insistência em se colocar sempre em segundo lugar. Interpretei da seguinte forma e transmiti a ela: "É provável que você tenha razão, na medida em que essas insistências reafirmem uma interpretação sua, no sentido de que absorveu, do ambiente familiar, que a ordem dos nascimentos desejada seria: primeiro o filho homem, depois a filha mulher".

A analisanda fica algum tempo em silencio e, comenta, em um tom de voz quase triste, que alguma coisa deve ter acontecido para que ela se coloque sempre em segundo lugar. Acrescenta que quando tinha cinco anos, todos os seus irmãos já haviam nascido. Acredito que essa construção anule a sucessão de lapsos promovida pela paciente. Agora, supostamente, sabemos de onde nasciam os equívocos que se perpetuavam na transferência. Em termos de uma breve conclusão, considerando, principalmente, meu primeiro paciente, diria que, em lugar de "matar" as sessões, deveria "matar" o pai-analista. Como? O modelo seria a matança dos filhos que matam o pai na horda primitiva. Esse pai real, tirânico, dono de tudo e de todos, assim como nossos ditadores. Esse pai só advém simbólico após sua morte que lhe retira a imortalidade e o faz, portanto, castrado. Agora, depois da morte, nasce o pai simbólico, aquele que sofreu a castração e passa a operar como ordenador da civilização. Em outras palavras, a lei simbólica, mediatizada nas palavras do analista, também conta com a faculdade de ordenar a desordenada patologia, curando-a.

Referências bibliográficas

Freud S. (1909) A propósito de um caso de neurosis obsessiva, pp.119 - 161, Buenos Aires:Amorrortu Editores – Volume X, 1980.

Lacan J. Escritos, p.695. Rio de Janeiro: Jorge Zahar Editor, 1998.

Penot B. Passion for the Human Subject. Paris: Eros, 2001.

16 "COM QUE ROUPA EU VOU?"

ou decisões éticas sobre acontecimentos no encontro psicanalítico, ou, ainda, reflexões atuais sobre a técnica da Psicanálise

> *"A obsolescência é um destino que se deve desejar com ardor, a menos que a ciência se estagne e morra."*
> Stephen J. Gould – A Vida é Bela[1]

Poderia causar um certo impacto nos leitores o uso de tal título num trabalho como este, daí a necessidade de estendê-lo, explicá-lo, a fim de adequá-lo a uma terminologia psicanalítica. Com o objetivo de dar conta dessa inovação estilística ou explicar-me para interlocutores leigos, vi-me numa saia justa.

Celmy de A. Quilelli Correa
Sociedade Brasileira de Psicanálise do Rio de Janeiro – SBPRJ.
Analista Didata do Instituto de Psicanálise da SBPRJ.
Analista de criança da SBPRJ.
celmy.araripe@infolink.com.br

---

[1] Gould, Stephen. J. - A Vida é Bela. Lisboa:Editora Gradiva.1995. p.17

Porque, para leigos, o título poderia sugerir que estivesse preocupada e um pouco indecisa quanto à forma de me apresentar aos pacientes, ou como expressaria minha estética. Entretanto, continuando a conversa com meus interlocutores imaginários, na suposição de que já tivessem compreendido sobre que roupa estaria me referindo – a expressão metafórica do meu eu – vi-me confrontada com outra indagação. Dessa vez, tratava-se da forma interrogativa. Por que não apresentar a problemática assertivamente: "A roupa com que vou... A roupa que uso"? Ocorreram-me imagens encontradas nos relatos de artistas: o sinal gráfico da interrogação seria o melhor achado para expressar os momentos de dúvida, indecisão, suspensão, melhor dizendo, que precedem o encontro com o papel, com o instrumento musical, com a tela. A aproximação, o pressentimento do acontecimento, o "trema"[2] dos atores antes de pisar o palco. Mas que acontecimento? Aqui, o acontecimento do encontro psicanalítico.

Um dos interlocutores deu-se por satisfeito, mas outro ainda insistiu: haveria, então, roupas especiais para atender pacientes? Ou alguém poderia se expor, aos ventos do outono no *Maine*, de saia envelope esvoaçante? A imagem, embora esdrúxula, talvez sirva como indicadora do desejo de escapar do senso comum, mas a insistência da pergunta proviria de saber, no real, se haveria roupas apropriadas para o encontro analítico.

Para aqueles que estão considerando esse diálogo muito fantasioso, tenho três pequenas histórias para contar. Nos anos 60-70 do século passado, corria aqui neste Brasil – província, um mito relatado como verdade, de que um analista inglês, vestia-se sempre com o mesmo terno para atender seus pacientes. Isto seria o extremo de

---

[2] Para ser fiel a este termo que usei, e ouvi usar muitas vezes, não encontrando nos dicionários e enciclopédias a referida explicação, recorri a amigos, artistas de largos percursos, poliglotas, para referendar minha lembrança. Devo a Adriano Mangiavacchi, Eliane Sampaio, a pesquisa que tangencia minha idéia original.

uma técnica asséptica. É claro que, para além da chacota, houve analistas de crianças que seguiram à risca a "receita", passando a trabalhar com pacientes psicóticos, sempre com a mesma roupa, justificando teórico-tecnicamente tal mimetismo. Desnecessário dizer que crianças gravemente regredidas deixavam aquela roupa seriamente inutilizada, dando muito trabalho para que no dia seguinte, estivesse lavada e passada (e costurada), possibilitando ao fantasma (?!) retornar indestrutível. Alguns anos mais tarde, quando Meltzer veio ao Rio contou, naturalmente, em supervisão que houve uma época de sua vida, talvez um tanto obsessiva, em que trabalhava com crianças usando um guarda-pó cinza...

Ainda outra historinha sobre a materialidade da roupa. Uma colega, em seu primeiro ano de formação (início da década de 1970), me contou muito alegremente que tinha conseguido requerer da comissão de ensino permissão para assistir aos seminários, à noite, de calça comprida! Ainda sobre calças compridas: também nessa mesma época, uma psicanalista de crianças das mais experientes comentava comigo sobre as mudanças "técnicas" da época uma vez que estava começando a trabalhar no consultório de crianças de calças compridas, o que não fazia no consultório com pacientes adultos, porque não achava adequado!

Essas situações, quase quarenta anos depois, podem parecer anedóticas, irreais, embora eu as relate para dar testemunho disso. Também para que possamos pensar que a "roupa dos anos 1970", o modelo técnico, a questão de como se preparar para o encontro analítico, era bastante concreto, muito pouco conceitual. O oposto disso, quando acontecia, as inovações, os gestos mais espontâneos traziam muita culpa e um sentimento de inadequação constante.

Encerrando estes comentários sobre o título devo dizer que não é a primeira vez que o utilizo. Há alguns anos, tendo que comentar um trabalho"[3], e sem muito saber por onde começar, cheia de dúvidas sobre a forma e o estilo com que apresentaria minhas reflexões, ocorreu-me expressar minhas hesitações como "Com que roupa eu vou?". Da platéia, durante os diálogos, um colega[4] sugeriu que tal interrogação tinha todo o sentido de um questionamento ético. Essa idéia, associada a leituras e preocupações da época, foi fértil em desdobramentos: percebi-me diante de decisões outras que resultaram em palestras, rascunhos, cursos e a comunicação atual.

Foi, a partir de então, que o contacto com a obra do pensador francês - Alain Badiou (1995, p.20), filósofo, contemporâneo de Foucault, Althusser e Lacan, que retomando as questões do sujeito[5], fez coro com os citados autores afirmando que o sujeito não tem nenhuma natureza "em si", nenhuma substância. Badiou apresenta uma postura não ontológica, derivando sua ética dos estóicos, dialogando em seu tempo com Deleuze, e desenvolvendo toda a linhagem de pensamento que compreende o homem como um ser contingente, dependente das leis da linguagem, da cultura e da história. Portanto, um sujeito sempre singular. O que estava sendo problematizado era o universal do homem, o homem enquanto Ser, enquanto Universal e disso se beneficiou a psicanálise. Daí seguiu-se que não haveria uma Ética abstrata, geral, mas sim "éticas de... política, amor, arte, psicanálise". Há no autor forte argumentação que o distancia das categorias kantianas e da suposição do Mal radical, mas certamente, aqui, não nos cabem tais detalhamentos.

No bojo de todos esses pensamentos, houve uma frase que retive. Seria mais fácil constituir um consenso sobre o errado do que sobre o certo. "As igrejas já tiveram esta experiência: sempre lhes foi mais fácil indicar o que não deve ser feito, ou seja, contentar-se com as abstinên-

---

[3] Bittencourt, A-M (1997). Pensando com meus Botões. Rev Bras. Psicanal.31 (4), 999-1017.
[4] Luiz Alberto Helsinger
[5] O homem enquanto sujeito é um conceito histórico e construído.

cias, do que destrinchar o que deve ser feito" (Badiou, 1995, p.24).

Para qualquer um de nós, razoavelmente familiarizados com os textos freudianos, será perceptível o enlace entre as considerações de Freud sobre a técnica psicanalítica, suas recomendações aos jovens iniciantes e a reflexão citada. Sabemos o quanto Freud disse muito mais a respeito do que não se deve fazer... E também é difícil resistir a uma certa ironia, quando se chega a associar o pensamento religioso com um tempo em que escolas psicanalíticas postulavam rigores que terminavam confundidos com uma doutrina psicanalítica. Pensar a abstinência, regra fundamental enquanto supressão da realização de desejos infantis do analista, como corolário de uma psicanálise laboratorial e asséptica, equivalente e superposta ao negativo, resultou inúmeras vezes em situações grotescas e irreais... Fez-se o consenso apontando-se para o erro, para o geral, o genérico, o universal, o abstrato. Os discípulos de primeira e segunda gerações, temendo o banimento e o exílio da comunidade internacional, tornaram-se asseclas de algo que se distanciava de um saber a ser reinventado, renegando não somente as próprias experiências no encontro analítico, como até de suas análises com o próprio Freud, que nada tinha de abstinente, a não ser quando suas próprias idiossincrasias o afastavam "daquela gente" (os neuróticos?!). Reconheça-se a exceção de Ferenczi que tentou sempre a inovação, até porque sentia profundamente as limitações de sua análise com Freud. Alguma coisa se pode pensar sobre as regras estritas postuladas por essa primeira geração, que experimentou análises tão dissonantes na prática daquilo que buscavam e estava escrito.

Mas isto não aconteceu apenas na Psicanálise. Em ciências ditas exatas, como a Paleontologia, temos como exemplo um fato que fez pensar, quando reinterpretado, toda a comunidade científica. Em 1909, foi descoberto na Columbia Britânica, um fóssil animal considerado atualmente entre os mais importantes para a discussão e compreensão da História da Evolução (o Xisto de Burgess). Para que se tenha uma noção desta importância é necessário que se considere que os organismos multicelulares modernos apareceram pela primeira vez há 570 milhões de anos, numa espécie de explosão, a chamada "explosão câmbrica". Quando de sua descoberta por Walcott, o Xisto foi interpretado erradamente. Houve uma teorização abrangente derivada do conhecimento da época, portanto convencional. Sem poder compreender o novo naquilo que tinha encontrado, Walcott classificou todos os animais fossilizados nas categorias até então existentes e conhecidas. Durante mais de cinqüenta anos sua teoria não foi questionada e, somente em 1971, Whittington, de Cambridge, publicou uma monografia com uma reavaliação exaustiva e conseqüente interpretação totalmente diferente. Não somente do Xisto, mas de toda a história da vida.

O livro do Gould (1995) conta esta história de forma viva, leve, e bem humorada, para tratar de uma descoberta que contém intensos conflitos intelectuais, sejam estes os de contestar teorias e procedimentos hegemonicamente aceitos, além de abalar toda a teoria da evolução humana construída até então, apresentando toda a "improbabilidade da evolução humana".

Tais argumentos nos obrigam a uma reflexão sobre a necessidade de uma releitura epistemológica de todos os elementos envolvidos na situação analítica e que foram alienados do *"mainstream"*.

Dentro de um espírito de pureza técnica, o aforismo de Freud "devemos separar o ouro da psicanálise do cobre da psicoterapia", sempre foi um Ideal (!?), um perseguidor interno dos psicanalistas, muitas vezes fazendo-os esquecer que o cobre à época referia-se à sugestão hipnótica. Até porque, como se sabe, o próprio Freud aconselhava, restringia, e até proibia casamentos etc., sem considerar que estaria usando cobre. (Momigliano, 1987)⁶. Este tema permaneceu sob estudo gerando inclusive Congressos (1987-1989, etc).

Outra questão muito trabalhada já nos anos 1990 foi qual a clínica que seria atendida pela psicanálise. Os pacientes teriam mudado? Às patologias contemporâneas caberiam outros recursos técnicos? Considere-se que as "novidades" foram sugeridas para sustentar as modificações técnicas que teriam que ser feitas à psicanálise clássica (dos nossos bons e antigos neuróticos). Estes podem continuar a serem atendidos com o uso do divã, dentro de uma reserva do analista (termo sucedâneo à neutralidade!), ainda que com uma freqüência muito menor, pelo menos no Brasil.

Entretanto, o leque das novidades foi-se abrindo segundo as escolas de tal forma que houve outro Congresso Internacional com a preocupação: "uma psicanálise ou várias?"; e outro: "o solo comum da psicanálise"... Para mim, sem querer ser simplista, o dilema poderia ser resumido à questão: Fazemos psicanálise, ou fazemos psicoterapia? Somos ourives artísticos a trabalhar com o material nobre (ouro), ou artesãos simplórios a martelar o cobre da psicoterapia? Fazemos psicanálise com alguns pacientes? Ou, fazemos psicanálise em alguns poucos possíveis momentos e, durante outros, atendemos psicoterapicamente (os mesmos pacientes)⁷. Ou, como dizia Winnicott, só se pode ter em análise um, no máximo dois, pacientes em estado regressivo, de cada vez? Significando com isso a meu ver, que os outros não teriam sido jogados pela janela, ou dispensados, mas atendidos psicoterapicamente porque isso seria o possível para ele (analista) naquele momento? Quem não experimentou, depois de uma sessão difícil, carregada, intensa, uma

---

⁶ O artigo de Momigliano funda-se no depoimento dos pacientes de 1920-1938) que deram seu testemunho desses primeiros tempos e está pleno de exemplos contraditórios da técnica psicanalítica empregada por Freud

⁷ Quilelli Correa, R. – Psicoterapia e/ou Psicanálise. (Comentário pessoal)

sensação de alívio, quando recebe o outro paciente e se percebe mais superficial, mais "conversante", mais psicoterapeuta?! Logo, como quer Green (1975), o limite da analisibilidade está na pessoa do analista e, a meu ver, a psicanálise evoluiu quando os analistas puderam ser mais verdadeiros, contando das suas reais implicações com os pacientes. Ficaram mais éticos.

No Congresso de Roma (1989) que se propôs a tratar do campo comum da psicanálise, Wallerstein (1990), defendendo-se do que tinha escrito para o Congresso de Montreal, escreve que nunca pretendeu dizer que o espraiamento das escolas de psicanálise e a equivalência de valor que tinham, quereria dizer que haveria uma dissolução de configurações e especificidade em cada uma. O que diz é que não temos base teórica e científica que possa demonstrar que uma seja realmente melhor e mais verdadeira do que qualquer outra. Todas têm um status igual, porque buscaram uma compreensão do inconsciente seguindo seus enquadres teórico-técnicos. A Psicanálise seria uma história sobre vidas com reconstruções psicanalíticas de uma vida, dentro do melhor possível, do mais persuasivo e esteticamente coerente, sem nenhuma pretensão de correspondência à verdade histórica. Foi muito acusado de defender uma psicanálise unitária e de pasteurizar os contornos escolásticos.

Nossas diferenças clínicas derivam de nossas eleições ideológicas, e pela forma como aprendemos a psicanálise. Num primeiro seminário de um curso de técnica, perguntei qual seria a teoria da cura de cada um dos alunos (propondo que pensassem sobre o que pretendiam, e de que modo pretendiam levar o processo analítico a bom termo). Foi muito transparente identificar no seu relato simples e algo ingênuo o quanto traziam embutido em seu discurso a escola psicanalítica que esposavam. Termos como "integração", "facilitação", "continente", *holding*, "pensamentos a serem pensados", "projeções", "libido", "fixações", "ego", "super-ego", apontavam a orientação e as preferências teóricas de cada um. A dinâmica grupal emergente tornou-se quase uma brincadeira de detetive. Foram totalmente confirmadas as hipóteses nas pistas que transpareciam. A dinâmica serviu para que pudessem identificar em si mesmos, e depois nos colegas, de que forma poderiam escutar o que cada um estava dizendo. Era quase uma aula de aprendizagem de idiomas.

Mas isto tudo não é novidade e não somente da década de 1990. Os analistas sempre estiveram preocupados com a forma com que se expressariam com os pacientes. Alguns, certamente mais espontâneos ficaram curiosos sobre a forma com que aplicavam suas teorias. Glover (1955, cit. por Wallerstein, 1990), trabalhando um questionário para a Sociedade Britânica, verificou que só seis dos 28 coadunavam-se com o principal da psicanálise: a interpretação da transferência. Entretanto, com base nesse trabalho, Glover conclui que a técnica da interpretação era uma coisa muito mais individual do que se podia presumir anteriormente. Havia uma marcada discordância nas outras questões técnicas. A conclusão é de que nós nos falamos, mas não necessariamente estamos falando da mesma coisa. E alerta os analistas jovens para que adotem os métodos de procedimento que sejam consoantes com seu caráter pessoal e suas habilidades. A tradição das interpretações transferenciais pode servir bem ou mal para seus usuários. As mais úteis são aquelas moldadas sob medida para aqueles que as usam.

(Esta é a questão do *ethos*, que vou retomar mais tarde).

Em 1954, Anna Freud fez um artigo muito interessante sobre uma pesquisa realizada na Áustria, antes do êxodo para Inglaterra, em que se verificou que dois analistas juntos não dariam a mesma interpretação, apesar do caso ser igual, ou seja, mesmo material, etc.

> *"Com alguns pacientes podemos permanecer mortalmente sérios, outros temos humor e até piadas podem ser usadas; com outros, os termos em que as interpretações são dadas têm que ser literais; outros encontram mais facilidades na forma de símiles, e analogias. Há diferenças nas formas pelas quais recebemos e nos despedimos dos pacientes, e no grau em que permitimos uma "relação real" (real relationship) com os pacientes coexistindo com a relação fantasiada transferida. Mesmo dentro de um setting estrito há uma variedade de formas do analista se sentir à vontade com o paciente. As variações não intencionais e não planejadas são impostas a nós "não pelas neuroses dos pacientes", mas pelas nuances individuais de suas personalidades que podem escapar de uma observação... Temos que nos tornar muito cuidadosos para perceber estas variações minuciosas no nosso comportamento e reação e cessar de tratá-las como coisa de menor importância."* (1954, in Wallerstein, op.cit)[8]

Gabbard (1995) diz que o solo comum emergente na psicanálise está na contratransferência. Oferece uma cuidadosa revisão da evolução do conceito de identificação projetiva até os pós-kleinianos, que passa de mecanismo inconsciente intrapsíquico a mecanismo de ação inconsciente interpessoal. Com esta mudança pode-se aceitar que há uma tentativa do paciente em provocar sentimentos no analista que ele próprio não pode suportar. Joseph (1989, *in* Gabbard, *op. cit.*) sugere que os analistas devem se permitir responder a tais pressões de forma atenuada, para que possam sentir estar conscientes daquilo que lhes foi projetado e assim usar isso construtivamente na interpretação. Todos os analistas kleinianos mais modernos ressaltam que o paciente não deve ser "acusado" (*blame*), como se fazia, ou se supunha, anteriormente. Symington (1990, *in* Gabbard, *op. cit.*) também teria descrito, de forma semelhante, esse processo pelo qual o analista sofre

---

[8] Esta citação não é literal e está traduzida livremente. Grifos nossos.

uma pressão do paciente em sua constelação interna, na qual os aspectos reprimidos de seu self são atualizados. É como se o paciente "oprimisse" (bullies) o analista para que este pudesse pensar somente os pensamentos do paciente, mais do que os seus próprios. Como se pode notar há uma diferença significativa da conceituação kleiniana original. Estes trabalhos, tão cuidadosos e substanciais, parecem descrever uma verdadeira teoria da comunicação.

A preocupação de Gabbard, no referido artigo, é sublinhar que neste campo contratransferencial, encontram-se as correntes de pensamento até então separadas pelo Atlântico. Apresenta o conceito de *enactment*, tão cuidadosamente como o fez com a identificação projetiva. Criado por Jacobs (1986, *in* Gabbard *op. cit*) é usado e compreendido de modo variado, mas em linhas gerais os autores apontaram as raízes etimológicas da palavra no brincar, no atuar, no *play*, na simulação de papéis. No diálogo instalado entre as duas margens do Atlântico, (Inglaterra e Estados Unidos), diferenças foram apontadas, mas foi-se criando a emergência de um campo comum no movimento psicanalítico. Tal como no campo transferencial, uma noção de *joint creation* (Gabbard: 1995), entre paciente e analista, ou a noção do terceiro analítico (Ogden, 1994, *in* Gabbard *op. cit.*), foi permitindo aos parceiros da situação analítica um maior interjogo. Há um consenso emergindo e se firmando de que estes *enactments* são inevitáveis no curso de um tratamento psicanalítico. O que é menos consensual é a extensão em que devem ser aproveitados, ou melhor, em que medida podem ser úteis para o processo.

Há um trabalho de Freud (1942[1905 ou 1906]/1993) que coincide com a época em que ele estava pensando sobre a transferência, embora só tenha sido publicado em 1940. Nele, Freud buscava compreender de que forma o teatro enlaçava os espectadores, provocava as identificações com o os personagens e com os atores. Trabalhando os sentimentos de alívio e prazer que um drama pode produzir, dizia que:

> "Ser espectador participante do jogo dramático[9] significa para o adulto o que o brinquedo representa para as crianças, cujas esperanças hesitantes de fazer o que os adultos fazem são, desta forma, satisfeitas... O autor-ator do drama possibilita-lhe uma identificação com o herói, mas a condição de plasticidade artística é que o conflito não se evidencie explicitamente em sua crueza... não se o chame pelo nome".

Com isto, Freud quer ressaltar a importância de que haja repressão para que o véu da realidade permita a ilusão das identificações. Eu aproximaria este velamento da flutuação na terceira margem do rio, da suspensão dos significados e das interpretações. Ser aquilo que o outro impõe. Sem Saber.

Gosto muito desse texto para ser usado como compreensão da cena psíquica encenada no encontro analítico. Permite pensar-se nas personificações, nos atos, e/ou *enactments*. Coincidentemente, outro texto que me marcou muito, anteriormente à descoberta dos conceitos mais modernos aqui mencionados, foi o de M. Klein (1929 / 1975). Em sua experiência considera que a *play-technique* contém a personificação da cena psíquica inconsciente, e afirma que está na base do fenômeno da transferência, ferramenta imprescindível da psicanálise.

Em "Construções em análise" (1937 / 1991), não mais tão preocupado em dar provas de sua teoria, mais livre para arriscar, delirar, Freud se utiliza do texto de Shakespeare, na fala de Polônio: "com a isca da mentira, fisgarás a carpa da verdade" (p.263), indicando que quaisquer que sejam as hipóteses, não tenhamos a pretensão de

---

[9] Note-se também que Freud utiliza o termo schau-spiel para destacar seus dois componentes: espetáculo teatral e jogo (brincar). A palavra para representação teatral seria shauspiel. Há uma clara intenção, aí declarada, pela escansão

acertar ou medo de errar. Nesse artigo magistral, quando descreve o que acontece entre dois personagens da cena analítica, é irresistível a associação com os *squiggles* de Winnicott.

A isca da mentira de Polônio é a própria ficção, algo que tem outro objetivo: não exatamente contar uma mentira, mas fisgar a carpa da verdade. Utilizar a imaginação, construir a cena, atuar os personagens em cena. É comum as pessoas ligarem o tema do teatro e da representação em Hamlet com a apresentação dos atores, na cena denominada "A Ratoeira", na qual se denuncia o assassinato do pai. Entretanto, a peça inteira trabalha essa temática do ocultamento e do desvelamento, da representação. Jacques Copeau (2000, www.grupotempo.com.br) afirma num texto notável que o ator não mente, não engana. O que ele faz é algo muito diferente, muito mais estranho: ele aplica sua sinceridade em sentir o imaginário; ele desvia suas faculdades naturais para um uso fantástico.

Citando Shakespeare, Crepaldi (2000. [10]www.grupotempo.com.br) diz que "o ator força sua alma a sofrer com o seu próprio pensamento".

> "Freqüentemente o primeiro salto para a cena já traz consigo um hálito de morte: entra a carcaça, o "ator"...A partir daí, cada decisão se torna vital para a cena e seu pânico aumenta, pois ele sabe disso. Esquece então os princípios básicos, esquece a materialidade à sua volta, esquece os objetos que já se encontram em cena e freqüentemente esquece aqueles que ele próprio carregou para o palco".

Enquanto os analistas repetiram o paradigma mecanicista de Freud, de duas forças, atuando uma sobre a

---
[10] Aida Unguier traduz criativamente "talking-as-dreaming" como *conversonhando*, um neologismo que lembra os Rosianos.

outra de forma causalista, a clínica escapou e subverteu a metodologia. A preocupação anterior, definindo os mecanismos, os pólos de ação e reação, foi inegavelmente muito didática e pode até certo ponto nos trazer até aqui e até agora. Mas confesso que tal argumentação me parece um tanto ambivalente, acendendo uma vela a Deus e outra ao Diabo, tentando uma conciliação em que os parâmetros são irreconciliáveis. E, no entanto, temos que considerar e admitir que em todos os tempos houve analistas mais criativos, mais corajosos, mais loucos...

Num trabalho mais recente, Ogden (2007) relata dois casos clínicos preciosos, com uma percepção e intuição clínicas fascinantes, em que conversa com seus pacientes de forma espontânea e livre, para só depois interpretar (e num dos casos, nem isso, porque as próprias associações já diziam da presença das fantasias inconscientes). Despossuído do desejo de interpretar mergulhava na terceira margem, criava o terceiro sujeito, e depois emergia plenamente consciente. Um Mestre.

No entanto, não estou bem convencida de que tal "conversonhando"[11], do Ogden seja exatamente o que faço e que pretendo defender. Até porque, como foi visto até aqui, já há algum tempo que alguns analistas puderam se sentir em casa, e se portar nos consultórios como pessoas reais, conversando de verdade com seus pacientes, sem que isso significasse quebra da regra de abstinência, ou atitudes invasivas, sem a preocupação fóbica de estar fazendo psicanálise ou psicoterapia. Os casos que Ogden expõe têm cinco anos, no mínimo, de análise, com sessões numa freqüência de cinco vezes por semana, e com pessoas bastante doentes, o que poderíamos considerar como os **álibis** para tais "extravagâncias". Assim também como as justificativas que apresenta como conclusão: o que está

---

[11] Aida Unguer traduz criativamente "talking-as-dreaming" como *conversonhando*, um neologismo que lembra os Rosianos.

sugerindo não é uma "quebra de regras". Racionalizações? As vinhetas em que fala de ""*books, films, rules of grammar, etymology, the speed of light, the taste of chocolate, and so on...*" (Ogden, 2007, p.575) fazem falta no artigo, embora sejam o verdadeiro tempero (ouro) da clínica. Mas é justo que se reconheça que a publicação de um texto não esgota o tema. Cabe a nós continuarmos os rabiscos...

Em minha experiência considero tais momentos nas análises imensamente úteis. Diria mais: não acredito em análises em que essas ações, ou cenas, ou rabiscos, não aconteçam. Um paciente chega no dia de seu aniversário e diz que vai comemorar simplesmente, jantando com os filhos. Nada mais diz. Suas sessões (?!) correm assim. Sempre tenho que conversar, perguntar sobre todos os assuntos. E assim faço nesse dia: conversamos sobre o tipo de comida de sua casa de infância, os jantares nas churrascarias, o que era comum naquela época em que era criança. Ao fim, comento como parece ser difícil a iniciativa de experimentar coisas novas, pratos novos: eu tenho que provar primeiro, iniciar experiências. Na semana seguinte, chega, sorridente, contando que foi a um outro restaurante, que considerou muito bom e pensou que além de ter provado novas comidas e sentir outros sabores, pode perceber como está se tratando mal. Voltamos a conversar sobre seus hábitos de comer, em como frita seus bifes e faz seu macarrão ou miojo. Parece até uma conversinha sobre culinária, suas ervas, seus mistérios. Lembro-me da história da sopa de pedra e conto: é uma história onde alguém diante de outro muito avaro e pouco generoso, inventa uma sopa de pedra, em que acaba entrando tudo de bom que existia, mas não podia ser compartilhada. No fim, pode-se até tirar a pedra...

A dificuldade do relato de uma experiência emocional é conhecida por todos os humanos. Em psicanálise também é assim. O que contei fica pobre (ou seria o tal do "cobre"?) e não parece justificar tanto alvoroço. O importante é que sei que estou usando os melhores recursos teórico-técnicos da psicanálise, sentindo-me inteiramente à vontade, enquanto dura aquele encontro, e que, algumas vezes, neste percurso clínico consigo inserir alguma coisa parecida como uma interpretação psicanalítica "clássica". Mas sei que há mudanças psíquicas importantes: nele, e em mim. Em outros termos, quanto mais se está à vontade para reconhecer o que se passa, mais será efetiva a devolução para o paciente dos sentimentos em jogo.

O importante é ousar deixar-se levar, um pouco na terceira margem do rio, como querem Sidarta, ou Guimarães Rosa."*E La nave va*". Porque inevitavelmente surgirá o momento, que é da experiência de cada um, em que o analista instalado nessa cena, dentro da cena, este teatro dentro do teatro[12], acaba acordando de seu estado de sonho e tem a convicção do que lhe estava sendo designado naquele momento. Aí fala. Uma outra fala: aquela instrumentada pela teoria que escolheu. Até então, vivia uma experiência, um encontro, para o qual estava totalmente responsivo. Aqui cabe a referência ao conceito de "role responsiveness" de Sandler (citado por Gabbard,1985,p. 478)[13].

Mais um exemplo para sustentar que a interpretação vai derivar de alguma coisa que é produzida no campo transferencial. E quando digo produzida no campo, quero dizer inter-relacionada. Veiculada através de palavras que possam ser reconhecidas pelo paciente. De outro modo, recairíamos na situação do analista que "interpreta" sinais, decodifica. Em outras palavras, inventa a partir de sua própria ideologia teórica. Quando dizemos que os pa-

---

[12] Freud (1942 [1905 o1906]) - "Personajes psicopaticos en el escenario. *AE*. Buenos Ayres. 1992. Vol. VII. P.243. Note-se que os tradutores pontuam que o termo psicótico significa "doente mental" e não tem a mesma conotação atual.

[13] Sandler, J. (1976) – Countertransference and role-reponsiveness. *in*:Gabbard. Opus cit., p. 478. (Muito frequentemente a resposta irracional (sic!) do analista que o leva a ver como ponto cego seu comportamento, pode ser vista de forma muito útil, como uma formação de compromisso (sintoma) entre suas próprias tendências e sua aceitação reflexiva do papel que o paciente está forçando (sic) nele. (tradução minha). Acrescentaria eu: destinando ao analista.

cientes neuróticos não precisam destes recursos, porque têm mais capacidade simbólica etc., podemos também pensar que toleram esta linguagem "interpretativa" e de equivalência simbólica, porque já foram bastante amassados e triturados pelos códigos culturais. Nem sempre estamos atingindo os aspectos mais regressivos destes pacientes. Uma prova disso seriam as análises com aparência de bem sucedidas (dez anos, seis anos, onze anos) podendo explodir em momentos transferenciais em que a intensidade dos sentimentos em jogo, aproxima e revela inapelavelmente a cena psíquica primordial.

Outro exemplo de cena dentro de cena. Paciente de reanálise, intelectual e afetivamente muito rica, de difícil acesso à experiência emocional primitiva. Chega comentando o bem-estar que está sentindo, agradecida pelo "meu" (celmy-sic) trabalho. Estava escutando música, não sabe bem se era o Gulda ou o Gould. Conversamos um (nada) pouco sobre cada um dos dois. Neste momento não me dou conta do nome do cientista, autor do livro que estava sobre minha mesa, diante de nós (Stephen J. Gould). Falamos sobre a gravação que tem, pergunta se eu tenho, digo que tinha em VHS, agora nem sei mais se tenho, ela diz que há um aparelhinho que passa do VHS para o laser. Aconselha-me a comprar. Isso tudo entremeado dos comentários de que não consegue se ligar a um trabalho novo. Continua falando sobre as fotos que mandou tirar, da máquina que tem, que leu o manual, se eu sei qual é a máquina, dá os detalhes. Também fala de um gravador que redescobriu em casa. Só que a novidade é que descobriu um software que permite transformar voz falada em texto, diretamente no computador. Enquanto isso estou genuinamente conversando, ou "conversonhando" em termo do Ogden, neologizado por Aida Unguier. Acordando da conversa, mas não me dando conta ainda de que as gravações são das variações de **Gold**berg sobre tema de Bach, digo que achava que ela estava agradecida porque a análise a ajudava a adquirir um software para escutar e para ver. Indico que o livro do Gould "A vida é Bela" estava aqui em cima da mesinha, tínhamos conversado sobre ele, e que longe de mim, nossa experiência, nosso contacto tinha continuado a se fazer presente dentro dela. Só que de outra forma: ao invés de ver, tinha ido ouvir o Gould, que nada verdade era o nosso ouro. Tudo isso para que não precisasse arquivar tantos elementos, atividade em que se ocupava minuciosa e obsessivamente porque tinha medo que lhe escapassem. É como se estivéssemos resgatando seu software, sua capacidade de acreditar naquilo que vê e que escuta.

Retomando a questão enunciada no título "*Com que roupa eu vou?*", apoiada na raiz etimológica *Éthos*, casa, morada, do termo ÉTICA, arriscando uma resposta que seja transiente, ou relisiente, em termos da linguagem psicanalítica contemporânea, diria; "Com a roupa que estou em casa", com aquela que me sinto mais à vontade, mais integrada e envolvida em mim mesma e com meus pacientes.

Aquela que vai me permitir ser autor, co-autor, ator da cena construída e usar verdadeiramente qualquer figurino que me for designado, inclusive a roupa como elemento facilitador, ou necessário disfarce, para a construção desta cena.

Retomando Badiou, "verdadeira" porque mais fiel ao acontecimento que, em psicanálise, nunca é um *a priori*.

Referências bibliográficas

Badiou A. Ética: um ensaio sobre a consciência do mal. Rio de Janeiro: Relume -Dumará, 1995.

Crepaldi F. (2000). Saltos mortais. São Paulo: Grupo Tempo. Disponível em 10 mar.2009, em http://www.grupotempo.com.br/texsaltos.html.

Freud S. (1937). Construcciones en el análisis. In: S. Freud, Obras completas. Trad. 1. L. Etcheverry. Buenos Aires: Amorrortu. Vo1.23, p.257-270, 1991.

_____ . (1942 [1905 ou 1906]). Personajes psicopáticos en el escenario. In: S. Freud, Obras completas. Trad.1. L.Etcheverry. Buenos Aires: Amorrortu. Vo1.7,p.275-282, 1993.

Gabbard GO. "Countertransference: the Emerging Common Ground". In: International Journal of Psychoanalysis, 76(3),475-486, 1995.

Gould S. 1. A vida é bela: O Xisto de Burgess e a natureza da história. Lisboa: Gradiva, 1995.

Green A. "The Analyst, Symbolization and the Absence in the Analytic Setting (on Changes in Analytic Practice and Analytic Experience)". In: International Journal of Psycho-Analysis, 56(1), 1-22, 1975.

Klein M. (1929). "Personification in the Play of Children". In: M. Klein – Love, Guilt and Reparation and Other Works, J 92J-J 945 (p.199-209). Londres: Hogarth Press, 1975.

Momigliano LN. "A Spell in Vienna-but was Freud a Freudian?" In: Internatinal Review of Psycho-Analysis, 14(3), 373-389, 1987.

Ogden TH. "On Talking-as-Dreaming". In: International Journal of Psychoanalysis, 88(3), 575-589, 2007.

Wallerstein RS. "Psychoanalysis: the Common Ground. In: International Journal of Psychoanalysis, 71(1), 3-20, 1990.

17 CORPO E INFINITO: NOTAS PARA UMA TEORIA DA GENITALIDADE

> As histórias de marinheiro têm uma singeleza direta, e todo o seu significado cabe numa casca de noz. Mas Marlow não era típico (exceto em seu gosto de contar patranhas), e para ele o significado de um episódio não estava dentro, como um caroço, mas fora, envolvendo o relato que o revelava como o brilho revela um nevoeiro, como um desses halos indistintos que se tornam visíveis pelo clarão espectral do luar.
> J. Conrad, O coração das trevas

> A idéia de Infinito é apenas a entrada para o abismo do Outro.
> M. Walter

Leopold Nosek
Sociedade Brasileira de Psicanálise de São Paulo - SBPSP.
Médico, Psiquiatra,
Analista Didata do Instituto de Psicanálise da SBPSP.
Analista de criança da SBPSP.
Editor da *Revista Brasileira de Psicanálise* [www.rbp.org.br]
nosek@terra.com.br

Um anseio metapsicológico

O tema do congresso internacional, de 2009 – *A Prática Clínica: Convergências e Divergências* – me permite partir do cotidiano de quem tem como ofício a clínica psicanalítica, desse ponto de observação que redefine a cada momento o sentido da nossa teoria comum. Em trinta anos de ofício, deparei com questões que, justamente porque continuam a me pedir respostas, me fazem agradecer esta oportunidade de compartilhá-las.

O tema fundamental que gostaria de discutir me assombra desde sempre: a relação entre a singularidade radical dos elementos que afloram na prática e os necessários universais da teoria. Como articular o individual – a única coisa que existe – e a generalidade – o único lugar onde pode haver ciência? As necessidades cotidianas da clínica fazem a pergunta renascer a todo momento.

Sabemos que cada analista reúne em si uma gama específica de aptidões e impossibilidades. Sabemos que as teorias terão matizes específicos para cada um e que a personalidade constitui um diferencial que dará cor singular não só a cada enquadre teórico, mas também ao desenvolvimento desse enquadre no interior de determinada prática clínica. Sabemos igualmente que cada dupla paciente-analista terá uma história própria, que no interior desse campo construído cada sessão terá um destino único e que no interior desse encontro cada momento, em sua temporalidade vertiginosa, não encontrará repetição ou fixidez possíveis. Para completar um quadro já bastante complexo, será preciso considerar ainda a historicidade e as marcas da cultura que impregnam todas essas ocorrências.

Esse caráter efêmero e singular do encontro entre o psicanalista e o paciente poderia ser desdobrado *ad infinitum* – exatamente como as nossas divergências. Na realidade, nessa perene mutação, cada um de nós diverge até de si mesmo.

Por outro lado, justamente em função disso, penso que, em nosso campo de pensamento e prática, sobrevive como ponto de convergência o que chamarei de *anseio metapsicológico* – anseio presente já no próprio sentido do prefixo *meta*, que nos remete a um "além de" impossível de ser preenchido pelo nosso desejo: além do concreto, além da experiência singular.

A psicanálise, tal como a metafísica, se propõe questões essenciais que, de um lado, são impossíveis de serem respondidas no âmbito da experimentação e, de outro, não podem deixar de ser formuladas. Assim como nos interrogamos sobre o sentido da vida, sobre a natureza do ser, sobre a existência do divino, sobre a possibilidade de conhecer, também nos interrogamos sobre questões que estão além da psicologia. Além da nossa casa, da nossa familiaridade, buscamos a transcendência, o estrangeiro.

Não se trata de buscar uma nova ciência, de buscar conceitos mais genéricos ou abstratos. Não se trata de uma psicologia em novo formato. Radicalmente: não é uma psicologia psicanalítica. É um olhar para *além*. A metapsicologia é um olhar para o feitiço; ela é a nossa feiticeira, como a chamou Freud (1937), é uma busca do estranho, em direção às questões últimas. Por isso ela pressupõe esse anseio, esse movimento "na direção de". E esse anseio nos une, se fazemos nossas divergências convergirem na idéia de infinito. Usarei a idéia de infinito como um articulador para pensar nossas convergências e divergências.

Retomando, então: dada a generalidade do conceito – que fundamenta a ciência –, como lidar a cada momento com o singular – nosso objeto de investigação?

A cada momento do meu trajeto pessoal e profissional, articulei, para essa pergunta, respostas que se revelaram provisórias e sempre insuficientes para dar conta da prática cotidiana. Espontaneamente, os grupos de estudo que conduzi ao longo desses anos acabaram sempre por colocá-la no centro das discussões, ao oscilar em torno de uma questão talmúdica: afinal, o que é psicanálise?

O que vou tentar desenvolver aqui é essa dialética específica entre a extrema singularidade de cada gesto psicanalítico e a universalidade de um anseio metapsicológico, dialética que ganhará forma na aproximação entre uma concepção de infinito e uma concepção de genitalidade.

O paradoxo do objeto

Durante séculos o pensamento ocidental teve como pano de fundo a vinda do Salvador ou do Messias. O iluminismo introduziu mudanças nessa tradição. Aprendemos a valorizar o conhecimento como fonte de domínio da natureza; a luz é tomada como sede do conhecimento, da ciência positiva. Aprendemos a pensar que as trevas abrigam a ignorância e todas as formas do demônio.

Todos nós, psicanalistas, queremos ser bem recebidos nos templos do saber, e todos queremos também habitar a morada dos anjos e do bem. De que outro modo poderíamos nos apresentar diante dos nossos próximos – cientistas, psiquiatras, agentes de saúde estatais ou privados?

De fato, não podemos abrir mão da herança iluminista, mas é preciso refletir sobre ela, pois nosso objeto de estudo, o objeto que preside o nascimento do nosso saber, se desnatura ao ser exposto à luz, exposto num conceito com o qual não cessamos de duelar. Lançamonos à conquista do nosso objeto, queremos obter sua rendição final aos nossos propósitos: "Inconsciente, mostra-me tua face!"

Em busca dessa face – que está além –, corro o risco de afirmar que talvez só possamos conhecê-la no "modo bíblico", lembrando que na tradição dos Antigos Testamentos o conhecimento é sexual e que o infinito, nos mandamentos, se desnatura ao ser nomeado ou figurado. Freud (1923) se viu obrigado, na segunda tópica, a acrescentar ao território do psíquico aquilo que nunca chega a ser propriamente psíquico e que surge do infinito da natureza, do infinito da obscuridade das entranhas. A linguagem o persegue sem poder lhe corresponder – e nós o inquirimos sem poder conquistá-lo.

Nossa forma de comunicação é a palavra falada, a palavra tornada corpo, a "palavra pulsional" (Green, 1990). Nossa própria teoria só adquire pleno sentido quando se torna encarnada, ou seja, quando não se descobre apenas como conhecimento consciente. Assim, a transmissão do nosso saber é feita primordialmente através da experiência, e daí a necessidade imperiosa de análise do analista, eixo da nossa tradição, da nossa permanência, da nossa continuidade, da nossa reprodução. (Aliás, podemos especular se o controle da reprodução dos analistas por parte das instituições não está na raiz do poder mítico de que elas desfrutam e de tantas loucuras institucionais.)

Não por acaso, nossos textos costumam ser abordados em seminários íntimos, para que possam trabalhar em nós – sua apreensão é fruto dessa dinâmica. Eles precisam encarnar na fala. Contudo, as divergências entre a palavra atualizada na fala e o texto escrito, que é um precipitado, implicam um risco. Saussure nos advertiu: "Terminamos por dar maior importância à representação do signo vocal do que ao próprio signo. É como se acreditássemos que, para conhecer uma pessoa, melhor fosse contemplar-lhe a fotografia do que o rosto" (p. 34).

Identifico em mim certo desconforto por trazer aqui um texto que escrevi há mais de um ano. Teria preferido, talvez, me referir a preocupações e associações que correspondessem mais ao meu momento atual. De todo modo, talvez não haja alternativa senão oscilar entre a memória e o traumático. (Voltarei a esse ponto.) Os versos de T. S. Eliot nos *Quatro quartetos* me confirmam:

> *For last year's words belong to last year's language*
> *And next year's words await another voice.*

Quando a linguagem, escrita ou falada, se torna uma *voz*, percebemos que nossos universais, os conceitos com os quais pensamos, também se encarnam em nossa história individual, no tempo em que vivemos, no ambiente em que nos desenvolvemos, nas situações a que temos de fazer face. As anotações que fizemos à margem de um texto freudiano, quando relidas uma semana depois, se perdem em meio a novas associações. É sempre um desconsolo constatar como falha a memória de um psicanalista clínico quando comparada, por exemplo, à memória de um leitor originário de outras áreas das humanidades.

Talvez nossa leitura seja sustentada por um outro modo de conhecer: lemos feridos pela prática clínica, expostos que estamos à angústia que nosso objeto nos traz. Nossas realizações têm de dar conta de percepções conscientes e inconscientes. Terão, portanto, uma característica que acompanha o único e o efêmero dos sonhos, das metáforas, da poesia.

Ora, se nossas percepções clínicas e teóricas são únicas e se se desnaturam com a repetição, será então o conhecimento impossível?

Não creio, pois construímos um patrimônio onírico com o qual, perante novas situações, somos capazes de criar e trabalhar sonhos adequados a um novo momento. Nosso conhecimento terá dupla cidadania, habitará dois territórios e usará duas línguas diferentes, inevitavelmente. A cada passo, terá de se mover em dois sistemas diversos. Terá de se conformar ao modo de funcionamento do consciente e ao modo de funcionamento do inconsciente. Assim, nosso modo de pensamento e de comunicação carregará inevitavelmente o caráter dos sonhos, pois estes são, por excelência, os criadores de um acordo, ainda que efêmero, entre as duas lealdades. De outra parte, para nos expressarmos, teremos também de refletir sobre a forma, como numa poética.

Entre o infinito da teoria que nos assombra e o efêmero da prática que nos assedia, nosso trajeto de escrita talvez não tenha outra alternativa senão oscilar entre a perambulação do *flâneur*, que constrói para si uma rede de sentidos enquanto caminha, e a peregrinação de quem não pode prescindir da esperança de visualizar um rosto.

Adorno (1958), ao refletir sobre o ensaio como forma, exaltou a possibilidade e o risco de tentarmos articular pela escrita as reviravoltas do pensamento diante do objeto quando este não é submetido de antemão a um sistema ou a um método. Por seu caráter reflexivo, essa forma foi a que melhor se adequou ao pensamento psicanalítico. A forma ensaio traz em si a esperança de que o texto permita um movimento do espírito em que o todo da reflexão ultrapasse a soma das partes e de que possa ferir a superfície do corpo de modo que o conhecimento encontre repouso em nossas entranhas. Permite também maior autonomia ao leitor, convidando-o a realizar seu próprio trajeto nas constelações de sentido que cada leitura propõe.

Essa idéia de constelação ajuda a compreender como a psicanálise desloca nosso saber para o continente das trevas justamente quando quer iluminá-lo. Afinal, não nos esqueçamos, a psicanálise foi buscar os sonhos no território da magia e da superstição e os trouxe para o núcleo da origem do conhecimento. Os sonhos estão sempre aí, são como as estrelas, disse Freud na *Interpretação dos sonhos*; para vê-los, é preciso que se faça o escuro. Objeto e meio das nossas interrogações, submissos ao império da noite, infensos à captura, os sonhos povoam nosso ser e constroem sua arquitetura. O processo onírico é como o movimento do coração; vital e ininterrupto, não requer que a atenção se debruce sobre ele – é, ele também, um movimento visceral.

M e o fundo cego

Uma paciente que chamarei M, em análise há cerca de dez anos, passa a ter como eixo de sua fala as angústias que acompanham um sangramento uterino. Durante meses M apresenta suas lutas para conseguir evitar uma cirurgia. Abordamos longamente suas angústias, relacionadas à castração, à perda da feminilidade, à passagem do tempo e ao envelhecimento, à perda da possibilidade amorosa e à morte. A cirurgia, tornando-se inevitável – pois há risco de cancerização dos miomas –, finalmente acontece.

O período seguinte se caracteriza por um humor depressivo e por associações que repetem o período anterior, mas chama atenção pela imutabilidade do estado de M, o que não é o habitual. O traço marcante da paciente é uma possibilidade ampla de reflexão sobre seus estados psíquicos e uma possibilidade de mudança também pronunciada.

Essa paralisia me surpreende, e percebo que algo essencial nos escapa. Lentamente, nos meandros do discurso de M, começa a surgir uma interrogação que não encontra palavras. Pareceu-me – ou melhor, lembrou-me – as perguntas que uma de minhas filhas me fazia bem pequena, sobre um tempo anterior à existência dela: o que poderia existir se ela ainda não era? Poderia o mundo existir se ainda não existia a consciência? Minha filha obviamente não dispunha das palavras, e muito me custou alcançar alguma compreensão de suas toscas interrogações. Estas, no entanto, expressavam a angústia de um problema existencial que poderíamos chamar metafísico – ela nem podia suspeitar a enormidade da questão. Filosofamos em qualquer idade, o repertório é que se amplia.

Mas voltemos a M. A pergunta que ela balbuciava e que finalmente pude traduzir era algo assim: depois do sexo, o que ocorre com seus produtos? Batem contra uma cavidade sem saída? Simplesmente vão para fora? Se a vagina, depois da extração do útero, dos ovários e das trompas, havia se tornado um saco de fundo cego, então qual o sentido de fazer sexo?

De fato, M dizia que agora o ato sexual havia perdido o sentido e que deixara de ser prazeroso. É importante notar que ela nunca relatara dificuldades com o ato sexual em si e que a precariedade verbal que revelou nesse momento nunca se manifestara antes. Além disso, não seria o caso de lhe atribuir um desconhecimento sobre anatomia ou fisiologia; isso não corresponderia à sua formação intelectual.

Debatemo-nos sem êxito ao redor do tema, até me ocorrer que o útero não é apenas um continente. Essa interpretação provocaria mudanças em M – mas antes as provocou em mim. Mudanças não só no modo de ver o mundo, mas, para o que nos interessa nesta reflexão sobre a prática da psicanálise, nos meus tempos e atitudes como analista.

A genitalidade como entrada do infinito

Ocorreu-me que o útero não é apenas um continente capaz de abrigar uma gravidez ou de enviar sinais do ciclo hormonal. Ele é um canal que comunica a vagina com as trompas – que não se comunicam com os ovários. As trompas mergulham no peritônio, onde se abrem para capturar o óvulo maduro que se desprende do ovário. O útero, portanto, integra uma via que, a partir do mundo exterior, dá acesso à profundidade visceral, ao infinito silencioso das entranhas.

Como tradução da fantasia da paciente, começava a se esboçar uma hipótese: sem acesso ao mistério corporal, a vagina não se ligava a nada, tornando-se praticamente um órgão externo, e, assim sendo, o intercurso sexual já não alcançaria a intimidade, não permitindo, portanto, que o encontro de duas pessoas gerasse sentido e significado.

Não seria uma organização psíquica como essa que tornaria a prostituição possível e a isentaria da angústia de lidar com múltiplos parceiros que não foram objeto de escolha expressa? Ou, ainda, não teríamos aí uma compreensão acerca da aparente facilidade com que os adolescentes de hoje mantêm múltiplas relações sexuais e do fato de que se angustiam efetivamente apenas quando as relações se tornam íntimas? Não seria uma estrutura psíquica como essa que inviabilizaria determinadas situações necessárias à intimidade de um intercurso psicanalítico e que nos colocaria diante de desafios específicos, nos quais a virtude suprema seria aguardar tempos prolongados para o surgimento de sentidos analíticos?

A pergunta de M obviamente não se referia à fisiologia, mas, sim, à representação psíquica da anatomia. Quando Freud (1923) afirma que o ego é corporal, está dizendo que o ego se organiza a partir de como apreende, incorpora e constrói o funcionamento do corpo; essa organização retorna a seguir para o corpo, outorgando-lhe sentido. Assim, por exemplo, de início o funcionamento do aparelho digestivo é percebido como se ocorresse em partes estanques, as funções de incorporação e de eliminação sendo vistas como independentes. A reprodução pode ser atribuída ao continente digestivo e ser realizada por fantasias anais ou de outros tipos.

A partir de sua origem corpórea e agora organizadas como fisiologia do ato de pensar, essas funções ou modos do pensamento podem se deslocar para qualquer outro órgão, atividade de relação ou visão de mundo – está aí o poder da transferência, conforme a primeira definição de Freud (1893-1895). Para que isso ocorra, algumas funções corporais precisam ser capazes de atingir o aparelho psíquico e sofrer transformações que as tornem qualidades mentais. Devem ter a possibilidade de se tornar percepções e memórias.

Como exemplo inverso, lembro que não temos a representação psíquica do pâncreas e de sua função (Nosek, 1996). As primeiras representações da civilização e da criança acerca do sofrimento mental indicam sempre lugares no corpo. A depressão está no fígado, o medo está no aparelho digestivo, o amor está no coração. As marcas mentais do corpo na mente vão a seguir compor a moldura dentro da qual se organizarão as percepções futuras. Precedendo o animismo estão os modos corpóreos, dando forma à vida.

Todos temos a experiência clínica de pacientes dotados de organizações psíquicas em que, a partir de formulações como "dar é uma perda e incorporar, um ganho", analogias primárias com funções corpóreas podem atingir algum sucesso social e econômico, em evidente contraste com o insucesso no campo amoroso.

No caso de M, em decorrência de uma experiência traumática, os territórios do corpóreo e do anímico se embaralharam. A hipótese que formulei para ela cria, no espaço analítico, outras dimensões de tempo necessárias à elaboração, possibilitando reabrir canais psíquicos de acesso ao mistério do infinito de sua natureza. É desse espaço que para ela poderá surgir o seu sentido próprio.

Volto então às mudanças que identifiquei em mim como decorrência dessa interpretação. Por exemplo, não espero mais que nenhuma interpretação seja capaz de criar a transformação necessária. Espero que, através de múltiplas vivências e de sua verbalização, os trajetos psíquicos possam ser refeitos. Essa compreensão, que vem da prática e se torna presente em minha reflexão teórica, em primeiro lugar dita minha forma de estar na sessão, transforma minha presença e meu olhar. Teoria e descrição – e a própria percepção do fato clínico – são definidas pela lente teórica com a qual investigamos e concluímos. Não há como separar a descrição clínica de um complexo pressuposto teórico que orienta meu olhar, mas este, ao refigurar o sentido explicitado por novas constelações, também se deixa iluminar pela prática. O sentido nasce para ambos os participantes da relação.

A rigor, neste ponto podemos evocar Freud, que já no "Projeto para uma psicologia científica" se perguntava de que maneira as estimulações quantitativas de energia que se abatem sobre o aparelho psíquico são transformadas em qualidades psíquicas. É uma questão que se espalha por toda a sua obra e da qual somos herdeiros – é uma boa pergunta que ainda acompanhará gerações de psicanalistas.

Desejo metafísico

Do exercício da clínica, extrairei a hipótese de que, do infinito inacessível das entranhas, nasce, numa relação com outra subjetividade, o sentido. Sempre efêmero e insuficiente, o sentido necessitará inevitavelmente de algo mais, algo que está no próprio corpo e, ao mesmo tempo, além dele. Isso nos permite prosseguir vivendo.

Talvez se situe aí, como paradoxo, a posição sexual menos abordada em nossas teorizações: a genitalidade. Mesmo em nosso meio permanece a tendência a identificar esse termo com o concreto e a confundi-lo com a ação adulta sexual. É um equívoco, pois o pensamento também se associa a uma imagem intuitiva do funcionamento corpóreo, e além disso a genitalidade está presente desde o início da vida.

Aqui é preciso lembrar Bion (1962, 1963) e fazer uma digressão. Para Bion, o pensamento se constitui numa hierarquia de trajetos específicos que passa de elementos beta a elementos alfa, em seguida a sonhos e então ao pensamento conceitual, até chegar ao pensamento mais sofisticado, tal como o concebem cientistas, filósofos e artistas. Lembremos também que essas passagens ocorrem em relações entre subjetividades definidas por um vínculo de continente-conteúdo.

A marca simbólica que Bion escolhe para caracterizar essa relação é um ideograma masculino/feminino

– um intercurso sexual –, o que evoca um modo bíblico de constituir o conhecimento: Adão conhece Eva e assim começa o trajeto humano. O paraíso é a natureza; perdê-lo se fixará na tradição como a Queda.

É esse o momento da entrada do homem na cultura, na história, no pensamento. Não temos mais instinto para nos orientar, não temos caminhos já determinados que possamos trilhar. Diante de nós abre-se o infinito – o futuro é seu território, e também no passado ele reina. O desejo, perdendo o trajeto do cio, pois já não respeitamos o calendário das estações, terá como alternativa reencontrar marcas de memória, marcas de experiências passadas. Entramos então no espaço clássico da neurose, em sua característica de percorrer reminiscências.

Outra alternativa será o "desejo metafísico" (Levinas, 1961) – aquele que deseja para além do já dado e se atira no infinito. Seu trajeto será o do trauma: caminhos sem passado, estradas por percorrer e sentidos por construir. É o caminho do terror e da generosidade. Considero ser esta a "poética" da genitalidade, do trauma e do necessário e peculiar conceito de infinito de que falo aqui. O infinito é um objeto que traumatiza seu conceito; não fosse assim – isto é, se o conceito pudesse abarcar seu objeto –, este seria destruído.

Assombro e susto são as marcas com que se apresenta o desejo metafísico. Surgindo à margem de qualquer preparação ou rotina, ao chegar ele traz o descanso de um sentido parcial e efêmero e o prazer de ter atravessado uma vereda de riscos. É a paz da sobrevivência, acrescida de um traço de visão de si, de percepção da própria humanidade. É a atividade de criar aquele sonho impossível de ser criado em isolamento: alguém sempre terá de sonhar o sonho impossível ao outro. Esse sonho terá a genética de ambos os sonhadores. Como fruto de uma relação, seu destino será trilhar um caminho próprio.

Anseios por uma clínica "bem-sucedida"

Em trabalhos anteriores, apontei a coragem necessária para que alguém se abandone a uma outra subjetividade depois de se despojar das próprias vestes e se apresentar em sua figuração básica. Corre o risco de não ser recebido pelo outro, de atravessar o perigo do prazer do encontro perdendo-se numa fusão sem volta e, por fim, de retornar ao isolamento. Às angústias próprias da genitalidade, acrescentem-se todas as ansiedades de outras fases da sexualidade, que nunca perdem a oportunidade de comparecer ao encontro.

O isolamento, o retorno a si, o repouso só se tornarão possíveis por um pequeno e volátil acréscimo de sentido. Quem correrá o risco de se despojar diante de uma subjetividade outra que se mantém protegida?

A construção de sentido numa análise não é de forma nenhuma um movimento neutro. É um movimento, como costumo dizer com alguma impunidade, que põe um gesto psíquico sob a égide da genitalidade. A própria construção merecerá interpretação, demandará que se coloque em palavras o que ocorreu entre os participantes do intercurso analítico. A "interpretação mutativa" [*mutative interpretation*] (Strachey, 1934) que me perseguiu no início da clínica afinal se revelará um movimento psíquico sexual. Na verbalização, na explicitação verbal, torna-se possível a neutralidade sempre buscada por nós. A neutralidade estará não no início, mas nó final de um trajeto complexo e assustador. Não será uma atitude permanente, mas uma aquisição instável. Apenas aí um descanso. (Antigamente se podia acender um cigarro...)

Contudo, a necessidade de novos sentidos logo começa a se impor: o universo visceral não interrompe seu percurso, seu horizonte é o infinito. Quantos frutos se geram numa análise? E como acompanhar seu desenvolvimento?

Todos temos a experiência de parentes e amigos, ou mesmo crianças, filhos, que entram em nossa sala de análise como se adentrassem um recinto assustador, sagrado e sexual. É uma apreensão espontânea como essa que permite aos nossos pacientes intuir a futura experiência analítica como um lugar especial, um lugar onde, como em nenhum outro, eles poderão se apresentar em sua verdade, onde o sentido próprio de cada um poderá dar mais um passo, onde eles poderão buscar seu ser próprio. Esse é o lugar – como um templo e uma alcova – onde pode nascer o verbo. Não percebendo isso, os projetos terapêuticos terão existência pobre e breve, pois pretenderão saber de antemão qual é o ponto desejável de chegada.

A mesma incompreensão pode estar também no centro da chamada crise da psicanálise, com todo o seu cortejo de intenções positivistas e pragmáticas, mera adaptação aos tempos que correm. Esses "bons propósitos" marcam nossa rendição ao mercado, assinalam o abandono da surpreendente subversão e potência do nosso conhecimento e de sua prática.

A rendição não é explícita, obviamente. Não aderimos às companhias, aos laboratórios, aos medicamentos, mas, compreensivamente, também nós queremos um lugar ao sol junto aos produtores de bem-estar e soluções. Queremos provar que possuímos um conhecimento e um domínio sobre o sofrimento – arrogamo-nos até uma certa superioridade nessa área. Queremos procedimentos, medidas, certezas. O positivismo se infiltra insidiosamente em nosso pensamento e nos expulsa de casa.

Objeto incapturável

Em 1923, Freud se pergunta como chegamos a conhecer o inconsciente. Questiona se o consciente mergulha no inconsciente ou se o inconsciente aflora nele, revelando-se assim ao consciente. Ou seja: o inconsciente seria apropriado pelo conhecimento ou se apresentaria como revelação? Como desvelamento de sua existência?

Ao escolher a resposta, Freud é firme, convicto. Opta pela negativa: nenhuma das duas assertivas lhe parece apropriada. O que lhe parece adequado é considerar que o inconsciente encontra no consciente uma configuração correspondente. Nessa passagem, teoria e prática convergem, pois a questão é tanto clínica quanto metapsicológica, e também – por que não? – metafísica. Freud nos diz que o inconsciente se mostra quando se liga a representações de palavras que habitam o pré-consciente. Em seu mergulho no infinito visceral, ele não pode ser capturado.

Nesse ponto da obra freudiana estão presentes três tipos de inconsciente. O pré-consciente é o que pode vir à tona com um acréscimo de investimento. Restam-nos os outros dois tipos: o recalcado e aquilo que ainda não está ligado às representações, aquilo que ainda não existiu para o psíquico propriamente dito. Este – o recuperável – habita áreas de obscuridade, vem do infinito das entranhas e do mundo. Enquanto o recalcado se deixa recuperar, o recuperável espera que lhe dêem contorno, que lhe dêem representação. A segunda tópica se impõe, e os trajetos que levam à criação do inconsciente recalcado são como que trazidos à tona. A segunda tópica mostra o caminho que precede a primeira tópica – é como revisitar o "Projeto para uma psicologia científica".

A pergunta sobre como tornamos consciente o inconsciente ganhará nesse ponto uma dupla direção. Estão em causa processos de recuperação e construção. No primeiro caso, trata-se de processos de retomada de memórias; no segundo, de formação de trajetos. Trata-se de encontrar representações no consciente que correspondam ao que se encontra esquecido ou ao que será a criação do psíquico propriamente dito. Em ambos os casos precisamos de repertório, de um acervo de memórias para dar abrigo aos dois processos de elaboração.

O esquema proposto por Bion (1962, 1963) ajudará a dar conta da passagem para o pensamento conceitual, isto é, da passagem dos elementos beta, que são como que concretudes psíquicas, aos elementos alfa e daí ao pensamento comunicável, passível de ser compartilhado. Observo que Bion usa palavras novas, sem associações anteriores, para descrever um pensamento não comprometido com memórias. Implicitamente, propõe que, se quisermos ser parecidos com ele, teremos de ser completamente diferentes dele.

De todo modo, o acervo de memórias que permite esse processo se encontra – desde o início e ao longo de todo o trajeto – na cultura. Para usar a linguagem de Bion, o ser necessitará da conjunção continente-conteúdo, masculino/feminino, para realizar essa passagem; essa conjunção, por sua vez, necessitará do continente do continente, ou seja, da cultura, abrigo para os protagonistas.

A passagem do indivíduo para a cultura se fará, assim, num embate com a cultura. Na metáfora materna, a mãe precisará do pai e da cultura para mergulhar no abismo – a triangulação é inevitável. Esse esquema nos impede de gerar uma metapsicologia unipessoal, torna impossível considerar o espírito em isolamento. Seu percurso, que leva ao conhecimento de algo humano, é marcado desde o início pela genitalidade.

O que me interessa aqui, com esse encadeamento de truísmos, é a crítica à pretensão iluminista de posse e domínio do objeto por intermédio do conhecimento – pretensão que esteve presente no meu exercício da clínica psicanalítica, sempre lhe dando um matiz de insegurança e impossibilidade. Aliás, como nossa reflexão acompanha a prática, penso que essa insegurança quanto à assertividade do nosso saber talvez seja compartilhada por todos. Para mim, nunca foi apenas uma dúvida epistemológica. Foi bem mais um estado que vivi ao longo de todos os percursos profissionais.

As construções representativas são efêmeras e recebem de forma provisória seu objeto inconsciente e estrangeiro – que inevitavelmente seguirá viagem, à procura de novas hospitalidades. A afirmação de que minha prática seria *científica* não me convencia, pois nem meu objeto podia ser bem definido, nem os universais se mantinham estáveis no confronto inevitável com a singularidade de cada análise.

Em meu trajeto, foi primeiro na estética que encontrei a possibilidade de conciliar a verdade do universal com a singularidade de sua expressão, como numa obra de arte. Também me foi útil a idéia de que cada obra de arte cria um mundo próprio, tal como o faz a adequada experiência do *setting* analítico. Além disso, a arte pressupõe uma autoria sempre presente na própria obra, à diferença da lei científica, na qual a ausência da autoria não interfere com a lei nem com os resultados eventualmente alcançados.

Achava que fazíamos uma peculiar arte trágica, pois, em conjunto com nossos pacientes, criávamos uma obra que teria sempre apenas dois espectadores e que, se fosse mesmo valiosa, descansaria no inconsciente – seria esquecida, portanto. Para relatar essa criação, precisávamos de um dos talentos do fundador da psicanálise – o da escrita –, com o qual cada um dos dois participantes organizaria um relato próprio. Como na arte, enfim, não se tratava de capturar o objeto. A arte se contenta com construções parciais de sentido.

Tudo isso me parecia adequado para pensar a realização analítica.

Levinas: o rosto, o infinito e a ética

Surpreendentes e desafiadoras, as formulações de Emmanuel Levinas em *Totalidade e infinito* me ajudaram a enfrentar essas difíceis questões. Partindo do modelo tradicional de conhecimento como adequação do objeto ao seu conceito, Levinas dirá que isso equivale à tentativa de transformar o Outro no Mesmo. O que se busca no conhecimento é retirar o caráter de estranheza, de alteridade do objeto, para torná-lo possessão do sujeito. Busca-se a naturalização do estrangeiro: ele perde sua identidade e aprende a falar a língua da família que o abriga, despojando-se de sua condição de estranho, de *Unheimlich*.

Lembro também aqui as considerações de Adorno e Horkheimer no ensaio *Dialética do iluminismo* (1947). Ao acompanhar a história da relação entre mito e razão, os autores mostram que o mito, normalmente associado às sombras pré-científicas, já contém um elemento iluminista, por seu caráter de domínio da natureza, e que o processo histórico de construção da identidade entre objeto e conceito, fundamento da ciência iluminista, acaba por reverter em mito. É uma crítica contundente à concepção positivista do conhecimento, que, baseada em procedimentos de separação, classificação e definição, recusa a tensão inerente à permanência da singularidade, do desconhecido.

No entanto, lemos na *Dialética*, "os homens pagam pelo aumento de seu poder com a alienação daquilo sobre o que exercem poder. O iluminismo se comporta em relação às coisas como um ditador para com os homens. Este os conhece na medida em que pode manipulá-los" (p. 20). Assim, o ego não é somente a projeção da superfície corporal – é também a projeção de todo o corpo social. Ainda mais amplamente, é resultado da apropriação não só das relações objetais básicas, mas de todas as formas de relação social. (A idéia da física acerca da similaridade entre o muito grande e o muito pequeno tem aí uma nova e fértil possibilidade a explorar.)

Esse caráter do eu obviamente não se constitui por mimese; implica, na verdade, as infinitas variantes dos processos de criação do psíquico. Vai ter a cor do investimento pulsional a ele sobreposto. O que ocorre então não é apenas imitação; ao contrário, no próprio ato de criação já ocorrerá a transformação do criador e do criado – e surge aqui outro elemento da poética da genitalidade e de sua relação com o infinito, ou seja, uma espécie de superestrutura do corporal, tal como este é apreendido e configurado nas diferentes formas do pensamento.

O que tanto Levinas como Adorno e Horkheimer apontam, embora partindo de diferentes tradições filosóficas, é o ato de violência contra a existência da alteridade, o ato de destruição do estrangeiro que o movimento do saber traz em si. O conhecimento positivo, o saber que se formaliza e cria procedimentos, revelou-se de um poder impressionante em termos de progresso material e desenvolvimento de recursos. Contudo, ao se tornar ele próprio mito, revelou-se problemático como via de conhecimento do humano e como meio de barrar violências, as quais, simultâneas ao progresso, não param de crescer em intensidade. O iluminismo tornado mito e investido das certezas celestiais da ciência, diz Adorno, autoriza-se à violência das guerras não-religiosas em escala sempre maior.

Entre nós, possivelmente a convicção de sermos os detentores da verdade também está por trás das pequenas guerras que travamos em nossas organizações. Isso para mim é sempre motivo de perplexidade, pois estas são justamente o espaço essencial para discutirmos nossas convergências e divergências, isto é, o espaço para a reflexão dialética sobre a nossa prática – que é simultaneamente científica, porque conceitual, e concreta, porque respeita a singularidade do objeto, abrindo-se ao conhecimento do outro com a coragem de enfrentar o infinito.

Levinas propõe que diante de nós, como algo estranho, como um estrangeiro, reluz um rosto humano. O uso da palavra "rosto" se justifica pelo caráter expressivo, pelo movimento permanente que ela evoca. A presença do rosto nos põe diante do infinito da alteridade. O rosto – o outro, o estrangeiro – não se revela a nós e tampouco pode ser capturado. É como o infinito: não pode ser inteiramente contido pelo conceito. Na concepção de Levinas, o infinito tem origem exógena e é posto em nós. (Lembro, como contraponto, a concepção cartesiana. Para Descartes, o infinito preexiste, é endógeno, e sua presença em nós é uma das provas da existência de Deus.)

Se abrimos mão da violência do conhecimento, se a urgência da ontologia e a potência do positivismo não nos incitam, encontramos o território da hospitalidade: trata-se de receber o estrangeiro como tal, em sua própria existência. Esse gesto, configurado como bondade, não me enaltece, não me exalta; seu caráter vem do infinito a ser recebido, esgarçando minhas possibilidades. Se infinito, resistirá à apreensão plena pelo conceito; se não resistir, perderá seu caráter – a identidade do infinito deriva da impossibilidade de contê-lo em seu conceito. Assim é também a alteridade, que se desnatura como tal quando apreendida.

Da mesma forma que o infinito traumatiza seu conceito, o outro me traumatiza. Recebê-lo é uma imposição – a ela me submeto. Permito sua presença, ao mesmo tempo em que abdico de catequizá-lo. Torno-me refém do infinito. Como um deus, o estrangeiro não pode ser nomeado sem que se cometa sacrilégio.

Na cerimônia da Páscoa judaica, todo ano se faz a pergunta ritual: por que estamos reunidos esta noite? Para lembrar o tempo da escravidão, do desamparo, respondemos. A pergunta nos remete ao encontro analítico: para que nos encontramos? A resposta por que tanto ansiamos estará em outro ponto da sala cerimonial. Lembremos que a tradição manda reservar o melhor assento àquele que está por vir: o forasteiro, o viajante, o estrangeiro e profeta Eliau Hanavi, o que nunca vem, o arauto do Novo, que nesta noite poderá ter acolhida.

Levinas escreve: "Chama-se Ética a esta impugnação da minha espontaneidade pela presença de Outrem" (p.

30). A conversão não está no horizonte. Quando nos esquecemos disso?

Nesse momento, configura-se uma espantosa noção de conhecimento: o primeiro passo do saber é ético. A ética precede a ontologia. Segundo propõe Levinas, aluno de Heidegger, o ser não apenas não é capturado no saber, como não se revela na poesia, à diferença do que queria seu mestre. O ser pode, sim, "ser recebido". Para nós psicanalistas, eis uma radical deflexão hierárquica: não mais *talking cure* – agora, *listening cure*. Podemos imaginar um analista mudo, mas não podemos imaginá-lo surdo.

Esse despojamento radical inerente ao movimento de recepção da alteridade, essa entrega de si perante o rosto me faz retomar uma afirmativa de Freud no *Projeto para uma psicologia científica*, de 1895: "O desamparo inicial do ser humano é a fonte originária de todos os motivos morais" – ou da ética, mais propriamente. Nesse contexto, a devoção absoluta ao outro, ao ser que emerge, ao novo rosto que traumatiza quem o recebe, é o ato ético primordial. Em sua obrigatoriedade, ele cria o humano.

Vale lembrar, Freud pensa ali nas agruras do organismo humano que ainda não tem expediente para encontrar no mundo exterior trajetos para a eliminação do desprazer e que necessita, portanto, da devoção de outro ser humano que a ele se entregue, que se deixe sequestrar para estar a seu serviço – uma ética primordial, não de linhagem superegoica mas primária, de linhagem materna, como nas antigas religiões matriarcais. Não me recordo de outro lugar em que Freud volte ao argumento.

Laplanche proporá algo novo ao afirmar que o psiquismo da criança se organiza como resposta ao traumático da presença erótica do adulto. Nessa dupla elaboração, a marca conceitual da genitalidade mais uma vez está presente, e vemos que metafísica e metapsicologia se interligam mais estreitamente do que costumamos supor. Mais ainda: serão inevitavelmente os guias da prática.

Aprendemos com Freud que a sexualidade, em suas diferentes manifestações, configura "modos de ser". A partir da base corporal, organizam-se diferentes maneiras de perceber a realidade e de responder a ela. Temos aí o tema clássico dos modos: oral, anal, uretral, fálico etc. Há também, como projeção sobre a psique, outros elementos corpóreos: a pele, a respiração, o ritmo – o mundo se choca com o sensório, e tudo o que é percebido como intensidade se organizará como qualidade psíquica.

Mas o que percebemos como intensidades não são qualidades físicas. São o corolário de ausências, da carência de contornos representativos. Classicamente, postulamos que a estimulação que chega ao aparelho psíquico será matizada pelo pulsional, que impõe a busca de objetos na exterioridade que a ele se contrapõe. A pulsão funciona como uma intencionalidade intrínseca, que organiza a captação e a resposta a ser dada ao que encontramos diante de nós. São os modos de organizar a experiência vivida. São constituintes, portanto, do modo primário do conhecimento, aqui necessariamente deformado e carregado de um matiz extenso de subjetividade.

O infinito silêncio das entranhas

Para conhecer e atribuir sentido, torna-se necessário um novo movimento, que pode inclusive ser simultâneo. Quero supor, nesta reflexão, que colocar outros modos sexuais sob a hegemonia do genital significa dar primazia à construção do conhecimento como forma de sentido humano. Um passo atrás e vemos que era este o destino das pulsões: serem apreendidas na sua interação com os objetos. Os objetos das pulsões estarão presentes em outra subjetividade, que se apresentará organizada no seu próprio modo sexual. O pulsional, assim, não poderá ser separado das relações objetais, nem na origem nem em sua organização final.

O modo oral se voltará para o objeto do "conhecimento" numa tentativa de incorporá-lo, de possuí-lo, de se fundir a ele. Será este o destino almejado por esse modo do desejo. Haverá ainda os modos que pretenderão eliminar o indesejável ou os restos não incorporáveis do conhecimento e ordená-los de modo que se apresentem limpos, sem as impurezas que acompanham qualquer ato de vida. Haverá os desejos de controle do objeto: gostaríamos de vê-lo dominado e submetido ao nosso poder. Pode-se querer dividir o objeto em partes, classificá-lo. No limite, desejaríamos que o objeto acabasse por se tornar parte de nós mesmos. (Temos todos a experiência de ir a um show, a um concerto ou a uma conferência e aplaudir com mais entusiasmo os velhos sucessos, aqueles que já conhecemos e já incorporamos à memória. Aplaudimos a nós mesmos.)

Uma lembrança necessária: a alteridade, impossível de ser atingida, cria em nós o movimento de identificação que vai modular nosso caráter. Todos os modos sexuais estão presentes na construção do saber. No entanto, não se diz que novos paradigmas só se estabelecem à medida que passam as gerações? Como analistas, não temos "modos" preferenciais de realizar nossa tarefa? Escolher um analista não é também uma questão de afinidades eletivas? Não deveríamos, eventualmente, levar em conta essas características, levar em conta os próprios modos sexuais do analista e, portanto, seus modos de conhecimento? Afinal, nenhuma questão sobre a analisabilidade se encerra em diagnósticos do analisado.

Todos os movimentos da sexualidade e do conhecimento a que me referi têm em comum, de antemão, a referência a si – ao Mesmo, na linguagem de Levinas. Apenas na genitalidade haverá o movimento em que o desejo se volta para o Outro permitindo que este assim permaneça. O desejo buscará o além de mim, o infinito. O objeto do desejo não completará o sujeito; melhor dizendo, ele o manterá em suspenso.

Recuperando as considerações anteriores, posso dizer então que o desejo genital possui as características da busca do que está além, tal como o desejo metafísico. Estamos mais acostumados a lhe atribuir uma qualidade lírica, poética, mas a relação com o infinito lhe dá, mais propriamente, um caráter metafísico. Este, por sua vez, trafegará pela poética, cujo caráter é inevitavelmente provisório e efêmero.

Sempre precisaremos de novos versos e canções para dar conta do amor. Capturá-lo será inviável – mas não se passa assim também com a definição de qualquer sentimento? Seja o amor ou o ódio? Seja o ciúme, a inveja, o desamparo, a saudade, a tristeza, a depressão, o medo, o horror e tantos outros de que tantas vezes tratamos com excessiva familiaridade e despreocupação? Não seria uma ousadia tratá-los como qualidades dadas e conhecidas a ponto de serem definidas em manual, o que nos autorizaria abordá-los como quem realiza um escrutínio científico?

É a presença do rosto do outro, quando este se apresenta a mim, que provocará a tentativa de captar sua realidade. Ao mesmo tempo, a alteridade busca ser capturada, ser apreendida por mim e em mim. Ela busca em mim o conceito de si. Isso corresponde à realização da ideia de infinito no finito – e podemos chamá-la desejo. Será sempre um anseio que não se realiza, mas que não pode interromper sua busca. Não encontrará jamais a satisfação, mas em seu percurso construirá sentidos, perceberá constelações capazes de iluminar atos e questões. É fator de sobrevivência e reprodução, mas também construtor da nossa possibilidade de viver e saber. Na busca perpétua se dará a presentificação do destino humano.

No modo corporal da sexualidade genital, encontramos o embrião do seu representante psíquico. Assim, uma vez mais, do silêncio infinito das entranhas nasce o sentido, em contato com outro ser que o acolhe e hospeda. Nesse acontecimento, o sentido nasce para ambos, estrangeiro e anfitrião. E, se ocorrer em mão dupla, mais complicado ainda será o processo. As funções se invertem e se intercambiam permanentemente – é a lição freudiana sobre a bissexualidade humana.

O sentido não tem uma forma de chegada. É diverso do que usualmente denominamos *verdade*. Não pretende a universalidade passível de ser compartilhada. Pretende uma representação própria que, através do auto-reconhecimento, proporcionará um expediente para viver e repousar em si mesmo.

B e a fertilização sem intercurso

Uma mulher de aproximadamente 40 anos me procura para re-análise. Vou chamá-la B. Nos primeiros encontros se apresenta como profissional bem-sucedida, com família organizada. Havia feito análise por muitos anos, com analistas bem orientados, e resolvera boa parte de suas questões. Na época, o que mais a preocupava era a sucessão de casos amorosos que mantinha desde a adolescência e nunca haviam posto seu casamento em questão. Eram paixões incoercíveis, de grande carga romântica, boa parte das vezes platônicas, caracterizadas pela adesividade a que se submetia e a que possivelmente submetia os parceiros. Quanto à família de origem, segundo B era preponderante a adesão aos pais, que sempre haviam exigido dela sacrifícios elevados, situação que perdurava até o momento.

Tudo isso me foi contado de forma pausada e sensata. B disse que queria retomar a análise porque, embora se sentisse livre dos romances, percebia que lhe faltava algo. O que a perturbava era um estado que definia como "falta de sentido da vida".

Não dispondo de horário na ocasião, propus encaminhá-la a outro profissional ou ficarmos em tempo de espera. B escolheu esperar. A demora seria de alguns meses, mas logo começaram telefonemas em que ela dizia ter urgência em iniciar o trabalho. Ao telefone, B relatava medos intensos que a impediam de dormir; vinha tendo longas noites de insônia. Esses apelos à distância continham uma intensidade de desespero que não aparecera nos primeiros encontros. Eu me sentia praticamente intimado a iniciar a análise. E assim foi.

Iniciada, a análise transcorria de maneira tranqüila e adequada. B relatava situações, problemas, episódios de sua vida cotidiana, e pareceria que os compreendia e interpretava apropriadamente. Relatou inclusive melhora na insônia e no contato.

Aos poucos, entretanto, foi prevalecendo na minha percepção um estado de falta de sentido. Constatei que invariavelmente sua fala trazia acontecimentos, fossem remotos ou recentes, às vezes aparecendo também algo que B havia pensado ou sentido no caminho para o consultório. Minha impressão era a de só ter acesso a sentimentos de segunda mão – e eu lhe disse isso: que me sentia numa reação analítica do tipo brechó, na qual só lidava com sentimentos usados. B me confirmou, pois ela própria percebia sua dificuldade de compartilhar nas situações afetivas ou de estar presente nelas. Isso a desesperava; ao mesmo tempo, entretanto, havia nela o terror de abdicar desse modo de ser.

Era freqüente, por outro lado, que o que eu havia dito reaparecesse nas sessões seguintes sob uma forma que indicava um razoável trajeto de elaboração. Em outros termos, os desenvolvimentos estavam em curso, B prosseguia na elaboração de seus medos, nas reconstruções de sentido de sua história, embora o clima e o modo das sessões permanecessem inalterados.

Esse peculiar modo de fertilidade da análise logo se tornou objeto da nossa investigação, o que nos permitiu ver o sentido dos nossos encontros.

Com a percepção de que nenhum evento se produzia na própria sessão, começou a se impor em mim a idéia de que certos seres têm sua reprodução garantida por uma fertilização que ocorre fora dos corpos. O masculino e o feminino depositam gametas no exterior – na água, por exemplo – e estes em seguida se encontram, dando origem a um novo ser. Nossa relação era assim: dotada de uma fertilidade sem intercurso.

Entretanto, se esse fato constituía a regra com B, não era nada raro como momento específico em outras análises. Encontramos em análise acontecimentos que se perderam em nossa evolução filogenética. Chega a ser uma situação comum na clínica, nos casos de infertilidade com posterior sucesso na fertilização *in vitro* e o consecutivo implante uterino. É o que testemunhamos quando a mãe, depois de parir assim, faz ou refaz os trajetos psíquicos de sua anatomia genital e engravida espontaneamente.

Essas percepções nos fizeram centrar o trabalho analítico na construção da anatomia psíquica da feminilidade e das angústias de B.

O traumático e o infinito

Hoje, passados mais de cem anos de prática analítica, nossos expedientes comuns se desenvolveram enormemente. Se no início uma análise durava semanas e se Freud podia recomendar a um paciente que se abstivesse de decisões sentimentais e econômicas durante esse processo, hoje ninguém estranha que uma análise dure anos e mesmo toda uma existência. O conhecimento no campo da psicanálise não pára de se estender, como atestam nossas publicações. Se no início nossos temas podiam interessar a todos, hoje se tornam mais e mais especializados. A psicanálise, ainda que interesse a todas as disciplinas das humanidades, permanece no imaginário cultural como obra freudiana apenas.

Talvez sejamos os responsáveis por isso, pois fracionamos nosso conhecimento em especialidades e escolas. Nossos debates se tornaram disputas pela propriedade da verdade. Além disso, fracionamos nosso objeto em identidades psicopatológicas, o que nos trouxe problemas, sem dúvida – mas não só, pois ao mesmo tempo criamos um enorme acervo de procedimentos e conhecimentos práticos. Tornamo-nos mais potentes, desenvolvemos nossa base científica. Talvez, entretanto, tenhamos descurado da busca metapsicológica.

Freud nos deixa uma dupla herança: uma disciplina que põe em questão os modos tradicionais de pensar – e cujo objeto, o inconsciente, se desfaz quando exposto à luz – e um pensamento que é herdeiro da tradição e quer permanecer leal à sua origem iluminista.

Como judeu da Europa Central, Freud foi emancipado pelo ideal do iluminismo. (Lembremos que, quando os judeus foram autorizados a entrar em Viena, ele estava com quatro anos.) Os judeus, escreve Bauman em *Modernidade e holocausto*, amavam a cultura do iluminismo alemão e seus heróis: Kant, Hegel, Goethe, Beethoven e tantos outros. Amavam uma Alemanha que não existia mais e cuja atualidade não entendiam, o que os tornaria particularmente vulneráveis ao horror que se desenhava no horizonte. Bauman descreve como os judeus ironicamente se sentiam alemães, ainda que na maioria dos casos judeus assimilados convivessem apenas com outros judeus assimilados, sem obter fora do próprio meio a aceitação que tanto desejavam.

É difícil comemorar a condição de estrangeiro. Herdeiros que somos dessa tradição, não mantemos uma dupla cidadania? De um lado, temos uma disciplina eruptiva nas mãos; de outro, transigimos, tentando mostrar que nosso conhecimento habita a positividade do saber e que podemos ser recebidos pelos bem-pensantes. Definimos entidades patológicas, estabelecemos classificações, propomos estratégias terapêuticas – apenas para nos percebermos, em seguida, diante de formas universais, formas que habitam a todos. As categorias explodem, e retornamos ao infinito do nosso objeto: o inconsciente.

Não temos alternativa senão voltar à metapsicologia, nossa morada, abrir suas portas e acolher, sem ilusões de dominação, o rosto do outro que dará sentido à nossa própria casa.

O paciente entra na sala: inicia-se a nossa tarefa. A pergunta poderia ser: Quem está aí? Quem sou? Estaríamos no campo da identidade, da busca da totalidade, da apropriação do objeto. Estaríamos no campo da ontologia ou do conhecimento positivo.

De outra parte, se afirmarmos que a ética é primordial, o gesto será diverso: será permitir a chegada do outro – permissão para sermos seqüestrados, permissão para a existência do outro, permissão para que ele fale.

Estará incluída aí a permissão para que nos traumatizem. (Quando o paciente entra na sala, dizia Bion, existem ali duas pessoas em pânico.) Isso fundamenta o convite à associação livre, a ser como não se pode ser em nenhum outro lugar. Se o paciente nada sabe de psicanálise ou mesmo se pensa saber, que misteriosa força o traz até esta sala? Talvez, à parte todos os desejos e transferências, exista nele a concepção prévia de uma possibilidade de ser. Assimetricamente, da parte do analista se espera a atenção flutuante, que também não será nenhum processo de abrigo pastoril. Será, isto sim, uma permanente disposição ao traumatismo.

Nessa conjunção, conhecer e ser conhecido faz parte de um anseio fusional, de realização de um desejo. O sentido é efêmero, será destruído por si só, deverá ser interpretado como um momento genital do encontro analítico. E, como nada é de fato apropriado, a busca permanecerá.

Ferenczi definia a busca do momento fusional como característica da genitalidade, e esse equívoco teórico talvez seja a origem dos seus equívocos clínicos. Esse momento compreensivo precisa de interpretação, para que seu caráter efêmero se explicite. Sua destruição, ou melhor, sua neutralização ou, melhor ainda, sua passagem de ato a representação permite manter a fertilidade do campo – aí a genitalidade, campo do infinito psicanalítico.

Quando comecei a receber pacientes que, vindos de análises com outros profissionais, pareciam virgens de qualquer percepção interna, eu inevitavelmente me perguntava se de fato haviam feito qualquer análise – e inevitavelmente tendia a atribuir uma superioridade aos meus recortes teóricos.

Se não foi a modéstia que introduziu a autocrítica, devo dizer que a constância do fenômeno me fez pensar que convinha procurar outra hipótese: os acontecimentos emocionais que haviam adquirido sentido ou contorno representativo desapareciam do encontro analítico; o que se apresentava no aqui-e-agora era o inevitavelmente novo – ainda não encontrara descanso numa representação.

Isso poderia ser estendido até o infinito. Em meus próprios casos, constatei que, tendo avaliado que um bom trabalho havia sido feito com aspectos recalcados e/ou cindidos, muitas vezes o que daí surgia não era alívio. Eram sintomas mais informes, psicossomáticos muitas vezes.

Sem recorrer à resposta pré-configurada da compulsão à repetição ou a uma hipotética pulsão de morte, sem transformar questões metapsicológicas em respostas pragmáticas, poderia supor, ainda me mantendo em campo clínico, que onde já não existem as memórias existirá o traumático.

Nossa tarefa, assim, seria esta: a partir de memórias desfeitas, possibilitar a existência do traumático na vida cotidiana. Nesse momento, o traumático e o infinito se apresentarão como par conceitual e par clínico. Par que tentará inevitavelmente caminhar pelos trajetos da genitalidade e do sentido – ele buscará inevitavelmente o ser ético, que lhe dará acolhida.

Não lidei aqui com a noção de infinito como o sem-limites, o desmesurado. Evitei equiparar a noção de infinito ao conceito freudiano de sobredeterminação, que contém em si a proposta de apropriação do objeto (Gabbard, 2007). Tampouco considerei endógeno o infinito, como o fazia Descartes para provar a existência do divino. Acompanhei Levinas, para quem o infinito provém do exterior, como algo que nos interroga e nos desafia pela presença de um rosto que jamais poderá ser possuído.

No plano da inserção profissional, essa abertura para o infinito me permitirá ainda apreender nosso objeto de interrogação por novos ângulos, ao ouvir colegas que elaboram seu pensamento segundo sistemas de que discordo.

Não por acaso, mesmo quando partimos de uma experiência prática comum, podemos escolher relatos de situações clínicas muitíssimo diferentes entre si. Isso faz parte das nossas convergências e divergências, as quais garantem os sentidos da nossa conversa. E, cada um de nós possuindo recortes pessoais da metapsicologia, teremos, assim, atos infinitos contra um fundo infinito. Para o exercício da clínica, isso implica uma inversão radical: a primazia do conhecimento cede lugar ao desafio de uma ética sempre por atingir. O fundamental é dar licença para que o rosto do outro, na singularidade inescapável da situação analítica, tenha voz e... fale.

A busca do que está além, o desejo metafísico, o movimento de encontro do traumático e do genital preside a busca da transcendência e, portanto, da utopia, que estará necessariamente no horizonte do nosso da saber e da nossa prática, e talvez – por que não? – das nossas convergências e divergências.

Referências Bibliográficas

Adorno TW. (1958). O ensaio como forma. In: G. Cohn, ed., Theodor W. Adorno. São Paulo: Ática, 1994.

Adorno TW & Horkheimer M (1947). Dialética do iluminismo [Dialectic of Enlightenment]. Rio de Janeiro: Zahar, 1994.

Bauman Z. (1989). Modernidade e holocausto [Modernity and the Holocaust]. Rio de Janeiro: Jorge Zahar, 1998.

Bion WR. (1962). Aprendendo com a experiência [Learning from experience]. Rio de Janeiro: Zahar, 1966.

_____. (1963). Elementos de psicanálise [Elements of psycho-analysis]. Rio de Janeiro: Zahar, 1967.

_____. (1973-1974). Bion's Brazilian lectures 1-2. Rio de Janeiro: Imago, 1975.

Descartes R. (1641). Meditações filosóficas. In Os Pensadores: Descartes. São Paulo: Abril Cultural, 1983.

Eliot TS. (1943). Obra completa 1 – Poesia. Ed. bilíngue. Trad. Ivan Junqueira. São Paulo: Arx, 2004.

Ferenczi S. (1924). Thalassa: Ensaio sobre a teoria da genitalidade [Thalassa: A theory of genitality]. São Paulo: Martins Editora, 1990.

Freud S. Edição standard brasileira das obras psicológicas completas de Sigmund Freud. Comentários e notas de James Strachey em colaboração com Anna Freud; assistência de Alix Strachey e Alan Tyson. Direção-geral e revisão técnica de Jayme Salomão. 24 vols. Rio de Janeiro: Imago, 1969-1977.

_____ (1893-1895). Estudos sobre a histeria [Studies on hysteria, SE 2]. ESB 2.

_____ (1895). Projeto para uma psicologia científica [Project for a scientific psychology, SE 1]. ESB 1.

_____ (1900). A interpretação dos sonhos [The interpretation of dreams, SE 4-5]. ESB 4-5.

_____ (1923-1925). O ego e o id [The ego and the id, SE 19]. ESB 19.

_____ (1937). Análise terminável e interminável [Analysis terminable and interminable, SE 23]. ESB 23.

Gabbard GO. (2007). "Bound in a nutshell": Thoughts on complexity, reductionism, and "infinite space". Int. J. Psychoanal. 88-3:559-574.

Green A. (1990). Conferências brasileiras: Metapsicologia dos limites [Brazilian Lectures: Metapsychology of limits]. Rio de Janeiro: Imago, 1990.

Laplanche J. (2000-2006). Le sexual: La sexualité élargie au sens freudien. Paris: PUF, 2007.

Levinas E. (1961). Totalidade e infinito [Totalité et infini. Essai sur l'extériorité]. Lisboa: Edições 70, 1988.

Nosek L. Pensamento e sexualidade. In:Revista Brasileira de Psicanálise. 30:773-790, 1996.

Saussure F. (1916). Curso de lingüística geral. São Paulo: Cultrix, 1971.

Strachey J. (1934). The nature of therapeutic action of psychoanalysis. In: International Journal of Psychoanalysis 15:127-159.

18

A PSICANÁLISE E O SOFRIMENTO PÓS-MODERNO:
a problemática do narcisismo no centro da teoria e da clínica

"Arre, estou farto de semideuses!
Onde é que há gente no mundo."
Fernando Pessoa
Poema em linha reta,
poesias de Álvaro de Campos, 1965

"O que caracteriza o nosso tempo é um mundo dominado por um individualismo sem indivíduos".
Alirio Dantas Jr.

Alirio Dantas Jr.
Sociedade Psicanalítica de Recife – SPR.
Médico, Psiquiatra, Membro Efetivo da SPR.
Analista Didata do Instituto da SPR.
aliriodantasjr@terra.com.br

O Inconsciente e a mitologia das pulsões

O Inconsciente freudiano, que constitui o elo comum a todas as correntes que lhe seguiram, é definido com base na emergência de um estímulo interno que demanda uma ação à mente, e a força a mover-se no sentido de promover a construção de estruturas mentais. O investimento pulsional produz um inevitável desequilíbrio, impondo-se à alma na medida em que a excitação causada pelo investimento revela a descontinuidade existente entre a fonte da excitação e o seu objeto. A única resposta possível a esta tensão – que existe quando a descarga imediata é inviável – depende da capacidade de transformação da fonte pulsional em elementos psíquicos, de tal modo que se preserve uma contínua capacidade de ampliação do universo subjetivo, necessário ao controle dessas tensões e da angústia associada a elas.

As pulsões sempre estiveram marcadas por uma dualidade: libido e instintos de autopreservação; libido narcísica e libido objetal; e pulsões de vida e pulsões de morte.

Green propõe que a nossa dualidade pulsional, as pulsões de vida e de morte, se expressam por meio das tendências de ligação e desligamento, que se tornam atuantes na dinâmica das relações objetais. Ele sugere essa dualidade compreendida segundo as duas funções que essas tendências têm por meta atingir. De acordo com sua proposição, a pulsão de vida responde por uma função "objetalizante"; ao passo que a pulsão de morte, por uma função "desobjetalizante". Para ele, a manifestação própria à destrutividade da pulsão de morte é o desinvestimento (Green, 1986).

Quando a alma sofre um desequilíbrio que ameaça a integridade da relação de suas fontes pulsionais com os seus objetos, ela responde por meio dessas duas funções. Num desses caminhos, "a função objetalizante", o sofrimento provoca a construção de significados mentais para a experiência, visando a sua incorporação à estrutura psíquica. Esse caminho proporciona um aumento da percepção do desprazer, mas oferece uma expansão do universo psíquico e um considerável aumento de sua plasticidade.

No outro caminho, "a função desobjetalizante", esse sofrimento compele o *self* a livrar-se da experiência dolorosa, esvaziando todas as representações que estivessem associadas a ela. Há uma ênfase num trabalho que se caracteriza pelo desinvestimento do objeto e pela supressão das fontes pulsionais que o investiam. Seu resultado não traz nenhuma ampliação das representações mentais, ele incorpora "o nada" ao *self*. A sua expressão mais freqüente é a compulsão de repetição. Nela, o investimento não "cria" um vínculo novo em busca de prazer, mas "destrói" este vínculo na tentativa de livrar-se da tensão.

Este "vazio psíquico" não é a tradução de um "espaço mental" oco, desprovido de conteúdos, mas ilustra um esforço contínuo e ativo de esvaziamento. A ausência da representação mental não é o resultado de um processo, mas constitui o objetivo desse processo. O vazio é o resultado do "trabalho do negativo" e tem por finalidade suprimir uma experiência dolorosa, expelindo-a para fora do mundo interno. É o resultado da pressão de angústias que envolvem níveis de regressão muito precoces, e, em geral, resultam do investimento maciço da pulsão de morte.

O Narcisismo estruturante

O narcisismo não é estranho ao desenvolvimento normal da personalidade. O narcisismo primário – conforme Freud (1914) o designou em 1914 – deve reivindicar um papel fundamental na estruturação do aparelho psíquico; e constitui-se um elemento indispensável no esforço em direção ao prazer.[1] Alimentando o ego de

---

[1] O termo 'narcisismo primário' tornou-se um tanto fora de modo, e controvertido. Estou certo, todavia, que qualquer que seja a sua designação, há uma forma de investimento narcísico que participa da estruturação do ego e que é imprescindível para assegurar o trabalho das tendências à ligação, as funções objetalizantes de Green (1986).

energia libidinal, o narcisismo torna possível que ele se organize e se habilite a efetuar uma contenção nas angústias primitivas, determinadas pela relação instável com os objetos. A possibilidade de um balanço entre os destinos narcísico e objetal do investimento libidinal desempenha um papel fundamental na capacidade do ego em permitir a continuidade da corrente de excitação que o invade. Sem o refluxo narcísico da libido, presente sobretudo nos processos que levam à incorporação do objeto dentro do ego, todo o investimento libidinal tenderia a refletir e ressaltar a percepção interna de fragilidade e vulnerabilidade intensas e insuportáveis. Nesse caso, o investimento libidinal representaria uma encruzilhada radical, entre o prazer e a morte.

Os transtornos narcísicos da personalidade não resultam do excesso de narcisismo, mas de sua pobreza. A personalidade narcísica é frágil, ferida em seu narcisismo primário, forçada a buscar no amor a si mesmo, e na destruição do objeto, uma defesa contra a ameaça de fragmentação do *self*. A fragilidade narcísica torna a presença do outro uma ameaça insuportável.

Em seu revolucionário ensaio introdutório sobre o narcisismo, Freud (1914) enfatizou a importância do equilíbrio, um delicado balanço, entre as formas de investimento narcísicas e objetais.

> *Um egoísmo forte constitui uma proteção contra o adoecer, mas, num último recurso, devemos começar a amar, a fim de não adoecermos, e estamos destinados a cair doentes se, em conseqüência da frustração, formos incapazes de amar."* (Freud, 1914).

A idéia de que existiria uma satisfação plena a ser oferecida pelo analista parece associada ao universo infantil, dominado por fantasias onipotentes. Fora desse universo mitológico, a satisfação depende de um intenso trabalho psíquico que possa mediar as relações entre as fontes do desejo e seus eventuais objetos. A frustração deverá ser uma característica desse trabalho, porque aquilo a que chamamos de felicidade é resultado de uma satisfação fortuita e não seria possível de ser experimentada, senão, de forma episódica (Freud, 1930). A frustração e o sofrimento estarão presentes dentro do trabalho analítico como uma conseqüência do desencontro entre as expectativas do analisando e a nossa incapacidade para atender, eficazmente, as suas demandas. Esse sofrimento impulsiona o trabalho psíquico na direção de resignificar suas representações, ampliando a sua independência de um objeto específico.

Amor, ódio e narcisismo

A primeira violência que se inscreve no sujeito é a violência determinada pela exigência de um objeto. Como Freud assinalou, a aparição do objeto faz o ódio atingir seu desenvolvimento (Freud, 1915). Essa violência não se restringe à frustração imposta pelo reconhecimento desse objeto, mas se estende mais além, por meio da pressão exercida, no sujeito, pela força explosiva das pulsões. A corrente de excitações que o invade pode ser reconhecida como destrutiva.

Dessa forma, a presença do objeto se inscreve no sujeito de forma violenta. Essa violência não é imposta pela frustração eventualmente causada pelo objeto, mas por sua importância no circuito do prazer e na perda da onipotência infantil. Como o objeto é transitório, ele flutua, tornando-se inconstante. Essa inconstância torna a presença do desejo pelo objeto uma ameaça à integridade do sujeito.

Acredito que o narcisismo influencia, decisivamente, as relações amorosas. Uma função primária do narcisismo é produzir um investimento pulsional do corpo, articulando e tornando possível a sua "erotização". O investimento libidinal narcísico desempenha um papel estruturante na constituição do corpo erógeno. Essa estruturação é apontada por Kernberg como decisiva ao desenvolvimento do amor sexual maduro (Kernberg, 1995). Mais além, uma organização narcísica estruturada é uma condição importante para a relação amorosa.

Por outro lado, quando a estrutura narcísica é frágil acarreta uma ambivalência importante que se dirige não só ao objeto, mas à própria relação amorosa. Nesse caso, vistos como fonte de desequilíbrio e instabilidade. E como causa de sofrimento.

A fragilidade narcísica torna a presença do outro uma ameaça insuportável. Em seu revolucionário ensaio introdutório sobre o narcisismo, Freud (1914) enfatizou a importância do equilíbrio, um delicado balanço, entre a necessidade de autopreservação e o amor objetal. Organizadas em torno das duas formas possíveis de investimento da libido, a saber, o investimento objetal e o investimento narcísico. O amor a si mesmo e o amor pelo outro vivem na busca constante de um equilíbrio. Entretanto, convivem com uma tendência muito forte à ambivalência. Em larga medida, amar o outro sempre ocorre às custas de parte do amor a si mesmo. Não existe paixão ou amor que não coloque em risco, pela ameaça de castração, a integridade narcísica do *self*.

A dor e o trabalho do negativo

Embora o princípio determinante das forças psíquicas seja o "do prazer", a sua satisfação não provoca atividade mental. A atividade mental é determinada, sobretudo, pela busca do prazer, quando é gerada uma tensão capaz de reivindicar uma ação psíquica que lhe responda, e não por sua satisfação. A busca é conduzida pelo desprazer associado à própria tensão gerada pelos investimentos pulsionais, os mesmos cuja descarga produz o prazer. Portanto, parece-me que é a presença da tensão e do desprazer que exige a organização de uma estrutura psíquica complexa, que se mostra capaz de atribuir significados mentais aos investimentos, colocando-os no campo da experiência emocional.

Há muitos anos André Green vem chamando nossa atenção para a importância do "negativo" na psicanálise (Green, 1986, 1993 e 1997). Para Green (1995; 1997) o conceito de negativo esteve sempre presente em Freud, e parece-lhe essencial para a definição do Inconsciente. Entre duas representações conscientes, no contexto de uma associação livre, postula-se a presença de uma representação inconsciente, latente, entre elas.[2] Quando postulamos a existência de dois conteúdos numa ação psíquica, o conteúdo latente e o conteúdo manifesto, defendemos que há, nessa ação, duas formas diferentes de registro dessas presenças. Há uma presença ativa e visível, que seria o manifesto. E há uma outra presença ativa e invisível, que seria o latente. Existe, portanto, uma presença que tem um registro positivo, o manifesto; e outra presença que possui um registro negativo, o latente, que é reconhecido como uma presença "não-presente". A "não-presença" diferencia-se da ausência porque esta seria inativa, enquanto a "não-presença" implica uma atividade, uma qualidade de presença que se registra pelo seu negativo.

Creio que o conceito do negativo pode ser muito importante para a compreensão da dinâmica inconsciente contida no conceito de "dor psíquica". O negativo implica alguma coisa mais que a ausência, posto que ele traz uma forma de apresentação do elemento psíquico (Bion, 1963)[3], em que ele pode ser percebido, ou mesmo sentido, mas será representado apenas por sua inexistência. De acordo com Bion, quando uma falta apresenta-se ao

---

[2] O latente implica na presença do negativo, como algo que está invisível embora ativo; cuja presença é definida por sua não-presença, que é distinto de ausência, na medida em que o ausente não estaria ativo. O conteúdo latente está presente, é ativo e invisível, mas essa sua presença é negativa, é uma não-presença, em face às representações conscientes; ele está presente de forma negativa.

[3] Elemento no sentido que Bion atribui ao material que é objeto da observação pela psicanálise.

indivíduo, pode provocar dor e frustração. Quando a pessoa não pode tolerar a dor e a frustração (ou quando elas lhe sejam intoleráveis) essa "coisa" que falta não poderá vincular-se a um nome, de modo a poder ser utilizada, e a ter o seu significado investigado. Nesse caso, essa "coisa" que falta permanecerá representada pelo "nada", por um vazio. Tal forma de representação, que pode ser chamada de negativa, permanecerá sendo o único registro desse elemento psíquico, e das experiências associadas a ele. Ampliando a descrição, Green (1995) mostra que o vazio não caracteriza um espaço que possa vir a ser preenchido com fantasias, pensamentos ou quaisquer outros processos psíquicos; antes, representa um vácuo que não pode ser preenchido com nada.

No que se refere à questão do negativo, Green (1995) acentua a importância da distinção feita por Bion entre a "não-coisa", o *"no-thing"*, e o "nada", *"nothing"*, uma vez que o *"no-thing"* parece incluir um registro da "coisa" que falta (o objeto) abrindo perspectivas de representação inconsciente, por meio do deslocamento para outros "representantes"; enquanto o *"'nothing"* é representado por uma idéia de vazio, de vácuo, que não pode ser representado por nada, no campo psíquico. Esse nada tende a deslocar-se por meio de uma maneira de representação psíquica que seria predominantemente concreta, como já havia sido assinalado por Betty Joseph (1981). A "não-coisa" e o "nada" diferenciam-se, na medida em que a "não-coisa" possui um registro potencial da "coisa" que falta, sendo possível receber significados; enquanto ao "nada'", ao contrário, só lhe corresponde o vácuo.

Sobretudo, nas circunstâncias mais delicadas, devemos lembrar que o analisando procura as suas satisfações substitutivas, especialmente em seu relacionamento transferencial com o analista; e pode até mesmo tentar compensar-se, dessa forma, de todas as outras privações que lhe foram impostas. Qualquer analista que, talvez pela grandeza do seu coração e por sua vontade de ajudar, estende ao paciente tudo o que um ser humano pode esperar receber de outro, comete um sério erro. Ao fazê-lo, não conseguirão dar-lhe mais força para enfrentar a vida e mais capacidade para levar a cabo suas verdadeiras incumbências nela (Freud, 1919).

Se, frente a "dor" podemos ajudar o analisando a encontrar significados psíquicos para sua experiência, inicia-se um processo de elaboração que tornará acessível partes importantes da vida inconsciente. Aquilo que não podia ser designado, senão pelo vazio, passaria a integrar a personalidade. Ao final desse processo, ampliamos as alternativas de satisfação, criando condições para transformar a experiência penosa em direção ao prazer. Assim, quem se habilita a sofrer a dor, habilita-se simultaneamente a "sofrer" o prazer (Bion, 1970[1973]).

Vivemos um implacável anseio por um ideal inatingível de felicidade – a "doença do ideal" – que se torna a base das mais exaltadas realizações e das mais degradantes formas de loucura humana (Lasch, 1992). Nesse mundo não há lugar para nada que seja diferente do idealizado.

Uma das características da "Sociedade do Espetáculo"– como a definiu Guy Debord (1997) – é que o espetáculo é uma forma de sociedade em que a vida real é pobre e fragmentária e os indivíduos são obrigados a contemplar e a consumir passivamente as imagens de tudo o que lhes falta em sua existência real.

Dessa maneira, a própria natureza essencial da existência mental, com sua imperfeição e incompletude, tornam-se sinônimo de uma falha ou falta, não raro até mesmo tomadas como expressões patológicas. Cedo poderemos chegar ao ponto em que os sentimentos mais humanos como tristeza, alegria, solidão, angústia, medo etc., tornem-se quase todos sintomas de alguma patologia. O ser humano precisará, então, ser "curado" de sua própria humanidade.

A passagem do narcisismo para a percepção do objeto representa um passo precioso na constituição do sujeito. Como ilustrado magnificamente por Freud, no jogo do pequeno Ernest, é por meio da percepção do outro que o sujeito reconhece a si mesmo como indivíduo distinto e separado. O ponto de partida para o nascimento desse sujeito continua sendo o narcisismo primário, ou o narcisismo de vida. Na medida em que esse narcisismo não possa sobreviver às vicissitudes impostas pela angústia e o *self* venha a ser dominado pelo narcisismo de morte, o nascimento do sujeito sofre um gravíssimo obstáculo, à medida que o outro e o mundo dos objetos não poderão ser reconhecidos. O objeto da pulsão não pode emergir uma vez que passa a ocupar o lugar do objeto da identificação.

No mundo dominado por uma economia psíquica voltada para a satisfação concreta e imediata, o objeto perde sua alteridade e torna-se parte do sujeito. Como conseqüência, o próprio sujeito, fundido com o objeto, é impedido de nascer. Necessitamos criar vínculos para construir novas relações de prazer que venham reelaborar as frustrações inevitáveis e o caráter frágil e parcial das experiências vividas. Precisamos dos vínculos para construir o significado mental das experiências vividas, de modo que elas não se percam, mas estejam presentes no universo subjetivo da mente humana. Não podemos construir vínculos sem o reconhecimento daquilo que nos falta, a ser parcialmente reencontrado nos objetos, e que nos constitui como sujeitos desejantes.

O que caracteriza o nosso tempo é um mundo dominado por um individualismo sem indivíduos. Uma forma de individualismo coletivo, na qual a singularidade de cada sujeito é substituída por um lugar comum, uma banalização de formas ideais de ser.

No espetáculo da sociedade, é próprio que as pessoas busquem ser aquilo que o outro é, que eles admiram, invejam ou desejam ser. É um mundo sem vínculos e sem profundidade. Nosso sol é estreito, nosso amor cruel e nossas vidas sem sonhos.

> *"Fiz de mim o que não soube,*
> *e o que podia fazer de mim não o fiz.*
> *O dominó que vesti era errado.*
> *Conheceram-me pelo que não era e não desmenti,*
> *e perdi-me.*
> *Quando quis tirar a máscara,*
> *Estava pegada à cara."*
> Fernando Pessoa
> *Tabacaria, poesias de Álvaro de Campos*

Referências bibliográficas

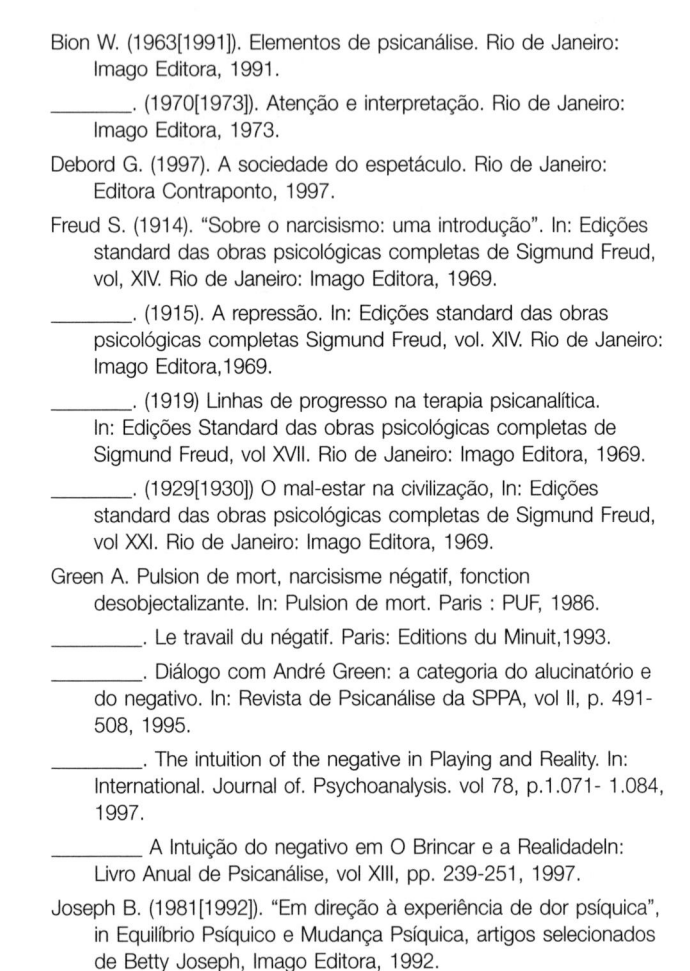

Bion W. (1963[1991]). Elementos de psicanálise. Rio de Janeiro: Imago Editora, 1991.

_____. (1970[1973]). Atenção e interpretação. Rio de Janeiro: Imago Editora, 1973.

Debord G. (1997). A sociedade do espetáculo. Rio de Janeiro: Editora Contraponto, 1997.

Freud S. (1914). "Sobre o narcisismo: uma introdução". In: Edições standard das obras psicológicas completas de Sigmund Freud, vol. XIV. Rio de Janeiro: Imago Editora, 1969.

_____. (1915). A repressão. In: Edições standard das obras psicológicas completas Sigmund Freud, vol. XIV. Rio de Janeiro: Imago Editora,1969.

_____. (1919) Linhas de progresso na terapia psicanalítica. In: Edições Standard das obras psicológicas completas de Sigmund Freud, vol XVII. Rio de Janeiro: Imago Editora, 1969.

_____. (1929[1930]) O mal-estar na civilização, In: Edições standard das obras psicológicas completas de Sigmund Freud, vol XXI. Rio de Janeiro: Imago Editora, 1969.

Green A. Pulsion de mort, narcisisme négatif, fonction desobjectalizante. In: Pulsion de mort. Paris : PUF, 1986.

_____. Le travail du négatif. Paris: Editions du Minuit,1993.

_____. Diálogo com André Green: a categoria do alucinatório e do negativo. In: Revista de Psicanálise da SPPA, vol II, p. 491-508, 1995.

_____. The intuition of the negative in Playing and Reality. In: International. Journal of. Psychoanalysis. vol 78, p.1.071- 1.084, 1997.

_____ A Intuição do negativo em O Brincar e a RealidadeIn: Livro Anual de Psicanálise, vol XIII, pp. 239-251, 1997.

Joseph B. (1981[1992]). "Em direção à experiência de dor psíquica", in Equilíbrio Psíquico e Mudança Psíquica, artigos selecionados de Betty Joseph, Imago Editora, 1992.

Lasch C. In Chasseguet-Smirgel J. (1992), "O Ideal do ego", Editora Artes Médicas, 1992.

Kernberg O. (1995); "Psicopatologia das relações amorosas", Editora Artes Médicas.

Pessoa F. Obra Poética. Cia Aguilar Editora. pag 419, 1965.

19 FEDERAÇÃO BRASILEIRA DE PSICANÁLISE

A **Federação Brasileira de Psicanálise** reúne as sociedades psicanalíticas brasileiras componentes da Associação Psicanalítica Internacional (IPA).

Com cerca de 2.000 membros em 15 estados do país, seus objetivos são proporcionar o intercâmbio e a união entre as instituições federadas e estimular o desenvolvimento da Psicanálise no Brasil.

Por isso, promove, apoia e patrocina atividades científicas, eventos, cursos, seminários dirigidos aos seus membros e ao público em geral, além de organizar o Congresso Brasileiro de Psicanálise a cada dois anos.

Diretoria da FEBRAPSI

Fundada em 1967, com a denominação de Associação Brasileira de Psicanálise (ABP), a **Febrapsi** reúne no país 12 sociedades e um grupo de estudos, além de 11 núcleos psicanalíticos.

Em vários estados, suas federadas mantêm **centros de atendimento** psicanalítico à comunidade, contribuindo para a melhoria da qualidade de vida da população.

A Federação tem ainda relações com organizações científicas, acadêmicas, profissionais e culturais no Brasil e no exterior, visando à qualificação da formação de seus analistas e da prática da Psicanálise.

A **Febrapsi** é organização componente da IPA e da FEPAL, com a função de articular e organizar a participação das sociedades brasileiras nessas entidades.

Sociedades

Sociedade Brasileira de Psicanálise de São Paulo - SBPSP
secretaria@sbpsp.org.br
www.sbpsp.org.br

Sociedade Psicanalítica do Rio de Janeiro - SPRJ
sprj@sprj.org.br
www.sprj.org.br

Sociedade Brasileira de Psicanálise do Rio de Janeiro - SBPRJ
sbprj@sbprj.org.br
www.sbprj.org.br

Sociedade Psicanalítica de Porto Alegre - SPPA
sppa@sppa.org.br
www.sppa.org.br

Sociedade Psicanalítica do Recife - SPR
sprsecretaria@uol.com.br
www.spr-pe.org.br

Sociedade Psicanalítica de Pelotas - SPPel
sppel@terra.com.br
www.sppel.org.br

Sociedade Brasileira de Psicanálise de Porto Alegre - SBPdePA
sbpdepa@terra.com.br
www.sbpdepa.org.br

Sociedade de Psicanálise de Brasília - SPB
spbsb@spbsb.org.br
www.spbsb.org.br

Sociedade Brasileira de Psicanálise de Ribeirão Preto - SBPRP
secretaria@sbprp.org.br
www.sbprp.org.br

Associação Psicanalítica Rio 3 - APRio 3
contato@aprio3.org
www.aprio3.org

Associação Psicanalítica do Estado do Rio de Janeiro - APERJ-Rio4
aperj@rio4.org.br
www.rio4.org.br

Sociedade Psicanalítica de Mato Grosso do Sul - SPMS
soc.psicanaliticams@terra.com.br
www.spms.com.br

Grupo de Estudos Psicanalíticos de Minas Gerais - GEPMG
gepmg@uol.com.br

Grupo de Estudos Psicanalíticos de Fortaleza - GEPFor
www.npf.org.br
psicanalisefortaleza@gmail.com

Núcleos

Núcleo Psicanalítico de Curitiba
secretaria@npc.org.br

Núcleo Psicanalítico do Espírito Santo
Iara.b@escelsa.com.br

Núcleo Psicanalítico de Marília e Região
npsicm@terra.com.br

Núcleo Psicanalítico de Goiânia
npgoiania@yahoo.com.br

Núcleo Psicanalítico de Natal
malu@act.psi.br

Núcleo Psicanalítico de Maceió
npmal@uol.com.br

Núcleo Psicanalítico de Florianópolis
dalbo@netuno.com.br

Núcleo Psicanalítico de Santa Catarina
nupsc@hotmail.com

Núcleo Psicanalítico de Aracaju
psicanálise.aju@terra.com.br
www.npsaju.org.br

Núcleo de Psicanálise de Campinas e Região
secretaria@npcr.com.br
www.npcr.com.br

A Febrapsi publica

- Revista Brasileira de Psicanálise (órgão oficial da Federação Brasileira de Psicanálise; www.rbp.org.br; edição virtual http://pepsic.bvs-psi.org.br).
- Febrapsi Notícias (semestral - edição impressa e virtual).
- Febrapsi Divulga (semanal, eletrônico, atendendo às solicitações de divulgação das sociedades e núcleos federados).
- Febrapsi Eletrônico (semanal, notícias da própria Febrapsi).
- Site: http://www.febrapsi.org.br (patrocinado pelo programa DPPT/IPA).

A Febrapsi promove

- Congresso Brasileiro de Psicanálise, bianual e aberto aos profissionais e ao público interessado.
- Jornadas e Eventos de Psicanálise em diversas regiões do Brasil, em parceria com as entidades federadas e com a participação da diretoria.
- Intercâmbio Científico entre suas federadas, custeando o transporte de conferencistas / servidores.
- Relacionamento com a mídia jornalística, produzindo conteúdo, pautas e informações para o grande público.

Parcerias da Febrapsi

Instituto Brasileiro de Direito de Família (IBDFAM)

O Instituto Brasileiro de Direito de Família - IBDFAM, que conta com mais de 4.000 associados em todos os estados brasileiros, é responsável por mudanças paradigmáticas no Direito de Família que encontram na interdisciplina e, sobretudo, na Psicanálise, a necessária fundamentação do "Direito a Ser Humano". Nos Congressos da **Febrapsi**, o IBDFAM tem encontrado espaço privilegiado de interlocução institucional, havendo uma crescente sensibilização dos psicanalistas para a demanda existente na área do Direito de Família.

Associação Brasileira de Psiquiatria (ABP)

A relação da ABP com a **Febrapsi** é de reciprocidade e integração. Nos respectivos congressos, são reservados espaços nobres para a discussão da interação da psicanálise com a psiquiatria.

Movimento de Articulação das Entidades Psicanalíticas

A Articulação das Entidades Psicanalíticas é um movimento composto por dezenas de instituições psicanalíticas do qual a **Febrapsi** e suas federadas participam.

Surgiu da necessidade de se evitar que fossem aprovados pelo Congresso Nacional projetos de lei que propunham a regulamentação da Psicanálise. A Articulação se reúne regularmente para discutir questões do exercício profissional e está sempre pronta para intervir, caso surjam novos projetos.

APdeBA: Cursos Virtuais

A Associação Psicanalítica de Buenos Aires (APdeBA) oferece cursos virtuais regulares. Alguns já contam com tradução em português. Os membros da **Febrapsi** têm 15% de desconto. A iniciativa tem por base o convênio firmado entre as duas instituições para a troca de experiências e conhecimentos científicos. Interessados devem acessar o site http://www.apdeba.org

Atividades das federadas

- Formação Psicanalítica, de acordo com os padrões da IPA.
- Revistas especializadas:
    SBPSP - IDE e Jornal de Psicanálise
    SPRJ - Psicanalítica
    SBPRJ - Trieb
    SPPA - Revista de Psicanálise
    SPR - Psicanálise em Revista
    SBPdePA - Psicanálise - Revista da SBPdePA
    SPB – Revista Alter
- Reuniões e jornadas científicas internas, para seus membros, e externas, abertas a profissionais de áreas afins.
- Atendimento psicanalítico de adultos, crianças, adolescentes, casais e famílias.
- Serviços de clínica social para a comunidade.
- Cursos de divulgação para médicos, psicólogos e outras especialidades afins.
- Atividades culturais abertas ao público, tais como debates, discussão de filmes, grupos de trabalho com profissionais e líderes comunitários, programas de rádio e outros.
- Parcerias com universidades: conferências, cursos, supervisões, programas de pós-graduação:
    SBPdePA com UniRitter
    SPB com UniCEUB
    SBPRP com UFSCAR, USP e UNIFRAN
    SPMS com U.C. Dom Bosco
    APRio3 com UniRio
    APERJ-Rio4 com U. Cândido Mendes
- Bibliotecas com grande acervo de títulos abertas ao público.
- Pesquisa científica.

Formação analítica

A Psicanálise não pode ser ensinada apenas teoricamente. Para ser transmitida, é necessário que quem deseje aprendê-la se submeta ao processo analítico como paciente.

Nesse processo, a pessoa entra em contato com os fenômenos que decorrem da existência do inconsciente. Essa experiência cognitiva e emocional provoca mudanças em sua maneira de se ver e de se entender, enriquecendo, também, sua apreensão do mundo. Sua percepção se amplia e ela se torna mais sensível e tolerante com as outras pessoas, podendo compreendê-las melhor. Essa análise pessoal, denominada didática, tem a freqüência de várias vezes por semana e duração de, pelo menos, cinco anos.

Além da análise didática, o analista em formação apresenta ao menos dois casos de seu atendimento clínico, para que analistas qualificados o supervisionem. Nesse procedimento o trabalho do supervisionado é avaliado e orientado.

Seminários clínicos (nos quais casos de pacientes são apresentados para o desenvolvimento de relações teórico-clínicas) e seminários teóricos e técnicos completam o que se nomeia o "tripé da formação".

Esses procedimentos foram estabelecidos há cem anos por Freud e pelos seus colaboradores e vige até hoje em todas as sociedades componentes da IPA.

A formação completa, seguindo os critérios descritos, é fundamental para que uma pessoa possa ser analista.

FEPAL
(Federação Psicanalítica da América Latina)

A FEPAL é a organização que reúne, representa e estimula o desenvolvimento de todas as instituições psicanalíticas latino-americanas que são componentes da Associação Psicanalítica Internacional (IPA). Dedica-se a difundir a Psicanálise na América Latina, promove um congresso latino-americano a cada dois anos, além de patrocinar diversos intercâmbios científicos entre as sociedades federadas. Mais informações podem ser encontradas no site: http://www.fepal.org

IPA
(Associação Psicanalítica Internacional)

A IPA, fundada por Freud e seus colaboradores em 1910, tem a missão de assegurar o desenvolvimento contínuo da Psicanálise - ao estabelecer critérios que garantam a qualidade da formação analítica -, estimular a troca de experiências e promover a produção de trabalhos científicos e sua divulgação. É composta por 70 organizações em 33 países e conta com 11.500 membros.

Seus objetivos incluem a criação de novos grupos psicanalíticos, a estimulação do debate, a condução de investigações, o desenvolvimento de políticas de educação e o estabelecimento de parcerias com outras instituições.

Organiza os congressos internacionais de Psicanálise que acontecem a cada dois anos e promove muitos outros eventos. Mais informações podem ser encontradas no site: http://www.ipa.org.uk